Für mein Patenkind Elise

Georg Schwikart

LebensFest

Das Besondere im Alltag

150 biblische Entdeckungen für Kinder

Mit Illustrationen von
Karin Lindermann

Inhaltsverzeichnis

Neues Testament

Vorwort

Liebe Kinder!

Ihr erlebt jeden Tag so viele Sachen: Ihr esst und schlaft, spielt und lernt, ihr streitet auch und manchmal müsst ihr weinen ... und dann gibt es wieder was zu lachen. Ärgern und Staunen, alles kommt vor und noch viel, viel mehr.

In diesem Buch findet ihr 150 Geschichten, die von Kindern aus aller Welt erzählen: Manche erleben verrückte Sachen, manche haben Probleme, mal sind sie glücklich, mal traurig – es sind Kinder wie ihr.

Direkt auf jede Geschichte folgt ein kleiner Abschnitt aus der Bibel. Die Bibel wird das »Buch der Bücher« genannt: Seit mehr als 2000 Jahren lesen Menschen ihre Geschichten und Gedichte. Sie sind immer wieder spannend und schön. Ihr werdet überrascht sein: Was ihr erlebt, kommt alles auch in der Bibel vor!

Ich lade euch ein, zu entdecken, was hier von Hellen und Malaika, von Ruben und Niels, von Anna und Vincent und all den anderen Kindern erzählt wird. Und von Mose, Maria, Elisabet, Jesus, Paulus und zahlreichen anderen Personen der Bibel. Da geht es um Abenteuer und Alltäglichkeiten.

Die Bibel hilft Menschen auf der ganzen Erde, »lebensfest« zu werden: also besser leben zu können. Sie spricht von Gott, denn Gott ruft allen Menschen zu: »Willkommen zum Fest des Lebens!«

Georg Schwikart

Liebe Erwachsene!

Die Bibel ist das »Buch der Bücher«, im wahrsten Sinne Weltliteratur: Sie erzählt die Geschichte aller Menschen und jedes Einzelnen. Auf der ganzen Erde fühlt man sich von ihr verstanden.

Es ist sinnvoll, ja notwendig, Kinder mit den Mythen und Lehren, der Bilderwelt und Poesie der Bibel vertraut zu machen. Denn sie prägt die jüdisch-christliche Perspektive auf das Leben. Dieses Kinder-Bibel-Buch bietet nicht nur einen schmalen Auszug der biblischen Vielfalt, es lädt ein, die ganze Bandbreite zu entdecken: Die Mose-Bücher, Propheten und Psalmen, das Hohelied und Kohelet, die Evangelien, Apostelgeschichte und Paulusbriefe bis zur Offenbarung ... Die 150 ausgesuchten Bibelstellen wurden von mir nah am Text und doch für Kinder gut verständlich übertragen, also gekürzt und in unsere heutige Sprache übersetzt.

Der Einstieg geschieht jeweils über eine Geschichte aus der Erfahrungswelt der Kinder. So erkennen sie: Was sie erleben, kommt auch in der Bibel vor. Sowohl die Geschichten als auch die Bibeltexte eignen sich zum Vorlesen, bei älteren Kindern auch zum Selbstlesen. Ergänzt werden die in der Regel eine Doppelseite umfassenden Kapitel durch ansprechende Illustrationen von Karin Lindermann und kleine »Kästen«, die mal eine weiterführende Information enthalten, ein Gebet oder eine Anregung zum Mitmachen.

Die Lektüre der Bibel hilft den Kindern, »lebenfest« zu werden; sie stärkt fürs Dasein – und zeigt, unser Leben ist ein Fest, zu dem Gott alle willkommen heißt.

Georg Schwikart

Altes

Testament

• anfangen •

»Wie sieht's denn hier aus?« Tobis Mama steht in seiner offenen Zimmertür. »Das darf ja wohl nicht wahr sein!« Sie stemmt die Hände in die Seiten und schüttelt den Kopf. »So ein Durcheinander! So geht das nicht weiter. Wenn hier nicht bald alles tippitoppi ist, dann …« Sie spricht den Satz nicht zu Ende. Aber Tobi ahnt es schon: Dann wird es nichts mit dem Ausflug zum Aquarium.

»Ich würde ja echt gern aufräumen«, sagt Tobi, »aber ich schaffe es einfach nicht! So viel auf einmal – das geht nicht« Seine Mama schaut ihn verständnisvoll an und gibt ihm einen Tipp: »Trau dich einfach anzufangen! Mach jeden Tag ein bisschen. Dann wird das schon!«

Gesagt – getan: Am Montag sammelt Tobi seine Dreckwäsche ein: Socken, T-Shirts, Handtücher, Pullover. Am Dienstag stellt er die herumliegenden Bücher ins Regal. Am Mittwoch räumt er alle Legosteine in die Legokiste. Jetzt sieht es schon viel besser aus. Am Donnerstag wirft er den leeren Joghurtbecher in den gelben Eimer und die Bonbonpapiere ins Altpapier. Am Freitag sorgt er auf seinem Schreibtisch für Ordnung. Und am Samstag – er ist so stolz auf sich – saugt er sein Zimmer. Seine Mama ist begeistert und nimmt ihn in den Arm: »Danke! Toll gemacht!«

Am Sonntag ist er fertig, nicht nur mit dem Zimmer, sondern auch er selbst ist ganz k.o.! »Zu erschöpft, um zum Aquarium zu fahren?«, fragt ihn seine Mama. Tobi springt auf: »Von wegen! Los geht's!«

Die Bibel erzählt dazu Folgendes:

Am Anfang machte Gott den Himmel und die Erde. Die Erde war noch ein großes Durcheinander und ganz dunkel. Aber Gottes Geist war schon da. Gott brauchte nur etwas zu sagen – und es entstand.

Am ersten Tag machte Gott das Licht.

Am zweiten Tag den Himmel.

Am dritten Tag Land und Meer, außerdem Bäume, Sträucher und Blumen.

Am vierten Tag machte Gott die Sonne, den Mond und alle Sterne.

Am fünften Tag Fische und Vögel.

Am sechsten Tag machte Gott Schafe, Schlangen, Hirsche und alle anderen Tiere. Und den Menschen – als Frau und Mann. Gott segnete sie und sagte zu den Menschen: »Ihr sollt viele Kinder bekommen und euch auf der Erde verteilen!«

Und Gott sah sich alles an, was er gemacht hatte: Es war sehr gut.

Am siebten Tag war alles fertig. Gott ruhte sich von seiner Arbeit aus. Deswegen ist der siebte Tag heilig.

(Genesis/1 Mose 1,1-2,3)

Kurz erklärt

Der Anfang der Bibel meint einen ganz besonderen Anfang: Den allerersten Anfang – bevor überhaupt irgendetwas war. Das können wir uns kaum vorstellen. Gemeint ist: Erst war NICHTS. Dann schuf Gott die Welt.

Gut gesagt

Kennst du das deutsche Sprichwort: Aller Anfang ist …? – Laotse (auch Laozi genannt) war vor mehr als 2.600 Jahren ein weiser Mann in China. Von ihm stammt der kluge Satz: Eine Reise von tausend Meilen fängt mit dem ersten Schritt an.

•atmen•

Lisa ist mit ihrer großen Schwester Annika im Freibad. Annika möchte etwas lesen, deswegen spielt Lisa einfach allein im Kinderbecken. Aber was heißt allein, es sind ja noch viele andere Kinder da.

Ihr fallen drei Jungs auf. Sie sind etwas älter und größer als die anderen und scheinen sich sehr wichtig zu fühlen. Sie reden laut miteinander, schubsen sich gegenseitig und spritzen Wasser durch die Gegend. Lisa überlegt, ob sie das Becken besser verlassen soll. Aber dann versucht sie, die Jungen einfach nicht zu beachten. Die Jungen werfen einander einen Ball zu und nehmen keine Rücksicht auf die anderen Kinder. Einer von ihnen rempelt Lisa an. »Pass doch auf!«, sagt sie. Aber das beeindruckt den Jungen gar nicht. Er sagt nur: »He, willst du Stress oder was?« und drückt ihren Kopf unter Wasser. Lisa schlägt mit den Armen um sich und versucht, den Jungen wegzuschubsen. Sie bekommt schreckliche Angst, aber da lässt der Junge sie wieder los. Sie schnappt nach Luft

und hört Annika brüllen: »Oh Mann, haut da ab, aber schnell!« Sie ruft besorgt: »Mensch Lisa, alles okay?« Lisa nickt, aber ihr kommen die Tränen. Sie kommt aus dem Wasser und Annika rubbelt sie mit einem Handtuch trocken. »Ich habe gedacht, ich ersticke!«, sagt sie zu Annika. Und Annika tröstet sie: »Das glaube ich. So ein Mist! Aber komm in meinen Arm, ich halte dich, jetzt kannst du durchatmen.« Und das tut Lisa. Man hört sie laut ein- und ausatmen. Ein und wieder aus – ein und wieder aus. Das tut gut!

Die Bibel erzählt dazu Folgendes:

Gott hatte den Himmel und die Erde gemacht. Damals gab es noch keine Pflanzen, denn Gott hatte es noch nicht regnen lassen. Menschen gab es auch noch nicht. Aber aus dem Erdboden stieg Nebel auf, der machte die Erde feucht.

Gott nahm etwas von der Erde und formte daraus einen Menschen. Dieser Mensch lebte aber noch nicht. Da blies ihm Gott den Atem des Lebens in die Nase: So wurde der Mensch ein lebendiges Wesen.

Gott pflanzte einen Garten mit vielen Bäumen. Der Garten hieß Eden. Die Bäume trugen reichlich Früchte. Gott stellte den Menschen mitten in den Garten. Der Mensch sollte den Garten pflegen.

(Genesis/1 Mose 2,4-9)

Kurz erklärt

In der Bibel gibt es zwei Berichte über die Schöpfung. Sie beschreiben das Gleiche aus unterschiedlichen Blicken – wie zwei Freunde vom gleichen Erlebnis unterschiedlich erzählen. Die Bibel nennt den ersten Menschen *Adam*: Das hebräische Wort für Erde ist »adama«; der erste Mensch ist »aus Erde gemacht«. Die erste Frau heißt *Eva*. Die Bibel nennt sie die »Mutter alles Lebendigen«.

• etwas Falsches tun •

David und sein Freund Ben wollen sich im Supermarkt einen Schokoriegel kaufen. Ben hat kein Geld dabei und David nur so viel, dass er einen, aber keine zwei kaufen kann. Ben macht ganz leise einen Vorschlag: »Das machst du ganz einfach: Einen kaufst du und einen steckst du dir einfach in die Tasche.« David schüttelt den Kopf: »Aber man darf nicht klauen! Das ist doch verboten!« Ben zwinkert mit dem Auge: »Wer sagt das? Das hat mein Bruder auch mal so gemacht, da hat's geklappt.« David lässt sich überreden. Einen Schokoriegel hält er in der Hand, ein anderer gleitet in seine Jackentasche. Ben geht inzwischen schon einmal in Richtung Ausgangstür.

An der Kasse ist David ziemlich aufgeregt. Die Frau an der Kasse legt den Kopf etwas schief und fragt: »Du willst diesen einen Schokoriegel bezahlen?« David nickt stumm. Die Frau zieht die Augenbrauen hoch und fragt: »Und was ist mit dem anderen in deiner Jackentasche?« Sie zeigt darauf. Davids Mund ist ganz trocken. Er kann nicht sprechen, zieht aber den zweiten Schokoriegel hervor und legt ihn neben den anderen auf die Ladentheke.

»Warum machst du so was?«, fragt ihn die Kassiererin. David wird ganz rot und sagt leise: »Ben hat mich überredet.« Er deutet mit dem Kopf zu seinem Freund. Ben wird rot und behauptet: »Mein Bruder hat gesagt, dass das klappt.«

Die Frau nimmt die beiden Schokoriegel und sagt ganz deutlich: »Macht das nicht noch einmal, hört ihr! Und jetzt macht euch davon, aber schnell. Schokolade gibt's heute nicht mehr für euch!«

Die Bibel erzählt dazu Folgendes:

Im Garten Eden fragte die Schlange die Frau: »Dürft ihr von keinem Baum die Früchte essen?« Die Frau antwortete: »Doch, wir dürfen

die Früchte von allen Bäumen essen – nur vom Baum in der Mitte des Gartens nicht. Wenn wir es doch tun, müssen wir sterben.«

»Das stimmt gar nicht«, sagte die Schlange, »ihr müsst nicht sterben. Ihr werdet dann sein wie Gott: Ihr erkennt, was böse ist und was gut ist.« Das gefiel der Frau. Sie aß Früchte vom Baum in der Mitte des Gartens und gab auch ihrem Mann davon.

Auf einmal fiel ihnen auf: Sie waren ja nackt. Da rief Gott nach dem Mann: »Wo bist du?« Er antwortete: »Wir haben uns versteckt, weil wir nackt sind.« Gott fragte: »Wer hat dir gesagt, dass du nackt bist? Hast du etwa Früchte von dem Baum in der Mitte des Gartens gegessen? Das hatte ich doch verboten!« Der Mann schob alles auf die Frau: »Sie hat mir die Frucht gegeben.« Und die Frau schob alles auf die Schlange: »Sie hat mich verführt.«

Da sprach Gott: »Frau, du musst unter Schmerzen Kinder zur Welt bringen! Und du, Mann, musst hart arbeiten, solange du lebst.« Die beiden mussten den Garten Eden verlassen. Vor den Eingang zum Garten stellte Gott Engel mit flammenden Schwertern.

(Genesis/1 Mose 3,1-22)

Kurz erklärt

Die ersten Geschichten der Bibel nennt man »Mythos«. Sie wollen nicht so etwas sein wie Zeitungsberichte über bestimmte Ereignisse, sondern wollen uns erzählen, warum die Welt so ist, wie sie ist.

töten

In der Schule muss Matteo an die Tafel kommen und vor allen anderen eine schwierige Rechenaufgabe lösen. Und er schafft es nicht. Manche lachen, weil sie die Antwort bereits wissen. Der Lehrer lässt ihn eine ganze Weile vor der Tafel stehen. Aber Matteo weiß die Lösung nicht und steht einfach da. Wie peinlich!

Nach einer gefühlten Ewigkeit darf er sich wieder setzen. Mit dem Bauch voller Ärger geht er in die Mittagspause. Aber auch nach dem Essen in der Schul-Mensa ärgert er sich noch. Im Ruheraum findet er keine Ruhe, weil eine Fliege ständig surrend hin- und herfliegt. *Dich kriege ich,* sagt sich Matteo und schlägt nach der Fliege. Aber daneben. Mehrmals. Ein Schlag aber trifft sie, die Fliege stürzt auf die Fensterbank. Sie liegt auf dem Rücken, die Beinchen nach oben. Sie brummt kurz und ist dann wieder still. Matteo packt vorsichtig ein Flügelpaar zwischen Daumen und Zeigefinger. Sie bewegt sich noch. Matteo denkt sich: *Sie stirbt.* Er überlegt, wie er der Fliege einen Flügel ausrupfen kann. Doch da steht ein anderer Schüler neben ihm und sagt:
»Lass das! Schlag sie tot oder lass sie fliegen. Aber quäle sie nicht. Auch Fliegen wollen leben.«

Matteo lässt die Fliege auf den Fußboden fallen und tritt darauf.

Die Bibel erzählt dazu Folgendes:

Eva und Adam bekamen zwei Kinder: Kain und Abel. Kain wurde Ackerbauer und Abel ein Schafhirte. Beide brachten Gott ein Opfer: Kain etwas von seinem Getreide und Abel ein Lamm. Das Lamm gefiel Gott gut, das Getreide nicht. Das machte Kain wütend. Ihm wurde ganz heiß und sein Blick wurde böse.

Da sagte Kain zu seinem Bruder: »Abel, komm mit mir aufs Feld.« Abel ging mit ihm. Da schlug ihn Kain tot.

Gott fragte Kain: »Wo ist dein Bruder Abel?« Kain tat ahnungslos: »Ich weiß es nicht. Muss ich denn auf meinen Bruder aufpassen?« Aber Gott wusste, was passiert war: »Was hast du nur getan? Das Blut deines Bruders schreit zu mir! Zur Strafe musst du ohne Ruhe über die Erde wandern.«

(Genesis/1 Mose 4,1-16)

Gebet

Guter Gott! In uns allen steckt ein wenig von Kain und Abel. Aber du willst nicht, dass wir uns gegenseitig wehtun. Nicht mit Taten und nicht mit Worten. Hilf uns, miteinander freundlich zu sein. Auch wenn es manchmal schwerfällt.

Gut gesagt

Der Mensch, der nicht geachtet ist, bringt um.

Antoine de Saint-Exupéry, französischer Schriftsteller

·retten·

Es ist ein sonniger Tag. Nuri und ihr Opa Ahmet gehen zum kleinen Streichelzoo auf dem Feld zwischen den Ortsteilen. Da leben Pferde, Ziegen, Hühner, Gänse, Katzen und ein Hund. Nuri freut sich schon. Opa sagt: »Wir sehen gleich unzählig viele Tiere.« Nuri fragt: »Wie meinst du das?« Der Opa zeigt auf die Wiese: »Wir sehen nicht nur Pferde, Ziegen, Hühner, Gänse, Katzen und einen Hund. Bück dich mal. Dann wirst du auch klitzekleine Ameisen sehen, und Würmer. Schau, Mücken tanzen in der Luft, und abends quaken hier die Frösche.« Nuri macht: »Quak, quak!«

Aber plötzlich ändert sich das Wetter. Opa bemerkt, wie sich der Himmel zuzieht. »Komm, lass uns heimgehen, bevor es anfängt zu regnen.« Sie gehen los, aber unterwegs fallen schon die ersten Tropfen. Auf einmal prasselt ein Regenschauer auf die beiden nieder. Sie sind schnell klitschnass. Nuri läuft ein wenig vor, aber Opa kann nicht so schnell gehen. Fahrradfahrer sausen an den beiden vorbei, auch andere Fußgänger überholen sie.

Da sieht Nuri die Regenwürmer auf dem Weg. Ganz viele. Der Opa erklärt: »Bei Regen kommen die raus, sonst ertrinken sie in der Erde.« Nuri überlegt: *Nicht dass jemand auf die drauftritt.* Sie nimmt vorsichtig einen Regenwurm in die Hand und trägt ihn ins Gras am Wegesrand. Und noch einen. Und noch einen. Und noch einen. Alle schafft sie nicht, es sind zu viele. Aber einige hat sie gerettet.

Der Regen hört auf, und schon ist wieder die Sonne da. Opa Ahmet lächelt Nuri an.

Die Bibel erzählt dazu Folgendes:

Gott sah: Die Menschen auf der Erde waren böse zueinander. Da tat es ihm leid, den Menschen und alles gemacht zu haben.

Gott beschloss, alles wieder zu vernichten. Nur Noah und seine Familie sollten gerettet werden. Gott sagte zu Noah: »Baue ein Schiff aus Holz, eine Arche: 130 Meter lang, 22 Meter breit und 13 Meter hoch. Und dann führe von allen Tieren jeweils ein Weibchen und ein Männchen an Bord. Sie sollen am Leben bleiben.« Noah machte alles genau so, wie Gott es befohlen hatte.

Dann begann es zu regnen: 40 Tage lang. Das Wasser stieg und stieg, bis die höchsten Berge bedeckt waren. Die Arche trieb auf dem Wasser dahin. Auf der Erde starben alle Lebewesen. Es überlebten nur die Menschen und die Tiere in der Arche.

Dann hörte es auf zu regnen. Noah öffnete das Fenster der Arche und ließ eine Taube ausfliegen. Aber sie kehrte zurück, weil noch überall das Wasser stand. Eine Woche später ließ er noch einmal die Taube ausfliegen. Sie kehrte am Abend mit dem Zweig eines Olivenbaums zurück. Da wusste Noah: Das Wasser hat abgenommen. Noch eine Woche später ließ Noah die Taube zum dritten Mal ausfliegen; da kehrte sie nicht mehr zurück.

Das Wasser hatte sich verlaufen, die Erde war wieder trocken. Da kamen Noah, seine Familie und alle Tiere aus der Arche heraus. Noah baute einen Altar und brachte Gott ein Opfer. Gott sagte: »Auch wenn die Menschen schlecht sind, ich werde sie nie mehr vernichten. Solange die Erde besteht, werden Aussaat und Ernte, Sommer und Winter, Tag und Nacht nicht mehr aufhören.« Und Gott setzte einen Regenbogen zwischen Himmel und Erde: das Zeichen für Gottes Bund mit den Menschen.

(Genesis/1 Mose 6,5-9,17)

Kurz erklärt

Die Arche war ein besonderes Boot. Sie schwamm auf dem Wasser wie ein Kasten, war aber nicht steuerbar.

• angeben •

Rahul baut am Strand eine Burg aus Sand. Nur ein paar Meter weiter baut ein anderer Junge auch eine Sandburg. Rahul nervt das: Seine Burg soll höher werden! Mit dem Eimer schüttet er Sand auf Sand und klopft diesen fest. Noch mehr! Noch höher! Aber die Burg des anderen wächst auch. Einen halben Meter hoch wird sie schon sein. Doch Rahuls Burg ist größer. Noch. Der andere Junge holt auf.

Ein Schäferhund kommt angetrabt und springt in großen Sätzen am Wasser entlang und – zack – in Rahuls Burg, und ist schon wieder weg. Die Burg des anderen ist heil geblieben. Der andere Junge grinst. Rahul tritt wütend in den Sandhaufen, der einmal seine Burg war. Da sieht er, wie der andere Junge ein wenig Anlauf nimmt und in seine eigene Burg springt. Sie fällt sofort zusammen.

Das gefällt Rahul. Er fragt den anderen Jungen: »Wollen wir Federball spielen?« Der versteht ihn nicht. Die Mutter des anderen Jungen sagt zu ihrem Sohn: »Badminton.« Da nickt der andere und sagt: »Avec plaisir.« Zu Rahul sagt diese Frau: »François spielt gern mit dir!«

Die Bibel erzählt dazu Folgendes:

Die Menschen sprachen einmal alle die gleiche Sprache.

Da sagten die Nachkommen Noahs zueinander: »Kommt, wir bauen eine Stadt. In der Stadt bauen wir einen Turm – ganz hoch! Seine Spitze soll bis in den Himmel reichen. Dann wird man auf der ganzen Welt sehen, wie großartig wir sind.«

Das gefiel Gott überhaupt nicht. Er sah sich die Stadt und den Turm an, die die Menschen bauten. Er sagte: »Noch haben alle die gleiche Sprache. Ich aber will ihre Sprache verwirren. Dann kann keiner mehr den anderen verstehen.«

So kam es. Die Menschen sprachen auf einmal ganz unterschiedliche Sprachen. Sie hörten auf, an der Stadt und dem Turm zu bauen. Sie zerstreuten sich über die ganze Erde.

(Genesis/1 Mose 11,1-9)

Kurz erklärt

Der »Turmbau zu Babel« war der Versuch, so zu sein wie Gott. Die Geschichte soll aber auch erklären, warum es so viele verschiedene Sprachen auf der Welt gibt. Die »Gegengeschichte« ist die Erzählung von Pfingsten, wenn alle einander verstehen können.

Mach mit

Welche Sprachen kennst du? Sprich mit Leuten, die noch eine andere Sprache sprechen als Deutsch. Du kannst zum Beispiel lernen, was Guten Tag, Bitte oder Danke auf Englisch, Französisch, Spanisch, Italienisch, Türkisch und so weiter heißt.

· streiten ·

An diesem Nachmittag haben die Geschwister Vivienne und Luis ihre Freundinnen und Freunde eingeladen: Vivienne drei Mädchen, Luis zwei Jungen. Die Jungen wollen im Wohnzimmer einen Film gucken. Die Mädchen möchten am Esstisch in Ruhe Origami machen, also aus Papier Kraniche falten. Da würde ein Film nur ablenken.

»Ich war zuerst da«, behauptet Luis, »wir bleiben hier!« »Ich bin älter als du«, gibt Vivienne zurück, »ihr könnt im Keller den Film gucken.« Luis sagt: »Geht ihr doch in den Keller mit eurem Bastelkram.« Seine Schwester stemmt die Hände in die Seite: »Wir sind mehr, also ab mit euch in den Keller.« So geht das noch eine ganze Weile hin und her. Schließlich beschimpfen sich die Geschwister: »Dummer Blödmann!«, »Hässliche Ziege« – da schaltet sich die Mutter der beiden ein: »Genug jetzt! Wir machen den Münzwurf. Hier ist ein Euro. Was oben liegt, bestimmt. Vivienne, was möchtest du?« Vivienne wählt den Adler. Also bleibt für Luis die Zahl. Die Mutter wirft die Münze hoch, als sie unten ankommt, liegt oben die Zahl.

Luis hat gewonnen. Vivienne kramt beleidigt das Bastelpapier zusammen. Da sagt Luis: »Ach, ist doch egal, ihr könnt oben bleiben. Jungs, wir gehen runter.«

Die Bibel erzählt dazu Folgendes:

Abraham hieß damals noch Abram. Er war wohlhabend: Abram besaß viele Schafe, Ziegen und Rinder. Dazu gehörten ihm viele Zelte. Und er besaß Silber und Gold. Abram zog von Ägypten in das Land, das später einmal Israel heißen würde. Er nahm seine Frau mit, seine Familie und die Hirten, die für ihn arbeiteten – dazu seinen ganzen Besitz. Abram ging von einem Lagerplatz zum anderen. Er suchte einen Ort, an dem er für immer bleiben konnte.

Abram wurde von seinem Neffen Lot begleitet. Auch Lot besaß zahlreiche Tiere. Das Land war aber nicht groß genug für Abram und Lot. Die Hirten der Herde von Abram und die Hirten der Herde von Lot gerieten in Streit.

Da sagte Abram zu Lot: »Zwischen mir und dir, zwischen meinen Hirten und deinen Hirten soll es keinen Streit geben. Wir sind doch wie Brüder. Das ganze Land liegt vor uns. Es ist besser, wenn wir uns trennen. Wenn du nach links gehst, werde ich nach rechts gehen. Wenn du nach rechts gehst, werde ich nach links gehen.«

So trennten sie sich voneinander. Lot zog in die Gegend am Jordan, Abram nach Kanaan.

(Genesis/1 Mose 13,1-12)

Gedicht

Rutschen und springen, lachen und singen,
spielen und laufen, albern und raufen,
lernen und fernsehn, schlafen und aufstehn,
trödeln und eilen, helfen und heilen,
weinen und fluchen, finden und suchen,
schwimmen und reiten, lieben und streiten,
trinken und essen und Gott nicht vergessen.

zählen

Jan kann jetzt schon bis 100 zählen. Das Zählen macht ihm großen Spaß! Er zählt alles Mögliche: die Steckdosen in seinem Zimmer: 5 sind es. Die Kleidungsstücke, die er anhat: 8 (Unterhose, Unterhemd, Hose, Pulli, zwei Socken, zwei Pantoffeln). Die Bissen, die er braucht, um ein Marmeladenbrot zu essen: 21. Die Bücher in seinem Regal: 37. Und so weiter.

Am Sonntag ist Jan im Kindergottesdienst. Das Thema sind Adam und Eva im Paradies. Zu Hause fragt ihn Papa, wie es war. Jan erzählt: »In der Kirche gibt es 16 Lampen und 94 Gesangbücher, außerdem 2 mal 8 Bankreihen.« Papa fragt nach: »Ja, aber worum ging es?« Jan fand die Geschichte der beiden ersten Menschen wohl nicht so spannend. Papa sagt: »Okay, bald wird wahrscheinlich eine Geschichte kommen, die dich mehr interessiert: Noah und die Tiere auf der Arche. Das waren viele. Da gibt's was zu zählen!«

Die Bibel erzählt dazu Folgendes:

Als Abraham noch Abram hieß, sagte Gott zu ihm: »Hab keine Angst, Abram. Ich passe auf dich auf. Ich belohne dich.« Abram antwortete: »Was willst du mir schon geben? Ich habe doch keine Kinder – und deswegen auch keine Erben. Mein Sklave wird erben, was ich besitze.« Gott sprach: »Du wirst einen eigenen Sohn bekommen.« Dann führte Gott den Abram nach draußen und forderte ihn auf, in den Himmel zu schauen: »Zähle die Sterne, wenn du kannst. So viele Kinder und Enkel und Urenkel wirst du einmal haben.«

(Genesis/1 Mose 15,1-5)

weglaufen

Laut polternd stapft Patrick in sein Zimmer und schmeißt sich aufs Bett. Nie mehr will er seine Mutter sehen. Bestimmt tausendmal hat sie ihn aufgefordert, er solle sein Zimmer aufräumen. Wie das nervt! Patrick reicht es. Das lässt er nicht länger mit sich machen, das hält doch kein Mensch aus! Er wird jetzt seine Sachen packen und weglaufen. Für immer.

Das Köfferchen her! Mensch, wo ist das blöde Köfferchen? Unterm Bett nicht, auf dem Schrank nicht, neben dem Schreibtisch auch nicht. Unter einem Stapel von Büchern, Pappschachteln und Schmusetieren findet er es. Er schüttet den Inhalt – Muscheln und Werkzeug – auf den Boden. Da kommt ihm in den Sinn: Die kleine Säge könnte er eigentlich mitnehmen. Wer weiß, wofür man die einmal brauchen kann, wenn man so durch die Welt wandert. Vielleicht muss er sich irgendwann ein Baumhaus bauen oder ein Floß? Als Nächstes: das Taschenmesser. Wer hat das schon wieder weggenommen? Es lag doch immer auf der Fensterbank. Patrick sucht im Regal und in den Taschen der verschiedenen Hosen, die herumliegen. Er findet das Taschenmesser in der Schreibtischschublade neben angeleckten Lutschern. So, was braucht man noch? Patrick kramt die Taschenlampe hervor, damit kommt man besser durch Höhlen. Er stopft das Kopfkissen in das Köfferchen; wenn er schon unter Brücken schlafen würde, dann wenigstens mit Kopfkissen. Im Schrank taucht seine Flöte auf, die schon als vermisst galt. Patrick will sie mitnehmen; damit könnte er in der Fußgängerzone ein bisschen spielen und sich Geld verdienen.

Seufzend nimmt Patrick das Köfferchen und schleicht nach unten. Aber die Mutter sieht ihn und fragt: »Gehst du auf Reisen?« »Ich hau ab!«, schnieft Patrick. »Du willst weglaufen? Das ist aber schade«, sagt die Mutter, »ich habe gerade die Erdbeeren auf dem Tortenboden verteilt.« Patrick setzt das Köfferchen ab. Erdbeerkuchen! Sein Lieblingskuchen – so ein Mist! Was soll er jetzt tun? Okay, nur ein Stückchen. Am besten mit Sahne. Weglaufen kann er ja später oder irgendwann anders immer noch.

Die Bibel erzählt dazu Folgendes:

Abraham hieß damals noch Abram und seine Frau Sara hieß Sarai. Sarai hatte noch kein Kind geboren. Sie hatte eine ägyptische Dienerin, die Hagar hieß. Sarai sagte zu Abram: »Gott schenkt mir keine Kinder. Also zeuge du ein Kind mit Hagar. Ihr Sohn soll dann mein Sohn sein.« Abram hatte damit eine zweite Frau.

Hagar wurde schwanger. Als sie es merkte, sah sie auf Sarai herab und gehorchte ihr nicht mehr. Das traf Sarai schwer und sie schimpfte mit ihrem Mann: »Jetzt tut sie so, als sei ich Luft! Du bist schuld!« Abram antwortete: »Es ist deine Dienerin. Mache mit ihr, was du willst.« Da schlug Sarai Hagar. Hagar lief weg.

Gottes Engel fand Hagar bei einer Wasserquelle in der Wüste. Er fragte sie: »Woher kommst du und wohin gehst du?« Hagar antwortete: »Ich bin von meiner Herrin Sarai weggelaufen.« Der Engel redete ihr gut zu: »Geh zu ihr zurück. Du wirst einen Sohn zur Welt bringen, den sollst du Ismael nennen. Der Name bedeutet *Gott hört* – denn Gott hat dich in deiner Not erhört. Dein Sohn wird ein wilder Bursche werden. Du sollst durch ihn viele Nachbekommen haben.« Da sagte Hagar: »Du bist der Gott, der mich sieht!« Hagar bekam einen Sohn. Abram nannte ihn Ismael.

(Genesis/1 Mose 16)

•lügen•

Elias' Mutter muss noch schnell zur Post. Elias bleibt zu Hause. Er spielt Pilot. Er steuert sein Flugzeug durch die Wohnung. In scharfen Kurven brummt seine Maschine durch den Himmel. Der Motor heult, eine scharfe Linkskurve, dann eine zackige Rechtskurve. Aber, oh je, dabei streift er die Yuccapalme auf dem Fensterbrett. Der Blumentopf fällt auf den Boden.

O nein, die Pflanze ist aus dem Topf gerutscht, überall liegt Erde. Elias kratzt mit den Händen die Erde zusammen und stopft sie mit der Pflanze zurück in den Topf. Zurück aufs Fensterbrett. Man sieht eigentlich gar nichts. In diesem Augenblick hört er, wie seine Mutter zurück in die Wohnung kommt.

Elias verschwindet im Kinderzimmer. Wenig später hört er die Mutter: »Was ist denn hier passiert? Elias, komm doch bitte mal!« Elias tut ganz unschuldig, schlendert ins Wohnzimmer, hält seine Hände hinterm Rücken versteckt.

Die Mutter fragt: »Ist hier irgendwas passiert, während ich weg war?« Elias hebt die Schultern, als wüsste er von nichts. Die Mutter lässt nicht locker: »Die Yuccapalme sah eben noch anders aus, bevor ich ging.« Elias fragt zurück: »Vielleicht hat die Katze sie runtergeworfen?« Die Mutter presst die Lippen aufeinander, dann sagt sie: »Sehr wahrscheinlich. Und die Katze hat sie auch wieder zurückgestellt, oder?« Jetzt wird Elias ganz heiß.

Die Mutter hockt sich vor ihn und schaut ihm in die Augen. »Zeig mal deine Hände!« Elias tut es widerwillig, sie sind ganz verschmiert von der Blumenerde. Schnell umarmt er seine Mutter und vergräbt sein Gesicht an ihrem Hals: »Tut mir leid, Mama. Ich wollte dich nicht anlügen.«

Die Bibel erzählt dazu Folgendes:

Einmal zeigte sich Gott dem Abraham auf besondere Weise.

Abraham saß im Eingang seines Zeltes bei den Eichen von Mamre. Da sah er: Drei Besucher kamen auf ihn zu. Er stand sofort auf, lief ihnen entgegen und verbeugte sich tief. Er lud sie ein, bei ihm Rast zu machen. Sie könnten bei ihm ausruhen und sich die Füße waschen.

Dann lief Abraham zu seiner Frau Sara und forderte sie auf: »Schnell, backe frische Brotfladen.« Und zum Knecht sagte er: »Schnell, schlachte und brate ein Kalb für unsere Gäste.« Abraham servierte den Besuchern das Essen mit Butter und Milch.

Die Gäste aßen und tranken. Sie fragten: »Wo ist denn deine Frau?« »Im Zelt«, antwortete Abraham. Einer der Besucher sagte: »In einem Jahr kommen wir wieder. Dann wird deine Frau ein Kind geboren haben.« Sara hörte im Zelt mit – aber sie musste lachen! Denn sie war schon eine alte Frau und Abraham ein alter Mann. *Ich kann doch kein Kind mehr bekommen?*, dachte sie und schüttelte den Kopf.

Gott sagte zu Abraham: »Warum lacht Sara? Ist denn bei Gott etwas unmöglich? Nächstes Jahr um diese Zeit werde ich wiederkommen, dann hat sie einen Sohn.« Aus Angst log Sara: »Ich habe nicht gelacht.« Aber Gott sagte: »Doch, du hast gelacht.«

(Genesis/1 Mose 18,1-15)

Kurz erklärt

Die Bibel erzählt erst von drei Besuchern – und auf einmal von Gott, der zu Abraham spricht. In den drei Besuchern sahen die Christen einen Hinweis auf die Dreifaltigkeit Gottes: den Vater, den Sohn und den Heiligen Geist.

• verhandeln •

Cornelias Großeltern haben ein paar Hühner im Garten. Cornelia füttert sie gern. Besonders liebt sie ein Huhn, das sie Tuffi nennt.

Ab und zu schlachtet ihr Opa ein Huhn. »Aber Tuffi wirst du doch nicht schlachten, oder?«, fragt ihn Cornelia eindringlich. Er zieht die Schultern hoch: »Nicht, solange sie jeden Tag ein Ei legt.« Cornelia schaut ihren Opa fest an: »Aber doch auch nicht, wenn sie nur jeden zweiten Tag ein Ei legt, oder?« »Also gut, weil du es bist.« Cornelia bleibt dran: »Und wenn sie nur noch jeden dritten Tag ein Ei legt, doch auch nicht, oder?« Der Opa schüttelt den Kopf: »Mädchen, Hühner sind zum Eierlegen da. Zwei Eier in der Woche müssen es sein.« Cornelia wagt einen letzten Versuch: »Tuffi möchte leben und alt werden, wie du. Wenn sie nur noch ein Ei in der Woche legt, dann darf sie immer noch am Leben bleiben? Bitte!« Der Opa seufzt: »In Gottes Namen!«

Cornelia strahlt ihren Opa an. Der singt: »Ich wollt', ich wär' ein Huhn, ich hätt' nicht viel zu tun ...«

Die Bibel erzählt dazu Folgendes:

Gott hatte gerade Abraham besucht, da dachte er sich: *Soll ich Abraham verheimlichen, was ich mit der Stadt Sodom und Gomorra vorhabe? Ich habe ihn doch auserwählt, dass aus seiner Familie einmal ein großes Volk werden soll.* Deswegen sprach er offen zu Abraham: »Was ich über Sodom und Gomorra höre, ist wirklich schlimm. Sie sündigen die ganze Zeit. Ich will hingehen und prüfen, ob das stimmt.«

Abraham sagte zu Gott: »Willst du denn die Guten zusammen mit den Schlechten vernichten? Vielleicht gibt es 50 Gute in der Stadt. Du kannst sie nicht gleich behandeln. Das wäre sehr ungerecht. Als Richter der ganzen Erde musst du doch besonders gerecht sein!« Gott antwortete: »Also gut. Wenn ich 50 Gute finde, werde ich ihretwegen allen anderen vergeben.«

Abraham sagte: »Gott! Obwohl ich klein und unbedeutend bin, wage ich es, mit dir zu sprechen. Vielleicht sind es ja nur 45 Gute. Wegen dieser fünf wirst du doch nicht die ganze Stadt vernichten, oder?« Gott antwortet: »Also gut, wenn es 45 Gute sind, werde ich die Stadt verschonen.« »Kann sein, es sind es nur 40« »Also gut, bei 40 Guten werde ich der Stadt nichts antun.« Abraham fragte mutig: »Bitte, werde nicht wütend: Aber wenn es nur 30 Gute sind?« Gott antwortete: »Also gut, dann genügen 30.« »Und wenn es nur 20 sind?« »Also gut, bei 20 Guten werde ich die Stadt verschonen.« Abraham wagte es ein letztes Mal: »Genügen auch zehn Gute?« Gott antwortete: »Also gut. Zehn!«

(Genesis/1 Mose 18,16-33)

• auf die Probe stellen •

Bennetts Oma arbeitet in der Kirche. Sie ist Küsterin: Sie bereitet alles für den Gottesdienst vor. Sie macht zum Beispiel die Kerzen an und sorgt für Blumen. Manchmal darf Bennett die Glocken einschalten. Nach dem Gottesdienst wird aufgeräumt. Zum Beispiel müssen die Gesangbücher zurück ins Regal. Und das Körbchen mit der Kollekte kommt ins Gemeindebüro. Das darf Bennett tragen. Wenn niemand anders es macht, zählen sie auch gemeinsam das Geld: Scheine und Münzen werden sortiert und dann wird alles zusammengerechnet.

Einmal meinte der Pfarrer zur Oma, Bennett sollte das Körbchen mit der Kollekte besser nicht tragen. Die Versuchung, Geld daraus zu nehmen, sei zu groß für ein Kind. Oma ärgerte sich: »Bennett macht so was nicht!« Der Pfarrer sagte: »Wenn Sie meinen ...« Aber dann hat Oma nachts davon geträumt, wie sich Bennett Geld in die Hosentasche stopft. Als sie aufwacht, fasst sie sich an den Kopf und sagt: »Bennett macht so was nicht!«

Am nächsten Sonntag lenkt sie Bennett nach dem Gottesdienst ab. Er soll in alle Gesangbücher Zettel einlegen. In der Zwischenzeit zählt sie heimlich das Geld aus der Kollekte: Es sind genau 78 Euro und 45 Cent. Dann wirft sie Münzen und Scheine zurück ins Körbchen und ruft Bennett: »Bring' das Körbchen bitte ins Gemeindebüro.« Sie selbst kommt erst etwas später nach. Sie zählen gemeinsam. Der Oma wird ganz heiß. Dann rechnen sie zusammen: 78 Euro und 45 Cent. Die Oma küsst Bennett auf die Stirn. Sie erzählt dem Pfarrer die ganze Geschichte. Dem tut sein Misstrauen leid.

Die Bibel erzählt dazu Folgendes:

Gott stellte Abraham auf die Probe. Er sagt zu ihm: »Nimm deinen einzigen Sohn, den Isaak, und bringe ihn mir als Brandopfer dar.« Früh am nächsten Morgen lud Abraham einem Esel Brennholz auf. Mit zwei jungen Knechten und seinem Sohn Isaak machte sich Abraham auf den Weg. Am dritten Tag der Wanderung ließ er die Knechte und den Esel zurück. Isaak trug jetzt das Brennholz auf seinem Rücken. Abraham hatte eine Laterne für das Feuer und ein Messer in der Hand. Unterwegs fragte Isaak: »Vater, wir haben Holz und Feuer, wo aber ist das Lamm für das Brandopfer?« Abraham antwortete: »Gott selbst wird dafür sorgen.«

Sie kamen an den Ort, den Gott dem Abraham genannt hatte. Abraham baute aus Steinen einen Altar, schichtete das Holz auf, fesselte seinen Sohn und legte ihn oben auf das Holz. Abraham nahm das Messer in die Hand und wollte gerade seinen Sohn töten – da rief ein Engel Gottes: »Abraham, Abraham!« »Hier bin ich«, antwortete er. Gott sagte: »Tu dem Jungen nicht weh. Jetzt weiß ich: Du bist bereit, alles für mich zu tun. Du hättest mir sogar deinen einzigen Sohn geopfert.«

Abraham sah einen Widder, der sich mit seinen Hörnern im Gestrüpp verfangen hatte. Den opferte er Gott. Gott aber sprach zu Abraham: »Ich will dich segnen. Deine Nachkommen sollen mehr sein als die Sterne am Himmel und der Sand am Meeresstrand. Du hast auf meine Stimme gehört. Darum werde ich durch deine Nachkommen alle Völker der Erde segnen.«

(Genesis/1 Mose 22,1-19)

schwören

Der Vater sortiert im Wohnzimmer Zeitschriften. Er ruft Simon und fragt: »Hier lag eine Zeitschrift, da war vorne so ein Oldtimer aus Kuba drauf. Jetzt finde ich sie nicht mehr. Hast du sie zufällig mitgenommen?«

»Ich habe sie nicht mitgenommen! Ich schwöre!« Simon hebt die rechte Hand: Daumen, Zeigefinger und Mittelfinger sind ausgestreckt, die anderen beiden sind eingeknickt. »Langsam!«, bremst ihn sein Vater: »Schwören sollte man nur im Notfall. Ein Schwur ist ein heiliges Versprechen. Es reicht mir, wenn du sagst: Du hast nichts damit zu tun, dass das Heft weg ist.«

Simon nimmt die Hand runter: »Also, ich habe das Heft nicht genommen ..., aber ich habe es Alvaro gegeben. Der liebt Oldtimer so und ich wollte ihm eine Freude machen.«

Der Vater rollt die Augen und hebt die Hand zum Schwur: »Ich schwöre, ich würde dir jetzt am liebsten die Ohren langziehen.« »Langsam!«, bremst ihn Simon: »Das sollte man nur im Notfall tun. Wenn du das Heft wieder brauchst, sage ich Alvaro Bescheid.«

Die Bibel erzählt dazu Folgendes:

Isaak war 40 Jahre alt, als er Rebekka heiratete. Die beiden hatten keine Kinder. Als Isaak 60 Jahre alt war, betete er zu Gott und bat um Kinder. Da wurde Rebekka mit Zwillingen schwanger. Das erstgeborene Kind wurde Esau genannt, weil es so viele Haare am ganzen Körper hatte. Das zweitgeborene Kind wurde Jakob genannt, weil es die Ferse seines Bruders festhielt.

Aus den Kindern wurden Männer. Esau wurde ein guter Jäger, Jakob blieb eher bei den Zelten. Isaak mochte Esau lieber, Rebekka bevorzugte Jakob.

Einmal kam Esau erschöpft nach Hause. Jakob hatte Linsen gekocht. Esau sagte zu seinem Bruder: »Gib mir von den roten Linsen, ich bin ganz kaputt von der Arbeit.« Jakob antwortete: »Nur gegen dein Erstgeburtsrecht!« Esau war genervt: »Jetzt kommst du mir mit dem Erstgeburtsrecht ... Ich hab Hunger!« Jakob forderte ihn auf: »Schwöre zuerst!« Esau schwor und verkaufte damit sein Erstgeburtsrecht. Jakob gab ihm zu essen und zu trinken.

(Genesis/1 Mose 25,19-34)

Kurz erklärt

Erstgeburtsrecht bedeutete: Wenn ein Mann starb, erbte sein ältester Sohn den ganzen Besitz. Seine Schwestern und seine jüngeren Brüder bekamen nichts. Dafür musste der älteste Sohn für die Witwe und die noch zu Hause lebenden Geschwister sorgen.

Mach mit

Linsensalat:

200 Gramm Linsen mit einem Gemüsebrühwürfel in 1 Liter Wasser 10 Minuten kochen. Brühe abgießen und Linsen abkühlen lassen. Mit 4 Esslöffeln Zitronensaft, 1 Esslöffel (Oliven-)Öl, 1 Prise Pfeffer und 1 halbem Teelöffel Salz würzen. 250 Gramm Tomaten in kleine Würfel schneiden und unter die Linsen heben.

Wer mag, kann noch eine halbe Salatgurke oder 200 Gramm Feta (Schafskäse) in kleinen Würfeln dazugeben. Wer hat: mit Kresse oder Petersilie garnieren. Mmmh, lecker.

• betrügen •

Bei der Aktionswoche »Planet der Tiere« machen die Freundinnen Irina und Benita alles gemeinsam: Filme anschauen, Workshops besuchen, ein Museum besichtigen. Wie spannend das ist: Es gibt viel mehr Tiere auf der Welt als Menschen!

Bei einem dazugehörigen Malwettbewerb können alle Kinder mitmachen. Dafür treffen sich die beiden Freundinnen bei Benita zu Hause: Irina malt eine ziemlich dürre Giraffe, die von einem Affen mit einer Banane gefüttert wird. »Mögen Giraffen überhaupt Bananen?«, fragt Benita. Irina lacht: »Ist doch egal.« Benita hat eine Tier-Pyramide gemalt, ähnlich wie die Bremer Stadtmusikanten: ganz unten ein Elefant, darüber ein Löwe, dann ein Schwein, eine Katze, ein Hamster und ganz oben eine Hummel.

Als sie mal schnell in die Küche geht, um ein Glas Wasser zu holen, quetscht sich Benita den dicken Zeh an der Tür. Er blutet und schwillt an. Die Mutter verarztet den Fuß und entscheidet: »Morgen bleibst du zu Hause. Das muss in Ruhe heilen.« So nimmt Irina Benitas Bild für den Wettbewerb mit, denn am nächsten Tag wird eine Jury die drei besten Bilder auswählen. Als Irina schon im Weggehen ist, ruft ihr Benita nach: »Ich hab' vergessen, meinen Namen auf das Bild zu schreiben, machst du das noch?« »Na klar«, antwortet ihre Freundin.

Zwei Tage später ist ein Artikel über die Aktionswoche in der Tageszeitung. Auf dem Foto sieht man die drei Gewinner des Mal-Wettbewerbs: links Irina mit dem 2. Platz. Vor sich hält sie das Bild – mit der Tier-Pyramide! Benita ruft sie aufgebracht an: »Das ist doch mein Bild!« Irina tut unschuldig: »Kann nicht sein. Habe ich unsere Bilder verwechselt?« Benita legt wütend auf. Später schreibt sie ihr: »Nur damit du's weißt: Du bist nicht mehr meine Freundin!«

Die Bibel erzählt dazu Folgendes:

Als Isaak alt geworden war, konnte er nicht mehr gut sehen. Er sagte zu Esau: »Mein Sohn, jage ein Tier und bereite mir ein leckeres Essen zu, wie ich es mag. Dann will ich dich segnen, bevor ich sterbe.«

Das hörte Rebekka. Sie erzählte davon Jakob. Sie sagte zu ihm: »Hole zwei Ziegenböckchen aus der Herde, die will ich deinem Vater zubereiten. Dann bringst du ihm das Essen, wie er es mag. Dann wird er dich segnen, bevor er stirbt.« Jakob hatte Bedenken: »Der Vater wird merken, dass ich nicht Esau bin. Der hat doch überall so viele Haare.« Seine Mutter hatte eine Idee: Als das Essen fertig war, legte sie Jakob das Fell der geschlachteten Ziegenböckchen auf die Hände und um den Hals.

Jakob ging in Esaus Anziehsachen zu Isaak und behauptete: »Vater, ich bin Esau, dein erstgeborener Sohn. Hier ist das Essen, wie du es magst.« Isaak wurde misstrauisch: »Das ging aber schnell. Komm näher, ich will dich anfassen, ob du wirklich Esau bist.« Isaak fasste Jakob an: *Die Stimme ist die von Jakob, aber die Hände sind von Esau.* Da segnete er Jakob mit dem Segen, der für den Erstgeborenen bestimmt war: »Du sollst über deine Brüder herrschen. Verflucht sei, wer dich verflucht. Gesegnet sei, wer dich segnet.«

Kaum hatte Isaak den Jakob gesegnet, ging der eine Sohn weg und der andere kam. Esau bereitete ein gutes Essen zu und brachte es seinem Vater: »Wer bist du?«, fragte Isaak. Der antwortete: »Ich bin Esau, dein Erstgeborener!« Da fing Isaak an zu zittern: »Wer war denn eben bei mir? Ich habe sein Essen gegessen und ihn gesegnet.« Esau platzte vor Wut: »Segne auch mich!« Der Vater war untröstlich: »Dein Bruder hat mich betrogen und dir den Segen weggenommen.« Esau war verbittert: »Erst nimmt er mir das Erstgeburtsrecht, dann noch den Segen. Wenn mein Vater gestorben ist, werde ich Jakob töten!« Davon hörte Rebekka. Sie riet Jakob, zu ihrem Bruder Laban zu fliehen, bis sich Esaus Zorn gelegt hätte.

(Genesis/1 Mose 27,1-45)

• versprechen •

Am Silvesterabend darf Luise bis Mitternacht aufbleiben. Sie ist so müde! Aber das Feuerwerk macht sie wieder ein bisschen wach. Bei ihrem Papa auf dem Arm schaut sie in den dunklen Nachthimmel, an dem für Momente weiße, gelbe, blaue, rote und grüne Pünktchen erstrahlen. »Was auch geschieht in diesem neuen Jahr«, sagt Papa ganz feierlich, »du brauchst keine Angst zu haben. Ich passe immer auf dich auf!« Luise fragt schläfrig: »Versprochen?« Papa hebt seine Hand: »Großes Ehrenwort!«

Luise fallen die Augen zu und sie lächelt glücklich.

Die Bibel erzählt dazu Folgendes:

Jakob war unterwegs. Als die Sonne unterging, übernachtete er, wo er gerade war. Er legte sich einen Stein unter den Kopf und schlief ein. Da träumte er: Eine große Leiter stand auf der Erde. Sie reichte bis in den Himmel. Auf dieser stiegen die Engel Gottes auf und nieder. Da stand Gott vor Jakob und sagte: »Ich bin der Gott deines Großvaters Abraham und deines Vaters Isaak. Ich will dir und deinen Nachkommen das Land geben, auf dem du liegst. Deine Nachkommen werden überall sein und sich ausbreiten. Ich bin bei dir! Ich behüte dich, wohin du auch gehst. Ich verlasse dich nicht!«

Jakob erwachte und sagte: »Wirklich, an diesem Ort ist Gott – und ich wusste es nicht. Dieser Ort ist ganz besonders.« Am Morgen nahm er den Stein, der unter seinem Kopf gelegen hatte, und stellte ihn senkrecht auf. Er goss Öl darüber. Dem Ort gab er den Namen Bet-El, das heißt: Gottes Haus. Jakob versprach: »Wenn Gott mit mir ist und mich auf meinem Weg behütet, wenn er mir Brot zum Essen gibt und Kleidung zum Anziehen, wenn ich heil heimkehre – dann will ich immer an ihn glauben.«

(Genesis/1 Mose 28,10-22)

•kämpfen•

Im Supermarkt kauft sich Artur eine Tüte Chips. Draußen geht ein Junge auf ihn zu, den er nicht kennt. Er ist vielleicht ein Jahr älter als Artur. Der greift nach der Chipstüte und sagt frech: »Danke!« Der Fremde zieht damit ab, dreht sich noch einmal um und zeigt Artur eine geballte Faust. Artur ist so verdutzt, dass er gar nichts sagen oder tun kann.

Aber zu Hause ärgert er sich ein Loch in den Bauch. Über den fremden Jungen. Und über sich selbst. Das war so gemein – und er war so hilflos. Artur erzählt seinem großen Bruder Leon davon. Der sagt: »Das passiert dir nicht noch mal.« Leon gibt Artur Tipps: »Erst einmal sagst du bei so was ganz laut: ›Nein!!!‹ Du kannst es auch laut rufen, damit andere Leute aufmerksam werden. Dann hältst du deine Arme angewinkelt und voller Spannung vor deinem Oberkörper. Und schaust dem Kerl direkt ins Gesicht mit einem Blick, der sagt: Ich habe keine Angst vor dir! – Komm, wir üben das jetzt. Ich bin der Angreifer, und du verteidigst dich.«

Ein paar Tage später kauft sich Artur im Supermarkt ein Eis am Stiel. Draußen steht wieder der fremde Junge und kommt auf ihn zu. Artur bleibt stehen und schreit ihn an: »Was willst du?« Das Eis hält er hinter seinem Rücken. Der fremde Junge will danach greifen, aber Artur schubst ihn weg. Der Junge sagt übermütig: »Mach keinen Ärger!« und tritt nach Artur. Der kann aber ausweichen. Das Eis fällt zu Boden. Der fremde Junge will sich schnell danach bücken, aber Artur packt ihn fest am Arm und ruft laut: »Nein, das ist meins!« Der Junge reißt sich los und haut Artur in die Seite. Das tut weh. Artur atmet schwer und keucht: »Dieses Eis kriegst du nicht!« Der Junge flucht: »Dreckskerl, geh' mir aus dem Weg!«, und geht.

Artur zittert, aber das Eis schmeckt so gut wie noch nie.

Die Bibel erzählt dazu Folgendes:

Jakob hatte immer noch Angst vor der Rache seines Bruders Esau. Er schickte ihm seine Knechte entgegen. Sie brachten ihm als Geschenk von Jakob Ziegen, Mutterschafe, Kamele, Kühe, Rinder und Esel. Jakob dachte sich: *Meine Geschenke werden seinen Zorn auf mich kleiner machen.*

In der Nacht stand Jakob auf, nahm seine beiden Frauen, seine elf Kinder und die Mägde und überquerte mit ihnen an einer seichten Stelle den Fluss Jabbok. Er schaffte alles, was er besaß, auf die andere Seite des Flusses. Er blieb allein zurück.

Plötzlich stand da ein Mann und forderte Jakob zum Kampf heraus. Die beiden kämpften bis zum frühen Morgen. Der Mann konnte Jakob nicht besiegen. Da gab er Jakob einen Schlag auf die Hüfte und sagte: »Lass mich los, gleich geht schon die Sonne auf.« Jakob antwortete: »Ich lasse dich nur los, wenn du mich segnest.« – »Wie heißt du?«, fragte der Mann. Jakob nannte seinen Namen. Da sprach der Mann: »Von jetzt an sollst du nicht mehr Jakob heißen, sondern Israel. Denn du hast mit Gott und den Menschen gekämpft und gesiegt.« Jakob fragte: »Und wie heißt du?« Der Mann fragte zurück: »Warum willst du das wissen?« Dann segnete er Jakob.

Jakob sprach: »Ich habe Gott gesehen und lebe noch!« Er hinkte, weil seine Hüfte weh tat.

(Genesis/1 Mose 32,14-32)

•hassen•

Die Mädchentanzgruppe hat heute einen Auftritt im Rathaus. Camilla darf ein Solo tanzen, und sie macht das richtig gut. Es gibt viel Applaus.

Nach dem Auftritt ziehen sich die Mädchen in einem Raum hinter der Bühne um. Die Leiterin lobt alle Mädchen, aber besonders Camilla. Camilla sagt mit süßer Stimme: »Ich weiß, dass ich die Beste bin – mit Abstand! Aber es ist auch nicht besonders schwer, besser zu sein als die meisten aus dieser Gruppe.« Sophie, eine andere Tänzerin, zischt leise zu ihrer Freundin Lotta: »Ich hasse sie! Diese eingebildete Gans!«

Camilla muss mal zur Toilette. Als sie gerade nicht im Raum ist, verstecken Sophie und Lotta ihre Sachen in einem Schrank für Putzmittel. Sie ziehen sich schnell an und verabschieden sich. Jetzt soll die blöde Kuh doch lange danach suchen, dann kommt sie eben zu spät nach Hause. Geschieht ihr ganz recht!

Die Bibel erzählt dazu Folgendes:

Jakob hatte zwölf Söhne. Sie hießen: Ruben, Simeon, Levi, Juda, Sebulon, Issachar, Dan, Gad, Ascher, Naftali, Josef und Benjamin. Am liebsten aber hatte Jakob den Josef. Jakob bevorzugte Josef. Das machte seine Brüder eifersüchtig. Josef verriet seinem Vater alles, was seine Brüder anstellten. Sie sprachen daher kein gutes Wort mehr mit Josef.

Josef träumte einmal: *Er arbeitet mit seinen Brüdern auf dem Feld. Sie ernten Getreide und binden es zu Bündeln, den Garben. Auf einmal stellt sich Josefs Garbe auf und die Garben seiner Brüder verneigen sich vor Josefs Garbe.* – Josef erzählte diesen Traum seinen Brüdern. Sie wurden böse auf ihn. Josef träumte dann ein anderes Mal: *Die Sonne, der Mond und elf Sterne verneigen sich vor ihm.* Josef erzählte auch diesen Traum seinen Brüdern. Sie hassten ihn.

Sogar sein Vater Jakob schimpfte: »Was ist das für ein Unsinn, den du träumst?« Aber Jakob musste immer wieder über den Traum seines Lieblingssohnes nachdenken.

Josefs Brüder waren mit ihren Schafen und Ziegen auf dem Feld. Jakob schickte Josef zu ihnen, um nachzusehen, ob alles in Ordnung wäre. Die Brüder sahen Josef schon von Weitem. »Da kommt Josef, der Träumer«, sagten sie zueinander. In ihrer Wut planten sie: »Wir schlagen ihn tot! Dann behaupten wir einfach: Ein Raubtier hat ihn gefressen.« Als Josef ankam, rissen sie ihm die Kleider vom Leib und warfen ihn erst einmal in einen leeren Wasserspeicher. Während die Brüder aßen, kam eine Kamelkarawane von Kaufleuten vorbei. Juda schlugt vor: »Wozu Josef töten? Wir wollen ihn an diese Händler verkaufen.« Die Händler nahmen Josef mit nach Ägypten.

Seine Brüder schlachteten dann einen Ziegenbock und tauchten Josefs Kleider in das Blut. Sie schickten die Sachen an Jakob mit der Frage: »Sind das Josefs Kleider?« Jakob schrie auf: »Mein Sohn Josef ist tot!« Jakob war so traurig, dass er am liebsten selbst nicht mehr leben wollte.

(Genesis/1 Mose 37,1-35)

träumen

Morgen soll Marlene geimpft werden. Ihre Mutter erklärt ihr, wie das geht: »Das ist nur ein kleiner Piks mit der Nadel. Hier oben in den Arm. Das dauert so drei Sekunden. Dann bekommst du ein Pflaster auf die Stelle. Und fertig!« Marlene jammert: »Ich hab' Angst!« Die Mutter nimmt sie auf den Schoß: »Aber ich bin doch morgen dabei.«

Marlene sitzt auf einem hohen Stuhl in einem ganz weißen Raum. Außer dem Stuhl gibt es kein anderes Möbelstück. Auch kein Bild, kein Fenster, nichts. Nur eine Tür. Die öffnet sich, und eine lange, grünlich schimmernde Schlange schlängelt sich ihr entgegen. Aus ihrem Maul kommt eine gespaltene Zunge. Sie windet sich am Stuhl hoch, will Marlene beißen, sie schreit um Hilfe – da steht ihre Mutter neben dem Bett und beruhigt sie: »Du träumst, mein Schatz, wach auf, das ist nur ein böser Traum.« Marlene erzählt von der Schlange. Die Mutter sagt: »Das kommt bestimmt von deiner Angst vor der Impfung.«

Marlene darf den Rest der Nacht bei der Mutter im Bett schlafen. Da ist sie sicher!

Die Bibel erzählt dazu Folgendes:

In Ägypten wurde Josef an Potifar verkauft. Dieser Mann war Chef der Leibwache des Pharaos. Gott stand Josef bei: Er half ihm, dass ihm alles gelang. Potifar vertraute Josef seinen ganzen Besitz an.

Josef war jung und schön. Er gefiel Potifars Frau. Sie forderte ihn auf: »Komm, küss mich, streichle mich!« Josef entgegnete:

»Das wäre nicht recht. Ich will Potifars Vertrauen nicht missbrauchen.« Die Frau ließ aber nicht locker. Einmal war sie mit Josef allein im Haus. Sie hielt ihn am Hemd fest und bedrängte ihn: »Komm, küss mich, streichle mich!« Josef riss sich los, aber sein Hemd hielt Potifars Frau fest in der Hand. Damit wartete sie auf ihren Mann und behauptete: »Sieh nur, Josef wollte mich küssen und streicheln, aber ich habe mich gewehrt!« Potifar packte der Zorn. Er warf Josef ins Gefängnis. Aber Gott stand Josef bei und half ihm auch dort.

Im Gefängnis lernte Josef den Mundschenk des Pharaos kennen. Der erzählte ihm einen Traum: »Ich sah einen Weinstock mit drei Ranken. Ich drückte die Trauben über dem Becher des Königs aus. – Was soll das bedeuten?« Josef erklärte ihm den Traum: »Drei Ranken, drei Tage! Dann wird dich der König befreien und du wirst ihm wieder den Becher reichen wie früher. Vergiss mich dann nicht!« Drei Tage später feierte der Pharao Geburtstag. Er befreite den Mundschenk. Der aber hatte Josef schon wieder vergessen.

Zwei Jahre später träumte der Pharao diesen Traum: *Er steht am Ufer des großen Flusses Nil. Da steigen sieben fette Kühe aus dem Nil und weiden am Ufer. Danach steigen sieben magere Kühe aus dem Nil. Die mageren fressen die fetten Kühe auf.*

Der Pharao war sehr unruhig: Was bedeutete dieser Traum? Er fragte die gelehrten Männer um Rat, doch keiner konnte ihm helfen. Da fiel dem Mundschenk wieder Josef ein. Er sagte: »Im Gefängnis hat mir Josef einen Traum erklärt. Alles traf so ein, wie er es vorausgesagt hat.«

(Genesis/1 Mose 37-41 i.A.)

· erfolgreich sein ·

Tante Marlene sieht sich das Zeugnis von Nadja an. Sie ist schwer beeindruckt: »Nadja, das ist ja ein super Zeugnis!« Nadja strahlt. Tante Marlene ergänzt: »Und wie ich höre, bist du auch eine tolle Balletttänzerin!«

Nadja ist so viel Lob unangenehm. Ihre Mutter ergänzt: »Und Geige spielt sie auch!« Tante Marlene drückt Nadja ans Herz: »Ich bin richtig stolz auf mein Patenkind! Aber sag mal, bist du denn in allen Dingen so erfolgreich? Oder gibt es irgendwas, das du nicht so gut kannst?« Nadja überlegt kurz: »Beim Kartenspielen verliere ich immer!«

Tante Marlene lacht: »Na, Gott sei Dank – das war mir schon unheimlich, dass du alles so gut kannst!«

Die Bibel erzählt dazu Folgendes:

Josef wurde aus dem Gefängnis geholt und zum Pharao gebracht. »Du kannst Träume deuten?«, fragt er Josef. Josef antwortete: »Nicht ich kann das, das kann nur Gott.« Der Pharao erzählte seinen Traum.

Josef erklärte: »Gott will dir zeigen, was er vorhat. Fette Kühe bedeuten fette Jahre. Magere Kühe magere Jahre. In den fetten Jahren wird mehr Getreide wachsen, als man essen kann. In den mageren Jahren wird nichts wachsen. Sorge also dafür, dass in den fetten Jahren ein Teil des Getreides gespeichert wird. Damit schaffst du einen Vorrat für die mageren Jahre und Ägypten muss nicht hungern!«

Der Pharao war begeistert. Er sagte zu Josef: »Gottes Segen ruht auf dir!« Josef wurde zum Verwalter über ganz Ägypten. Er ließ Speicher für das Getreide bauen. Gott stand Josef bei: Ihm gelang alles, was er tat. Er heiratete und bekam zwei Söhne. Und die traurige Geschichte, dass ihn seine Brüder aus der Heimat verkauft hatten, hatte er fast vergessen.

(Genesis/1 Mose 41,14-52)

Gebet

Gott,
lass mich nicht übermütig werden, wenn ich Erfolg habe,
und nicht niedergeschlagen sein, wenn er ausbleibt.
Gib mir die Kraft, bei Rückschlägen nicht aufzugeben
und immer wieder neu anzufangen,
damit ich meine Ziele erreiche.
Oder lass mich erkennen, was ich loslassen muss.
Schenke mir die Einsicht, was gut für mich ist und was nicht.

Gut gesagt

Große Werke werden nicht durch Gewalt, sondern durch Ausdauer vollbracht. Derjenige, der mit Entschlossenheit drei Stunden pro Tag vorangeht, wird in sieben Jahren eine Entfernung so groß wie den Erdumfang hinter sich bringen.

Samuel Johnson, englischer Schriftsteller

· beschuldigt werden ·

»Du hast sie genommen!« Henri brüllt seinen größeren Bruder Enno an. »Das war meine Tüte! Wo ist sie? Oder hast du schon alle aufgefuttert?« Enno schüttelt den Kopf: »Ich war das nicht. Ich mag doch lieber Lakritz. Warum soll ich dir deine blöden Gummibärchen wegnehmen?« Henri regt sich fürchterlich auf: »Weil du gemein bist und dir immer was ausdenkst, um mich zu ärgern!«

Enno zeigt ihm einen Vogel: »Du spinnst doch. Am Ende hast du sie selbst gegessen.« Henri boxt seinen Bruder in den Arm: »Ach, ich habe sie selbst verspeist und dann vergessen, dass ich das selber war?« Enno hebt den Zeigefinger: »Pass auf, Kleiner!« Und dann lacht er: »Dir traue ich alles zu!«

Henri heult: »Wo sind sie denn? Eine Tüte Gummibärchen löst sich doch nicht in Luft auf.«

Da geht die Zimmertür auf, der Vater steht da: »Was macht ihr hier für einen Lärm?« Henri beschuldigt seinen Bruder und setzt an, ihn zu treten: »Enno hat meine Gummibärchen geklaut oder versteckt oder was weiß ich!«

Der Vater hält ihn zurück: »Stopp! – Waren das deine Gummibärchen? Das wusste ich nicht. Ich hab' die Tüte heute Nacht leer gemacht. Hatte eine Gummibärchen-Appetit-Attacke, tut mir leid. Du kriegst eine neue Packung.«

Die Bibel erzählt dazu Folgendes:

Die sieben fetten Jahre kamen und gingen. Die sieben mageren Jahre brachen an: Josef ließ das Getreide aus den Speichern verteilen. Überall hungerten die Menschen, außer in Ägypten. Auch Jakob und seine elf Söhne hungerten. Jakob schickte sie nach Ägypten, um dort Getreide einzukaufen. Nur Benjamin blieb beim Vater.

Zehn Söhne Jakobs kamen zu Josef, doch sie erkannten ihn nicht. Josef erkannte sie sofort, doch er ließ sich nichts anmerken. »Ihr seid Spione!«, warf er ihnen vor. Die Brüder verteidigten sich: »Aber nein! Unser Vater ist Jakob. Er hat zwölf Söhne. Der jüngste blieb beim Vater, und einer ist tot.« Josef forderte: »Wenn ihr mich von eurer Unschuld überzeugen wollt, dann holt mir auch den Jüngsten eurer Brüder her. Einer von euch bleibt als Geisel hier.« Von den Brüdern wurde Simeon ins Gefängnis geworfen. Die anderen Brüder erhielten Getreide und durften heim.

Zu Hause berichteten die Brüder ihrem Vater Jakob: »Der Mann, der in Ägypten zu bestimmen hat, beschuldigte uns, Spione zu sein. Simeon mussten wir als Geisel dalassen. Ihn können wir nur freibekommen, wenn wir Benjamin nach Ägypten mitbringen.«

Jakob traf eine Entscheidung: »Josef ist weg! Simeon ist weg! Und jetzt noch Benjamin? Nein, ihr geht nicht zurück!« Das Getreide war jedoch nach einiger Zeit aufgebraucht. Nur schweren Herzens war Jakob einverstanden, die Brüder wieder nach Ägypten ziehen zu lassen. Benjamin durfte mit, um Simeon freizubekommen.

(Genesis/1 Mose 41,53-43,15)

• einstehen •

Das kleine Fenster im Dach des Nachbarhauses mit dem Tennisball zu treffen, das ist das Ziel: Anton und Max versuchen es, aber den beiden Freunden gelingt es nicht. Sie werfen und werfen, immer daneben. Anton nimmt diesmal besonders viel Schwung – und trifft das kleine Fenster, das klirrend kaputtgeht.

Anton wird bleich: »Wenn mein Vater das mitbekommt, gibt es richtig krassen Ärger. Der hat immer so schlechte Laune ... und wenn ich dann noch Mist gebaut habe ..., der wird echt böse.«

Auch Max steckt der Schrecken in den Knochen. Doch legt er seinem Freund die Hand auf die Schulter: »Dann sagen wir einfach, ich war's. Meine Eltern werden auch nicht Hurra schreien. Aber sie reißen mir nicht den Kopf ab.«

Anton fragt: »Echt?« Max nickt. Anton atmet tief durch: »Du hast was gut bei mir.«

Die Bibel erzählt dazu Folgendes:

Josef lud die Brüder zu einem festlichen Essen ein. Sie verneigten sich vor ihm. Es war wie damals, als er von den Garben geträumt hatte. Josef sah seinen jüngsten Bruder Benjamin und musste fast weinen. Er gab sich aber noch nicht zu erkennen. Am nächsten Morgen reisten die elf Brüder wieder ab. Die Säcke waren mit Getreide gefüllt. In Benjamins Getreidesack hatte Josef heimlich seinen silbernen Becher verstecken lassen.

Die Brüder waren noch nicht weit fort, da holte sie ein Diener Josefs ein. Er machte ihnen Vorwürfe: »Einer hat den silbernen Becher gestohlen!« Die Brüder stritten das ab: »Solltest du wirklich den Becher bei einem von uns finden, soll der sterben. Die anderen werden deine Sklaven!« Der Diener Josefs fand den Becher bei Benjamin. »Er kommt mit mir, ihr anderen dürft nach Hause gehen.« Aber alle Brüder kehrten zurück in die Stadt, wo Josef schon auf sie wartete. Die Brüder warfen sich zu Boden: »Wir alle sind jetzt deine Sklaven!«

»Das wäre ungerecht«, antwortete Josef. »Der, bei dem man den Becher gefunden hat, soll bleiben. Ihr anderen dürft nach Hause gehen.« Nun trat Juda für seinen Bruder ein: »Herr, zu Hause wartet unser Vater auf uns. Sein Lieblingssohn ist tot, umso mehr hängt er an dem Jüngsten. Wenn wir ohne ihn heimkehren, wird unser Vater vor Kummer sterben. Bitte, lass Benjamin gehen; ich will an seiner Stelle dein Sklave sein.«

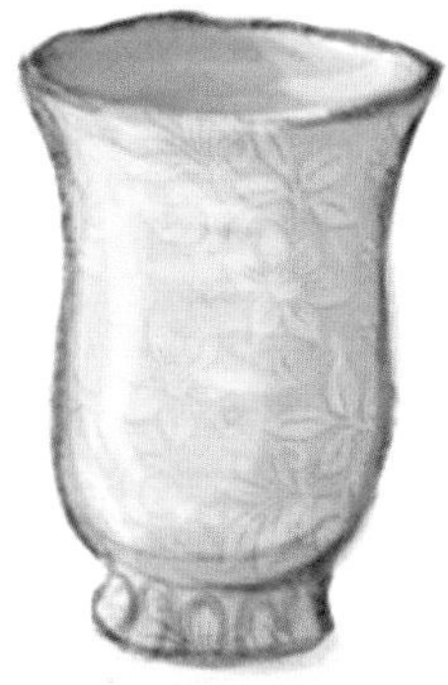

(Genesis/1 Mose 43,16-44,34)

Wusstest du …?

Einstehen bedeutet: Verantwortung übernehmen und zugeben, dass man etwas gesagt oder getan hat. Oder an Stelle eines anderen eine Strafe auf sich nehmen. Sich zu seiner Überzeugung oder seinem Glauben zu bekennen. Für jemanden ein gutes Wort einlegen. Das Versprechen einzuspringen, wenn einer seine Schulden nicht bezahlen kann.

Gut gesagt

Nicht weil es schwierig ist, wagen wir es nicht, sondern weil wir es nicht wagen, ist es schwierig.

Seneca, Schriftsteller aus dem alten Rom

• weinen •

Sade hört ihre Mutter weinen. Sie geht zu ihr in die kleine Küche. Als die Mutter Sade sieht, dreht sie sich weg. »Omo iya«, sagt Sade leise; das heißt so viel wie »Mama« in der Sprache der Yoruba. Sade lebt mit ihrer Mutter in Nigeria. Der große Bruder, Bayo, hat sich auf den Weg nach Schweden gemacht. Er möchte erst quer durch Afrika, dann übers Mittelmeer und danach durch Europa nach Schweden kommen. In Stockholm lebt Onkel Olutunde.

Sonst hat Bayo alle paar Tage angerufen. Aber nun schon seit drei Wochen nicht mehr. Vielleicht hat er nur sein Handy verloren. Aber vielleicht ist er auch mit einem Boot auf dem Meer untergegangen ... und tot. Sade weint mit ihrer Mutter. Still betet sie: »Lieber Gott, bitte, bitte, bitte mache, dass Bayo lebt.«

Aber Bayo ruft nicht an. Gestern nicht. Heute nicht. Morgen nicht. Die Mutter weint und Sade auch.

Nach zehn Tagen hört Sade, wie ihre Mutter schreit: »Bayo!« Sade läuft zu ihr, ihr Herz zerspringt fast. Aber die Mutter lacht: »Bayo lebt!« Sie stellt das Handy laut: »Hey, hey«, sagt der Bruder, »ich bin bei Onkel Olutunde.«

Jetzt weint Sades Mutter wieder – aber diesmal vor Freude.

Die Bibel erzählt dazu Folgendes:

Jetzt konnte sich Josef nicht mehr länger verstellen. Er fing an zu weinen. »Ich bin Josef!«, sagte er. Die Brüder standen stumm da, keiner sagte ein Wort. »Ich bin euer Bruder. Ihr habt mich verkauft. Ich mache euch keine Vorwürfe deswegen. Gott hat mich hierher nach Ägypten gebracht, um euer Leben zu retten! Zwei magere Jahre haben wir schon hinter uns, fünf werden noch kommen. Nicht ihr habt mich hierhergebracht, sondern Gott! So wurde ich Verwalter über Ägypten. Und nun geht schnell heim zu unserem

Vater. Sagt ihm: Josef lebt! Sagt ihm, er soll kommen. Ihr alle könnt hier leben in Ägypten. Hier müsst ihr nicht hungern!«

Josef umarmte Benjamin. Beide weinten vor Freude. Dann küsste er die anderen Brüder. Sie waren sprachlos vor Staunen.

»Josef lebt!«, berichteten die Brüder zu Hause ihrem Vater Jakob. »Er ist Verwalter über ganz Ägypten!« Jakob hörte sich an, was sie erzählten. »Genug!«, rief er. »Josef lebt noch? Dann muss ich ihn sehen, bevor ich sterbe.«

(Genesis/1 Mose 45)

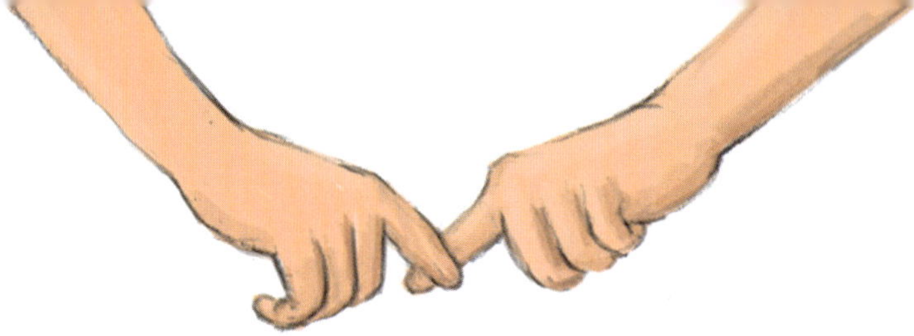

• versöhnen •

Wer den Streit angefangen hat, das wussten am Ende beide Freundinnen nicht mehr: War es Carin oder doch Bentje? Ist ja auch egal. Auf jeden Fall haben die beiden sich richtig gezankt, dann sogar gekratzt und gebissen. Carin gab Bentje einen Schlag, die fiel unglücklich um und brach sich den linken Arm. Das tat sehr weh.

Als Bentje aus dem Krankenhaus zurück ist, besucht Carin sie mit ihrer Mutter zu Hause. Sie haben einen Teller Poffertjes mitgebracht: kleine Pfannkuchen mit viel Puderzucker. Carin schaut auf den Boden und sagt leise: »Bentje, es tut mir so leid. Das wollte ich doch nicht.«

Bentje lächelt erschöpft. »Weißt du, am Ende war es für mich gut.« Carin versteht nicht, was sie meint. Bentje erklärt: »Als der Arm eingegipst war, fragte mich die Ärztin: Was wünschst du dir? Und da habe ich geantwortet: Ein Klavier!« Alle müssen lachen. »Ja, das wünsche ich mir wirklich. Da sagte die Ärztin: Das ist ja ein Zufall. Meine Großmutter zieht ins Altenheim um. Sie hat mich heute gefragt, wem sie ein Klavier schenken könnte. Das kann sie nämlich nicht mitnehmen. – Ja, stell dir vor: Ich kann es haben!«

Carin grinst: »Das heißt, du musst dich eigentlich bei mir bedanken?« Bentje hebt lachend und zum Spaß drohend den Gipsarm und sagt: »Ja, wenn das erst mal verheilt ist, geht es mit dem Üben los.«

Die Bibel erzählt dazu Folgendes:

Jakob und Josef umarmten einander und weinten lange. Der Pharao erlaubte Jakob und seinen Söhnen, im besten Teil von Ägypten zu leben. Am Ende seines Lebens segnete Jakob seine Söhne und bat sie: »Wenn ich tot bin, begrabt mich in der Heimat. Gott wird euch beistehen. Gott wird euch zurückbringen in das Land, aus dem wir stammen.«

Josef ließ Jakob feierlich begraben. Nun fürchteten sich die Brüder, dass Josef doch noch Rache an ihnen nehmen könnte. Sie warfen sich vor ihm auf den Boden: »Wir sind deine Sklaven!«

Josef musste wieder weinen. Er nahm ihnen die Angst: »Ihr habt es damals böse mit mir gemeint. Aber Gott hat es gut gemeint. Nicht ihr habt mich hierhergebracht, sondern Gott – um euer Leben zu retten! Ich werde für euch und eure Familien sorgen.«

Josef starb im hohen Alter. Er segnete seine Brüder und bat sie: »Wenn ich tot bin, begrabt mich in der Heimat. Gott wird euch beistehen. Gott wird euch zurückbringen in das Land, aus dem wir stammen.«

Gott hielt sein Versprechen.

(Genesis/1 Mose 46-50)

GEDICHT

Wie? Siebenmal vergeben? Das klappt doch nie im Leben!
Wir sind daran gewöhnt: Mancher weint und stöhnt;
böse Worte, Fetzen fliegen, alle kämpfen, wollen siegen,
nie das Streiten lassen, hauen, zanken, hassen …
Streit mit Mund und Händen – wie kann man den beenden?
Muss denn das Kämpfen sein? Jesus sagt uns: Nein!
Den Frieden kann man lernen, er wohnt nicht auf den Sternen:
Der Weg aus Angst und Schuld braucht Mut und viel Geduld.
Soll es klappen, euer Leben? Dann lernt siebenmal vergeben.

• befehlen •

Bartosz beschwert sich bei seiner Mutter: »Piotr hat mir verboten, in sein Zimmer zu kommen. Er hat gesagt: ›Ich befehle dir, verlass sofort das Zimmer!‹«

Die Mutter ruft Piotr. Sie fragt ihn: »Stimmt das: Du erteilst deinem Bruder Befehle?« Piotr verteidigt sich: »Der nervt unheimlich. Immer kommt er rein und lenkt mich ab. Und dann hat er eben sogar noch gepupst!« Bartosz sagt: »Das stimmt gar nicht … nur ein bisschen!«

Die Mutter muss das Lachen unterdrücken und sagt: »Bartosz, lass deinen Bruder mal in Ruhe. Du kannst hier spielen. Und du, Piotr: Befehle sind was für das Militär. Da muss man gehorchen. Aber unter Brüdern passt das nicht. Sag: Bitte, geh jetzt – das sollte doch genügen.«

Piotr fragt: »Ist das ein Befehl?« Die Mutter scheucht die Jungs aus der Küche: »Ab mit euch!«

Die Bibel erzählt dazu Folgendes:

Auch nach dem Tod Josefs und seiner Brüdern waren die Israeliten in Ägypten eine große Volksgruppe. In Ägypten gab es jetzt einen neuen Pharao, der Josef nicht mehr gekannt hatte. Er machte sich Sorgen: »Wir müssen uns etwas einfallen lassen, dass die Israeliten nicht noch mehr werden. Sie werden sonst zu stark und eine Gefahr für uns.« Deswegen zwang man die Israeliten zu harter Arbeit wie Sklaven. Aber sie bekamen immer mehr Kinder.

Die Israeliten hatten zwei Hebammen: Schifra und Pua. Der Pharao befahl ihnen: »Wenn ihr den Frauen eures Volks bei der Geburt helft, dann achtet auf das Geschlecht der Kinder. Die Jungen lasst ihr sterben, die Mädchen dürfen am Leben bleiben.« Die Hebammen aber glaubten an Gott und taten nicht, was der Pharao ihnen befohlen hatte. Da rief sie der Pharao zu sich und fragte: »Warum tut ihr nicht, was ich euch befohlen habe?« Da redeten sie sich heraus: »Die Frauen unseres Volks haben ihr Kind immer schon zur Welt gebracht, bevor wir überhaupt bei ihnen sind.«

So vermehrten sich die Israeliten immer mehr. Da befahl der Pharao dem ganzen Volk: »Neugeborene Jungen der Israeliten müssen in den Nil geworfen werden! Nur die Mädchen dürfen am Leben bleiben.«

(Exodus/2 Mose 1)

• verstecken •

Zu ihrem neunten Geburtstag bekommt Valentina schöne Geschenke. Als sie alle ausgepackt hat, überreicht ihr Mama noch eine kleine Schachtel. Valentina öffnet sie: Darin liegt ein kleines Umhängekreuz an einem Goldkettchen.

Valentina freut sich: »Mama, wo hast du das denn her? Das ist doch mein Taufkreuzchen! Das hatte ich früher immer an – und dann war es eines Tages verloren. Ich weiß noch, dass ich deswegen geweint habe. Wo hast du es wiedergefunden?«

Ihre Mama breitet die Hände aus: »Valentinchen, nicht böse sein: Das Kreuzchen war nie verloren. Aber vor ein, zwei Jahren, da warst du so heiß auf die japanischen Sammelbildchen. Du hast alles dagegen eingetauscht. Da hatte ich Sorgen, dein Taufkettchen müsste auch noch dran glauben. Deswegen habe ich es versteckt. Komm, ich lege es dir um.«

Valentina hebt den Zeigefinger, wie eine Lehrerin: »Mama, das tut man eigentlich nicht. Aber das hast du gut gemacht!«

Die Bibel erzählt dazu Folgendes:

Eine Frau aus Israel bekam einen Sohn. Es war ein schönes Kind, ein Junge. Sie versteckte ihn drei Monate lang. Danach konnte sie ihn nicht länger verborgen halten. Deswegen machte sie ein wasserfestes Körbchen, legte das Kind hinein und setzte es am Ufer des Nils im Schilf aus. Die Schwester des Kleinen blieb in der Nähe stehen und schaute, was passieren würde.

Da kam die Tochter des Pharaos, um im Nil zu baden. Da sah sie das Körbchen und ließ es durch eine Dienerin holen. Das Kind darin schrie. Sie bekam Mitleid und sagte: »Das ist ein Kind der Israeliten.« Da kam die Schwester des Kleinen und fragte die Tochter des Pharaos: »Soll ich eine Frau der Israeliten holen, damit sie das Kind stillt?« Die Tochter des Pharaos war einverstanden, und die Schwester rief die Mutter des Kindes. Als der Junge größer geworden war, nahm ihn die Tochter des Pharaos als Sohn an und nannte ihn Mose. Sie sagte: »Ich habe ihn aus dem Wasser gezogen.«

Als Mose ein junger Mann geworden war, sah er einmal, wie ein Ägypter einen Israeliten misshandelte. Er sah sich nach allen Seiten um und tötete den Ägypter. Am nächsten Tag sah er, wie zwei Israeliten miteinander stritten. Er ermahnte denjenigen, der im Unrecht war: »Ihr seid doch Brüder!« Da sagte der zu ihm: »Haben wir dich gebeten, unser Schiedsrichter zu sein? Meinst du, du könntest auch mich töten?« Da wurde Mose klar: Die Sache war doch nicht verborgen geblieben. Er bekam Angst und floh in ein anderes Land.

Noch viele Jahre stöhnten die Israeliten unter der Sklavenarbeit in Ägypten, zu der man sie zwang. Sie klagten, und Gott hörte ihren Hilferuf. Gott dachte an den Bund, den er mit Abraham, Isaak und Jakob geschlossen hatte.

(Exodus/2 Mose 2,1-25)

• einen Namen haben •

Nach den Sommerferien ist ein neues Mädchen in Wanjas Parallelklasse gekommen. Er hat es auf dem Schulhof gesehen. Sie hat schwarze Haare und dunkelbraune Augen. Zu Hause geht Wanja das Bild von diesem hübschen Mädchen nicht aus dem Kopf. Und letzte Nacht hat er sogar von ihr geträumt.

Wanja möchte das Mädchen gern ansprechen. Aber wie? Und bei welcher Gelegenheit? Diese Gelegenheit kommt überraschend am nächsten Tag. Wanja steht hinter dem Mädchen in der Schlange der Schulmensa. Wanja fasst sich ein Herz und tippt ihr leicht auf die Schulter. Das Mädchen dreht sich um. »Wie heißt du?«, fragt Wanja. Das Mädchen fragt zurück: »Warum willst du das wissen?« Wanja fällt nichts ein, aber er sagt schnell: »Ich heiße Wanja.« Das Mädchen lächelt: »Das ist ein schöner Name. So weich.« Wanja strahlt: »Ja, mein Vater und mein Großvater heißen auch so.« Das Mädchen lacht: »Ihr seid aber nicht sehr einfallsreich.« Wanja hebt die Schultern: »Ich habe mir meinen Namen nicht ausgesucht. Aber ich bin zufrieden damit. Jetzt aber du!« Das Mädchen lächelt: »Na gut. Ich heiße Isabella.« Wanja weiß nichts anderes zu sagen als: »Schön!« Er hätte jeden Namen schön gefunden.

Beide bekommen ihren Teller Spaghetti. »Wollen wir zusammen essen?«, fragt Isabella. »Ja, klar!«, antwortet Wanja und ist sehr glücklich.

Die Bibel erzählt dazu Folgendes:

Mose hütete die Schafe seines Schwiegervaters Jitro. Einmal trieb er sie bis zum Gottesberg Horeb. Dort sah er den Engel Gottes – in einer Feuerflamme, die in einem Dornbusch brannte. Das war seltsam: Der Dornbusch brannte, aber er verbrannte nicht. Mose dachte sich: *Das will ich mir näher ansehen. Warum verbrennt der Dornbusch nicht?*

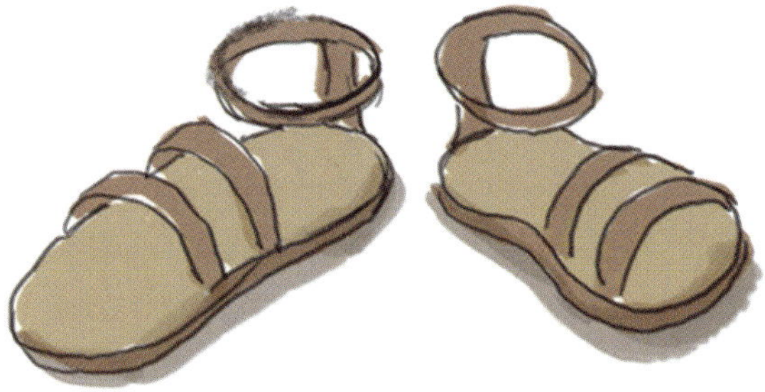

Gott sah Mose näherkommen und rief ihm zu: »Mose! Mose!« Mose antwortete: »Hier bin ich!« Da sprach Gott: »Komm nicht näher! Zieh deine Schuhe aus. Denn wo du stehst, ist ein heiliger Ort. Ich bin der Gott deines Vaters. Ich bin der Gott Abrahams, der Gott Isaaks und der Gott Jakobs.« Da legte Mose ein Tuch über sein Gesicht. Er hatte Angst, Gott anzuschauen.

Gott sagte zu Mose: »Ich habe gesehen, wie sehr mein Volk in Ägypten leidet. Ich will mein Volk befreien und in ein schönes, weites Land führen, in dem Milch und Honig fließen. Du, Mose, gehe zum Pharao und führe mein Volk aus Ägypten heraus.« Mose antwortete: »Wer bin ich denn? Ich kann doch nicht zum Pharao gehen und die Israeliten aus Ägypten herausführen.« Gott versprach Mose: »Ich werde mit dir sein!« Mose sagte zu Gott: »Wenn ich zu den Israeliten gehe und ihnen sage: Der Gott eurer Väter hat mich zu euch geschickt – dann werden sie mich fragen: ›Welchen Namen hat er denn?‹ Was soll ich dann antworten?« Gott sprach: »Ich bin der *Ich-bin*! Sage den Israeliten: Der *Ich-bin* hat mich zu euch geschickt.«

(Exodus/2 Mose3,1-15)

• fliehen •

»Ich bin so müde«, sagt Malaika. Ihre kleine Schwester Zola hat seit Tagen kein Wort mehr gesprochen. Malaika und Zola sind mit ihren Eltern seit Wochen unterwegs: zu Fuß, mit dem Bus, wieder zu Fuß. Mal wurden sie von einem Auto mitgenommen. Schließlich fuhren sie mit einem klapprigen Schiff übers Meer. Jetzt haben sie immerhin einen Schlafplatz in einem Zelt in Italien. Sie mussten mit ihren Eltern aus ihrer Heimat in Somalia fliehen. Sie wurden bedroht, weil sie Christen sind.

In Italien verstehen sie die Sprache der Menschen dort nicht. Das Essen ist ungewohnt. Alle benehmen sich anders als zu Hause. Aber sie müssen keine Angst mehr haben, dass nachts böse Männer kommen und womöglich die Eltern mitnehmen und die Kinder in ein Heim stecken.

Malaikas Mutter flüstert: »Schlaf gut, mein kleiner Engel. Alles wird gut.«

Die Bibel erzählt dazu Folgendes:

Der Pharao wollte die Israeliten nicht gehen lassen. Sein Herz war hart. Da ließ Gott schreckliche Plagen über Ägypten kommen. Erst wurde das Wasser wie Blut, man konnte es nicht mehr trinken. Dann waren überall Frösche, Mücken und Stechfliegen. Eine

schwere Krankheit tötete viele Tiere. Dann wurden die Menschen krank. Hagelkörner zerstörten die Ernte, dann fraßen Heuschrecken alles auf. Drei Tage lang ging die Sonne nicht auf. Aber das Herz des Pharaos blieb hart: Er ließ die Israeliten nicht gehen.

Gott sprach zu den Israeliten: »Jede Familie soll ein Lamm schlachten. Mit dem Blut sollt ihr die Türpfosten bestreichen. Bereitet das Lamm zu und esst es am Abend. Beim Essen sollte ihr eure Schuhe anhaben und einen Wanderstab in der Hand. Esst

es schnell und lasst nichts übrig. In dieser Nacht gehe ich durch Ägypten und töte alle Erstgeborenen – aber wo das Blut am Türrahmen ist, gehe ich vorüber.« Die Israeliten machten alles genau so, wie Gott es befohlen hatte.

In dieser Nacht starben viele ägyptische Kinder, auch der Sohn des Pharaos. Da ließ der Pharao Mose zu sich rufen und erlaubte ihm und allen Israeliten zu gehen. Die Israeliten brachen auf, viele tausend Menschen, dazu ihre Tiere. Doch schon kurze Zeit später tat es dem Pharao leid und er änderte seine Meinung: »Wie konnte ich die Israeliten nur gehen lassen?« Er schickte seine Soldaten auf Kampfwagen den Israeliten hinterher.

Die Israeliten standen vor dem Schilfmeer. Gott befahl dem Mose: »Hebe deine Hand und schlage mit deinem Stock ins Wasser – dann spaltet sich das Schilfmeer. Dann könnt ihr auf trockenem Boden durch das Meer gehen.« So geschah es: Ein starker Wind blies das Meer auseinander, so konnten die Israeliten mitten hindurchgehen. Die ägyptischen Soldaten verfolgten die Israeliten. Als die Israeliten auf festem Land waren, strömte das Wasser wieder zusammen. Alle ägyptischen Soldaten ertranken. Mose und die Israeliten sangen Gott zum Dank ein Lied. Miriam, die Schwester von Mose und Aaron, nahm eine Pauke in die Hand und lobte Gott, alle Frauen gingen ihr im Reigen nach.

(Exodus/2 Mose 7-15)

• meckern •

Urlaub in Spanien: Mama und Papa genießen das Faulenzen. Nur die kleine Kim hat immer was zu meckern: Die Sonne ist ihr zu heiß und das Meer zu kalt. Im Hotel ist ihr das Essen zu scharf, und sie findet, in ihrem Zimmer rieche es komisch. Die anderen Kinder, die hier Ferien machen, findet sie doof, und ihr Computerspiel langweilt sie.

»Ich will nach Hause!«, jammert sie. Ihr Vater hebt die Augenbrauen. Das macht er immer, wenn Kim am Meckern ist: »Fräulein Kim, du bist schlimm. Zu Hause wolltest du unbedingt nach Spanien, in Spanien willst du nach Hause. Dir kann man es nie recht machen. Andere Kinder wären froh, wenn sie so eine Reise machen könnten!« Da schaltet sich Kims Mama ein: »Komm, Kim, ich flechte dir Zöpfe.« Das liebt Kim. Sie sagt noch: »Aber nicht zu feste!«

Die Bibel erzählt dazu Folgendes:

Das Volk Israel war den Ägyptern entkommen und wanderte durch die Wüste. Bald waren alle Vorräte aufgegessen. Das Volk meckerte über Mose und seinen Bruder Aaron: »Wir wären besser in Ägypten geblieben, da waren wir wenigstens satt. Aber ihr habt uns in die Wüste geführt, damit wir hier sterben!«

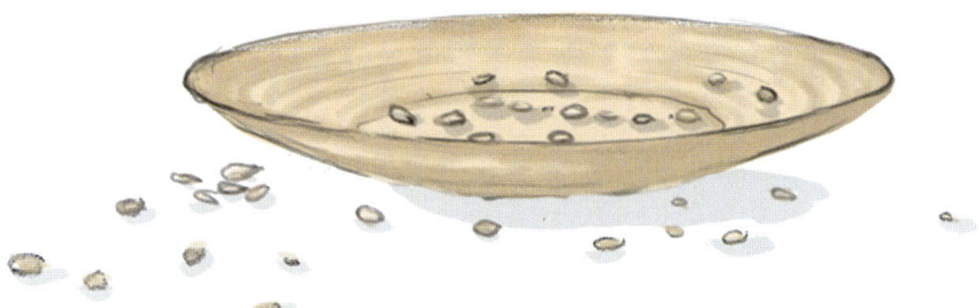

Da sprach Gott zu Mose: »Ich will euch Brot vom Himmel regnen lassen. Das sollt ihr aufsammeln, aber immer nur so viel, wie ihr für einen Tag braucht.« Mose sagte zu den Israeliten: »Ihr meckert nicht über mich und Aaron, sondern über Gott selbst! Aber Gott hat euer Meckern gehört! Morgen früh werdet ihr sehen, wie gut Gott zu uns ist!« Am nächsten Morgen lagen Körner auf dem Boden der Wüste, das Manna. Das konnte man essen.

Das Volk Israel wanderte weiter, von Lagerplatz zu Lagerplatz. Einmal gab es kein Wasser zum Trinken und alle hatten Durst. Da meckerten die Israeliten wieder: »Wozu hast du uns aus Ägypten herausgeführt? Damit wir hier verdursten?« Da schrie Mose zu Gott: »Was soll ich nur machen? Bald werden sie mich noch umbringen!« Gott gab ihm den Auftrag: »Geh zum Gottesberg Horeb und schlage mit deinem Stock dagegen, dann wird Wasser aus ihm fließen.« So kam es. Mose nannte den Ort Massa und Meriba, das heißt Probe und Streit. Manche fragten sich: *Ist Gott auf unserer Seite oder nicht?*

(Exodus/2 Mose 16,1-17,7)

· an Regeln halten ·

William wird von seinem Vater mit dem Auto vom Handball abgeholt. Williams Mannschaft hat verloren. »Du, ich lass dich kurz an der Bäckerei raus, kannst du bitte sechs Brötchen holen?«, bittet der Vater seinen Sohn. William guckt ziemlich genervt.

Vor der Bäckerei ist kein Parkplatz frei – nur ein Behindertenparkplatz. Der Vater bremst ab, hält aber nicht an. William fragt schlecht gelaunt: »Warum hast du den nicht genommen?« Sein Vater zeigt auf das Schild: »Nur für Behinderte.« William sagt verärgert: »Ist doch egal!«

Nun ist auch sein Vater gereizt: »Das ist nicht egal. Es gibt Regeln, und an die muss man sich halten. Wenn jeder fährt, wie er will, dann kommen wir nicht heil zu Hause an.«

Jetzt hat der Vater einen ordentlichen Parkplatz gefunden. Er gibt William Geld zum Bezahlen. William steigt wortlos aus. Nach wenigen Minuten kommt er mit einer Brötchentüte zurück. William sagt: »Du hast ja recht, Papa. Im Handball gibt's auch Regeln.« Der Vater grinst: »So vernünftig kenne ich dich ja gar nicht!« Und er kneift seinem Sohn zärtlich in die Wange.

Die Bibel erzählt dazu Folgendes:

Gott sagte: »Ich bin der Herr, dein Gott. Ich habe dich aus der ägyptischen Sklaverei in die Freiheit geführt.
Du sollst neben mir keine anderen Götter anbeten.
Du sollst dir von mir kein Bild machen, das du anbetest.
Du sollst meinen Namen nicht missbrauchen.
Du sollst den Sabbat halten: Sechs Tage darfst du arbeiten, aber am siebten Tag sollst du ruhen.
Du sollst deinen Vater und deine Mutter ehren.
Du sollst nicht morden.
Du sollst nicht die Ehe brechen.
Du sollst nicht stehlen.
Du sollst nicht lügen.
Du sollst nicht begehren, was dir nicht gehört.«

(Exodus/2 Mose 20,1-21)

• umstimmen •

Eigentlich hätte Vincent den Film »Flug zum Mars« sehen dürfen. Er will nämlich Astronaut werden. Aber dann ist er mit seinen dreckigen Sportschuhen durchs Wohnzimmer getobt. Überall knirscht Sand. Seine Mutter ist richtig sauer: »Ich habe dir hundertmal gesagt: Zieh deine Schuhe aus! Du machst hier sauber, aber schnell! Der Film fällt aus.« Sie geht in die Küche und macht die Tür ziemlich laut zu.

Vincent schmollt. Er zieht seine Sportschuhe aus, schnappt sich den Besen und kehrt das Wohnzimmer, so gut er kann. Im Garten hinterm Haus pflückt er einen kleinen Strauß Gänseblümchen. Zaghaft hält er seiner Mutter die Blümchen hin: »Mama ... es tut mir leid. Ich habe das Wohnzimmer saubergemacht. Darf ich den Film sehen, bitte, bitte, bitte!« Seine Mutter schüttelt den Kopf: »Man muss dich wirklich lieben, sonst wird man verrückt mit dir, mein Lieblingsastronaut.«

Die Bibel erzählt dazu Folgendes:

Mose bekam von Gott auf dem Berg Sinai die sog. Zehn Gebote – die Weisung Gottes, auf zwei Steintafeln gemeißelt.

Während Mose auf dem Berg war, wurde das Volk Israel ungeduldig. Die Israeliten sagten zu Aaron: »Wer weiß, ob Mose jemals zurückkommt. Mache du uns einen Gott, der uns durch die Wüste führt!« Da befahl Aaron: »Sammelt eure goldenen Ringe und Ohrringe.« Das Gold ließ er schmelzen und daraus eine

Figur wie ein Kalb machen. Die Israeliten waren begeistert: »Das ist der Gott, der uns aus Ägypten befreit hat.« Aaron baute einen Altar für das goldene Kalb. Alle feierten ein Fest und hatten viel Vergnügen.

Gott sagte zu Mose: »Geh schnell hinab zu deinem Volk. Sie haben Böses getan: Sie haben sich ein Kalb aus Gold gegossen und beten es an. Ich bin sehr zornig und werde sie alle vernichten.« Da betete Mose: »Gott, du hast uns doch siegreich aus Ägypten befreit. Sollen denn jetzt die Ägypter sagen dürfen: *Schau an, die Israeliten wurden nur aus Ägypten geführt, damit sie nun alle in der Wüste sterben!* Bitte, Gott, denke doch an Abraham, an Isaak und an Jakob. Ihnen hast du versprochen: Ich will eure Nachkommen so zahlreich machen wie die Sterne am Himmel.« Da tat es Gott leid und er beruhigte sich wieder.

Als Mose den Berg herabstieg, hörte er aus dem Lager schon den Lärm des Festes. Er wurde zornig und schleuderte die Steintafeln auf den Boden, dabei zersprangen sie in kleine Teile. Mose packte das goldene Kalb und zerstörte es. Er ermahnte das Volk Israel: »Ihr habt schwer gesündigt. Ich will zu Gott auf den Berg steigen. Vielleicht kann ich Vergebung erreichen.«

(Exodus/2 Mose 32)

segnen

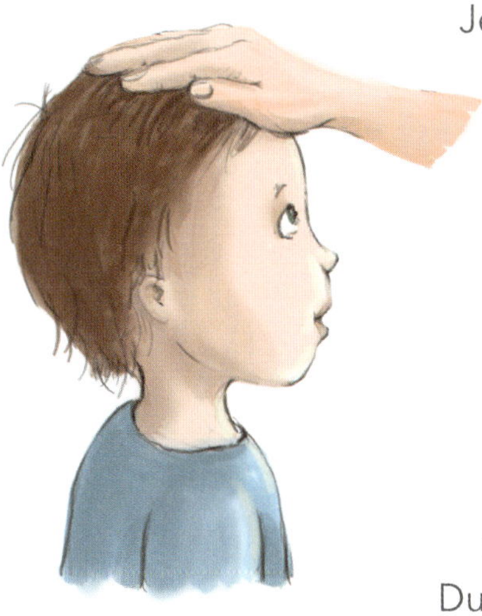

Jeden Morgen, bevor Moritz zur Schule geht, legt ihm sein Vater die rechte Hand auf den Kopf. Er sagt dazu immer den gleichen Satz: »Gott segne dich!« – und macht mit dem Daumen ein Kreuzchen auf die Stirn von Moritz.

Heute fragt Moritz seinen Vater: »Was bedeutet das eigentlich: *Gott segne dich*?« Sein Vater erklärt: »Segnen heißt so viel wie: Gutes wünschen. Du wirst trotzdem mal hinfallen oder krank werden. Du wirst Probleme bekommen. Du wirst vielleicht sogar manchmal denken: *Alle sind gegen mich!* Aber Gott verlässt dich nie! Er ist immer bei dir, egal, wohin du gehst.«

Moritz nickt und flitzt davon. Drei Minuten später steht er wieder vor der Tür: »Turnbeutel vergessen!« Der Vater grinst: »Da hilft auch der Segen nix!«

Die Bibel erzählt dazu Folgendes:

Gott sprach zu Mose: »Sage Aaron und seinen Söhnen:
Mit diesen Worten sollt ihr die Israeliten segnen:
Der Herr segne dich und behüte dich.
Der Herr schaue auf dich und sei dir gnädig.
Der Herr wende dir sein Gesicht zu
und schenke dir Frieden und Heil.
So sollen sie meinen Namen auf die Israeliten legen
und sie segnen.«

(Numeri/4 Mose 6,22-27)

· ansehen ·

Barbara sieht sich ein großes Bild an, das in einem roten Rahmen in Papas Zimmer hängt. Auf dem Schwarz-Weiß-Foto sieht man elf Männer, die hoch über Wolkenkratzern auf einem Stahlträger sitzen.

»Was machen die da?«, fragt Barbara. »Mittagspause«, antwortet Papa. »Kennst du die Männer?«, will Barbara wissen. Papa schüttelt den Kopf: »Das Foto wurde in New York gemacht, da war ich noch nie.« Barbara will wissen: »Aber warum hängt das da?«

Jetzt nimmt Papa Barbara auf den Arm, so kann sie das Bild besser ansehen. Er erklärt: »Ich sehe das Bild einfach gern an. Schau mal, diese Männer sitzen hier in schwindelerregender Höhe – es sind Arbeiter, die ein Hochhaus bauen. Aber die haben überhaupt keine Angst! Ganz cool machen die da Pause. Diese Lockerheit wünsche ich mir auch manchmal.«

Jetzt legt Barbara ihren Arm um Papas Hals: »Papa, mach das nicht nach! Ich habe Angst, dass du da runterfällst.« Papa verspricht es.

Die Bibel erzählt dazu Folgendes:

Die Israeliten verloren bei ihrer langen Wanderung durch die Wüste den Mut. Das Volk lehnte sich gegen Gott und Mose auf und fragte: »Warum habt ihr uns aus Ägypten herausgeführt? Damit wir in der Wüste sterben? Es gibt hier kein Brot und kein Wasser. Und das Manna widert uns an.«

Da schickte Gott giftige Schlangen unter das Volk. Die Schlangen bissen die Menschen, viele starben daran. Da kamen die Leute zu Mose und sagten: »Wir haben gesündigt! Wir haben uns gegen Gott und dich aufgelehnt. Bitte, bete zu Gott, dass er uns von den Schlangen befreit.«

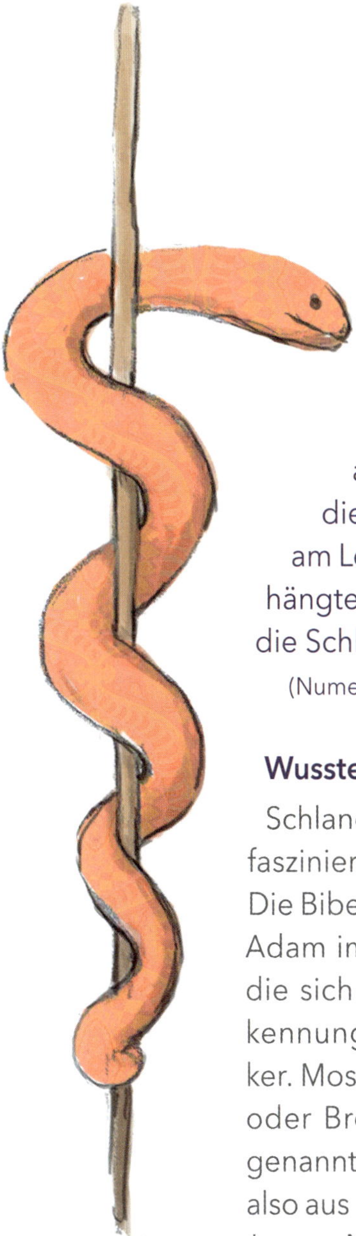

Mose betete zu Gott. Gott antwortete ihm: »Mache eine Schlange aus Kupfer. Die hängst du an einer Stange auf. Alle, die gebissen wurden, sollen die Schlange ansehen. Dann bleiben sie am Leben.« Mose machte die Schlange und hängte sie auf. Alle, die gebissen wurden und die Schlage ansahen, blieben am Leben.

(Numeri/4 Mose 21,4-9)

Wusstest du ...?

Schlangen haben Menschen immer schon fasziniert, ihnen aber auch Angst gemacht. Die Bibel erzählt: Eine Schlange hat Eva und Adam im Paradies verführt. Eine Schlange, die sich um einen Stab windet, ist das Erkennungszeichen der Ärzte und Apotheker. Mose machte eine Schlange aus Kupfer oder Bronze, sie wird »eherne« Schlange genannt. Ehern bedeutet: Aus Erz gemacht, also aus Metall. Im Johannesevangelium sagt Jesus: »Mose hat in der Wüste eine Schlange aus Metall für alle sichtbar aufgerichtet – so muss auch der Menschensohn für alle sichtbar aufgerichtet werden.«

(Johannes 3,4)

• wie blind sein •

Die Mutter bittet Heike: »Kannst du im Keller bitte ein Glas Honig holen?« Heike hasst es, in den Keller zu gehen. Da ist es kühl und feucht und dunkel. Manchmal laufen einem Spinnen über den Weg. »Muss das sein?«, fragt sie. Die Mutter antwortet jetzt schon nicht mehr so freundlich: »Wir können auch erst fünf Minuten diskutieren. Aber in dieser Zeit wärst du dreimal rauf- und runtergegangen.« »Na gut«, murrt Heike und steigt die Treppen hinab. Die Mutter ruft ihr nach: »Der Honig steht neben der Marmelade.«

Um sich selbst Mut zu machen, singt Heike »lalala« in Melodien, die ihr gerade einfallen. Im Vorratskeller findet sie sofort die Marmelade: Himbeere, Erdbeere, Pflaumenmus. Aber keinen Honig! Da sind auch Dosen mit Bohnen und Erbsen, Gläser mit Gurken und Rotkohl. Nirgendwo Honig. »Hier ist kein Honig!«, ruft sie nach oben. »Neben der Marmelade, hab' ich doch gesagt«, schallt es von oben zurück. Mutters Stimme ist gereizt. Heike findet Gläser mit Oliven, Dosen mit Thunfisch und Hering. *Mama wird sauer, wenn ich ohne Honig nach oben komme,* denkt sie sich. Aber sie findet einfach keinen.

»Lebst du noch?«, hört sie plötzlich Mutters Stimme, die näherkommt. Da ist die Mutter auch schon im Vorratskeller und greift nach einem Glas Honig: »Hast du Tomaten auf den Augen?« »Das kann nicht sein!« Heike kann es nicht fassen: »Da war eben nix.« »Na klar, ich habe gezaubert«, sagt die Mutter schon wieder mit sanfter Stimme: »Ich kenne das. Manchmal ist man wie blind!«

Die Bibel erzählt dazu Folgendes:

Balak, König der Moabiter, fühlte sich vom Volk Israel bedroht. Er schickte Boten zum Propheten Bileam. Die richteten ihm aus: »Da kommt ein Volk aus Ägypten. Es bedroht uns. Du musst es verflu-

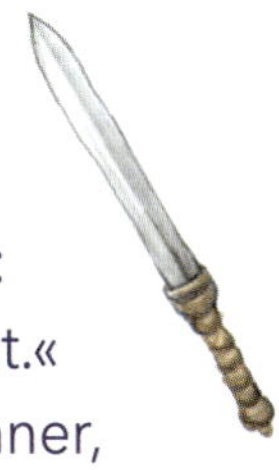

chen. Ich weiß ja: Wen du segnest, der ist gesegnet. Und wen du verfluchst, der ist verflucht.« Bileam antwortete: »Bleibt über Nacht hier. Ich will hören, was Gott zu mir sagt.«

Gott kam zu Bileam und fragte ihn: »Wer sind die Männer, die bei dir übernachten?« Bileam antwortete: »Diener von König Balak. Ich soll das Volk verfluchen, das von Ägypten herkommt.« »Tu es nicht«, sprach Gott, »denn dieses Volk ist gesegnet.« Das berichtete er am Morgen den Boten Balaks. Diese kehrten zu Balak zurück. Da schickte er andere Männer zu Bileam. Die boten ihm im Namen des Königs viel Geld an, wenn er die Israeliten verfluchen würde. Aber er weigerte sich. In der Nacht sagte ihm Gott: »Geh mit den Männern.« Er ritt also am nächsten Morgen auf einem Esel zu König Balak. Gott schickte einen Engel, der sich mit einem scharfen Schwert in der Hand dem Esel in den Weg stellte. Der Esel kam vom Weg ab und ging ins Feld hinein. Da schlug ihn Bileam, um ihn zurück auf den Weg zu bringen. Sie kamen an eine schmale Stelle, wo links und rechts Mauern waren. Der Engel stellte sich mitten in den Weg, der Esel drückte sich an die Mauer und versuchte, an ihm vorbeizukommen. Dabei schrammte Bileams Bein an der Mauer entlang. Bileam schlug den Esel. Ein wenig später gab es für den Esel keine Möglichkeit, dem Engel auszuweichen. Der Esel ging in die Knie. Bileam schlug ihn wütend mit dem Stock. Da gab Gott dem Esel eine Stimme, und der sprach: »Warum schlägst du mich zum dritten Mal?« Bileam antwortete verärgert: »Weil du dich über mich lustig machst!« Der Esel fragte: »Benehme ich mich denn so?« Da musste Bileam zugeben: »Nein.« Erst jetzt öffnete Gott dem Bileam die Augen und er sah den Engel des Herrn mit dem scharfen Schwert. Der Engel sagte zu Bileam: »Wäre der Esel nicht dreimal ausgewichen, hätte ich dich getötet. Jetzt geh zu Balak, aber sage nur, was ich dir vorsage!« König Balak empfing Bileam ungeduldig. Sie brachten Opfer dar. Dann sollte Bileam Israel verfluchen – doch er segnete Gottes Volk!

(Numeri/4 Mose 22-24)

• wählen •

Die Klasse 2b der Dreifaltigkeits-Grundschule in einem Vorort von Johannisburg in Südafrika ist heute außer Rand und Band. Als ihr Lehrer während des Unterrichts zum Direktor gerufen wird, machen die Kinder nur Unsinn: Sie bewerfen sich gegenseitig mit Orangenschalen, zerfetzen Papier und lassen die Schnipsel wie Schnee rieseln, und dabei schreien sie wie verrückt. Zwei Jungs rangeln so doll miteinander, dass sie den kleinen Schrank mit den gewonnenen Pokalen der Sportwettbewerbe umstoßen. Lubanzi malt an die Tafel einen Esel und schreibt drunter:

Unser Lehrer.

Da kommt der Lehrer zurück. Es wird still, alle gehen auf ihre Plätze zurück. Der Lehrer sieht sich alles an, bleibt aber stumm. »Jetzt sagen Sie doch was«, ruft Lubanzi.

»Hört mir mal gut zu, ich sage das nur einmal«, beginnt der Lehrer: »Ihr könnt wählen: Entweder gehen wir hier wie Freunde miteinander um – oder wie Gegner. Entweder nutzt ihr die Zeit, um hier zu lernen – oder ihr macht nur Unsinn und werdet es einmal verdammt schwer im Leben haben. Ich kann euch nur ein Angebot machen: Ihr müsst wählen.«

Keiner sagt was. Lubanzi steht auf und wischt die Tafel. Da bewegen sich auch die anderen, sammeln den Dreck ein und richten den kleinen Schrank wieder auf.

Der Lehrer fragt: »Wo waren wir stehen geblieben?«

Die Bibel erzählt dazu Folgendes:

Mose sprach zum Volk Israel: »Du kannst dich heute entscheiden: Zwischen Leben und Glück oder Tod und Unglück. Wenn du Gottes Gebote beachtest, Gott liebst und auf seinen Wegen gehst – dann wirst du leben. Dann wird Gott dich segnen. Wenn du aber dein Herz von Gott abwendest und fremden Göttern folgst – dann wirst du sterben.

Der Himmel soll mein Zeuge sein! Du kannst dich heute entscheiden: Zwischen Leben und Tod, zwischen Segen und Fluch. Wenn du das Leben wählst, wirst du leben! Liebe Gott, höre auf seine Stimme und halte dich an Gott fest. Denn Gott ist das Leben!«

(Deuteronomium/5 Mose 30,15-20)

Wusstest du …?

Wählen darf man, wählen muss man: Ein Kind kann im Gasthaus schon wählen, ob es Pizza oder Spaghetti möchte. Ab 18 Jahren dürfen alle wählen, wer unser Land regiert. Ganz gleich wie alt man ist: Wir können wählen, ob wir die Wahrheit sagen oder lügen; ob wir auch die anderen im Blick haben oder nur an uns selbst denken; ob wir Gott einen Platz in unserem Leben einräumen oder nicht.

• Kraft haben •

Niels ist Fachmann für Dinosaurier. Er kann stundenlang ganz still und konzentriert in seinen Bildbänden lesen. Vor allem sammelt er Dinosaurierfiguren: Tyrannosaurus, Stegosaurus, Brontosaurus und wie sie alle heißen – Niels kennt sich aus. Zu jedem Anlass wünscht er sich neue Dinosaurierfiguren: zu Weihnachten, zum Geburtstag oder wenn das Zeugnis gut war. Beim Abendessen sagt seine Mutter: »Niels, du musst deine Saurier wegräumen. Bei dir im Zimmer kann man gar nicht mehr saubermachen, überall stehen sie herum.« Niels ist entsetzt: »Ich möchte sie aber so gern anschauen!« Die Mutter hat eine Idee: »Im Keller ist noch ein Regal. Das können wir am Wochenende in deinem Zimmer aufbauen. Da kannst du sie reinstellen.«

Am Samstag gehen beide in den Keller. Niels soll die Regalbretter nach oben in ihre Wohnung, in den zweiten Stock tragen. Das sind vom Keller dreimal 17 Stufen! Niels schnappt sich zwei Bretter, aber die sind ziemlich schwer, eines rutscht ihm schon aus der Hand. »Nimm immer eins«, bestimmt die Mutter. Niels trägt es hinauf und flitzt wieder in den Keller. Nummer zwei folgt sogleich. Beim dritten Brett wird er schon langsamer und beim vierten steht ihm der Schweiß auf der Stirn. Drei Bretter fehlen noch, aber Niels muss erst einmal eine kleine Pause einlegen. Da kommt Gunwald dazu, der Nachbar aus dem Erdgeschoss. »Kann ich dir helfen?«, fragt er. Niels nickt dankbar. Gunwald trägt die langen Seitenbretter in Niels' Wohnung. Niels Mutter dankt ihm.

»Du hast viel Kraft!«, sagt Niels voller Bewunderung zu Gunwald. Der lacht: »Du wirst auch noch kräftiger. Und nie vergessen: In der Ruhe liegt die Kraft.«

Die Bibel erzählt dazu Folgendes:

Die Israeliten taten, was Gott nicht gefällt. Deshalb herrschten 40 Jahre lang die Philister über sie. In dieser Zeit kam der Engel Gottes zu einer israelitischen Frau, die keine Kinder hatte. Er sagte ihr: »Du wirst einen Sohn bekommen. Nie darf man ihm die Haare schneiden. Er wird damit beginnen, die Israeliten aus der Hand der Philister zu befreien.« Die Frau wurde Mutter eines Sohnes und nannte ihn Simson. Der Junge wurde groß und Gott segnete ihn. Simson wurde unglaublich stark. Einmal zerriss er einen Löwen mit bloßen Händen.

Simson verliebte sich in Delila. Sie gehörte zum Volk der Philister. Die Fürsten der Philister kamen zu Delila und sagten: »Versuche herauszufinden, was Simson so stark macht! Wir wollen ihn fesseln. Dafür werden wir dich mit Silber bezahlen.« Delila fragte Simson: »Sag mir doch, was dich so stark macht!« Simson wollte es ihr nicht sagen. Delila war enttäuscht: »Ich dachte, du liebst mich! Sag mir doch, was dich so stark macht.« Das ging jeden Tag so. Irgendwann war er es leid und verriet Delila sein Geheimnis: »Seit ich auf der Welt bin, wurden mir noch nie die Haare geschnitten.«

Delila verriet das an die Fürsten der Philister. Und als Simson eingeschlafen war, kamen sie, schnitten ihm die Haare ab und fesselten ihn. Simson wachte auf, wollte sich befreien – aber seine Kraft war weg. Die Philister stachen ihm die Augen aus und brachten ihn ins Gefängnis. Doch Simsons Haare wuchsen nach.

Bei einem Fest der Philister mit vielen Gästen ließ man Simson aus dem Gefängnis holen. Er sollte für die Gäste Späße machen. Ein Junge führte den blinden Simson an der Hand. Simson sagte zu dem Jungen: »Lass mich die Säulen betasten.« Und er betete: »Gott, denk an mich und gib mir noch einmal große Kraft.« Dann umfasste er die beiden Mittelsäulen mit seinen Händen und rüttelte an dem Haus. Es stürzte zusammen und begrub alle Philister unter sich, aber auch Simson.

(Richter 13,1-5.24; 14,6; 16,4-31)

• folgen •

Norbert, der große Bruder von Linus, hat sich beim Skateboardfahren das Schlüsselbein gebrochen. Er muss operiert werden. Die ganze Familie besucht ihn im Krankenhaus. Linus wird es mit der Zeit langweilig. Sein Vater gibt ihm etwas Geld: »Hol dir unten im Café ein Eis, dann bist du beschäftigt.«

Norbert liegt im fünften Stock der Klinik. Linus will den Aufzug nehmen. Als er kommt, sind schon Leute drin. Anstatt nach unten geht der Lift erst einmal weiter nach oben in die siebte Etage. Dann aber geht's abwärts. Unten steigt er aus. Linus geht durch den Gang, der ihm sehr dunkel vorkommt. An den Seiten stehen große Behälter mit schmutziger Bettwäsche. Die waren eben noch nicht da. Wo ist denn das Café? Er geht nach links: lange Wände mit hellblauen Fliesen. Er könnte ja mal jemanden fragen, aber er traut sich nicht. Er biegt rechts ab ..., dann fällt ihm auf: Er ist im Keller. Also zurück zum Aufzug. Aber wo war der noch mal?

»Junger Mann, suchst du was?« Vor Linus steht eine Frau in weißem Kittel. Linus sagt ganz leise: »Das Café.« »Oha, das wirst du hier unten nie finden. Folge mir«, sagt die Frau sehr bestimmt und geht dann mit schnellem Schritt vor ihm her. Linus folgt ihr stumm durchs Treppenhaus ins Erdgeschoss. Da ist es hell und er sieht sofort das Café. Dort sucht sein Vater schon nach ihm: »Linus, wo hast du dich rumgetrieben?« Die Frau im weißen Kittel lächelt: »Der junge Mann sucht das Abenteuer im Klinikkeller.«

Die Bibel erzählt dazu Folgendes:

Elimelech und Noomi waren ein Ehepaar. Sie hatten zwei Söhne: Machlon und Kiljon. Wegen einer Hungersnot in Bethlehem verließen sie ihre Heimat und kamen ins Land Moab. Als Elimelech starb, blieb Noomi mit ihren Söhnen allein zurück. Die beiden

Söhne heirateten Frauen aus Moab: Orpa und Rut. Nach etwa zehn Jahren starben Machlon und Kiljon.

Mittlerweile gab es in Bethlehem wieder genügend zu essen. Noomi wollte zurück in ihre Heimat. Sie sagte zu ihren beiden Schwiegertöchtern Orpa und Rut: »Am besten geht ihr beide zurück zu euren Müttern. Gott schenke euch seine Liebe, indem ihr neue Männer findet.« Sie küsste die beiden zum Abschied. Orpa und Rut fingen an zu weinen. Beide sagten: »Nein, wir wollen lieber mit dir gehen, zu deinem Volk.« Aber Noomi sprach: »Es ist wirklich besser, ihr geht nach Hause. Ich kann euch doch keine neuen Söhne als Männer gebären. Dafür bin ich zu alt. Meine Töchter, mir tut es sehr leid.« Da weinten ihre Schwiegertöchter noch lauter.

Dann gab Orpa Noomi einen Abschiedskuss. Aber Rut wollte nicht gehen. Noomi sagte zu ihr: »Deine Schwägerin geht heim zu ihrem Volk und zu ihrem Gott. Mach es genauso!« Aber Rut antwortete ihr: »Bitte, dränge mich nicht, dich zu verlassen. Wohin du gehst – dahin will ich auch gehen! Wo du bleibst – da bleibe auch ich. Dein Volk ist auch mein Volk. Dein Gott ist auch mein Gott. Nur der Tod kann uns trennen.« Das überzeugte Noomi. Sie redete nicht weiter auf Rut ein. Die beiden gingen nach Bethlehem.

(Rut 1,1-19)

·hören·

Marie ist ganz aufgeregt. Ihr Papa hatte in der Arbeit einen Unfall. Er hat sich ein Bein gebrochen und ist ins Krankenhaus gebracht worden. Dort hat man ihn operiert. Ihre Mama fährt zum Krankenhaus, aber Marie darf nicht mit. Ihre Mama bringt sie zu Tante Hildegard.

Marie weint: »Warum darf ich nicht mit? Ich möchte Papa sehen!« Tante Hildegard erklärt, Papa brauche jetzt Ruhe. Marie flüstert: »Aber ich bin doch ganz ruhig«, und legt sich den Zeigefinger auf den Mund. Tante Hildegard nimmt Marie auf den Schoß, da kann sich das Mädchen immerhin ankuscheln.

Da kommt Tante Hildegard eine Idee: »Ich rufe deine Mama an, und wenn sie meint, dass es gerade geht, dann kannst du mit ihm sprechen.« Maries Mundwinkel zeigen nach unten, aber ihre Augen sagen ohne Worte: *Ja, bitte, bitte.*

Tante Hildegard ruft an: »Marie möchte so gern mit ihrem Papa sprechen.« Dann schaltet sie das Handy auf Lautsprecher. Eine schwache Stimme sagt: »Ist da meine kleine Marie?« »Papa!«, fleht Marie. Es tut so gut, Papas Stimme zu hören, und besonders schön ist es, wie er ihren Namen sagt. »Mariechen, Mariechen«, singt er fast, »lass mich mal riechen.« Marie lacht. Dann spricht ihre Mama: »Der Papa muss jetzt noch ein bisschen schlafen!«

Jetzt geht es Marie besser. »Papa wird wieder gesund«, sagt Tante Hildegard. Marie lächelt: »Weiß ich doch.«

Die Bibel erzählt dazu Folgendes:

Der junge Samuel war ein Diener im Tempel des Herrn. Er diente dem alten Priester Eli. Der war blind. Damals sprach Gott nur selten zu den Menschen.

Eines Abends rief Gott den Samuel beim Namen. Er antwortete: »Hier bin ich!« und lief zu Eli. Aber Eli sagte: »Ich habe dich nicht gerufen. Geh wieder schlafen.«

Und nochmals hörte Samuel, wie er beim Namen gerufen wurde. Wieder antwortete er: »Hier bin ich!«, und lief zu Eli. Und auch jetzt sagte der: »Ich habe dich nicht gerufen. Geh wieder schlafen.«

Ein drittes Mal wurde Samuel beim Namen gerufen. Er lief zu Eli und sagte: »Hier bin ich, du hast mich gerufen.« Da merkte Eli: Es war Gott, der Samuel gerufen hatte. Er gab ihm die Anweisung: »Geh, leg dich schlafen. Und wenn Gott dich ruft, dann antworte: Rede zu mir, Herr, dein Diener hört zu!«

Als Samuel noch einmal hörte, wie eine Stimme »Samuel, Samuel« rief, da antwortete er: »Rede zu mir, Herr, dein Diener hört zu!«

So wurde Samuel zu einem Propheten Gottes.

(1 Samuel 3)

Kurz erklärt

Samuel war um 1000 vor Christus ein Priester, Richter und Prophet in Israel. Ein Prophet ist ein Mensch, der im Auftrag Gottes zu den Menschen spricht.

Mach mit

Setze dich still hin und höre aufmerksam. Was hörst du? Straßengeräusche, das Surren von Insekten, von irgendwoher Musik, Hundegebell, eine Kirchenglocke, Klappern im Haus? Manchmal, wenn es ganz leise ist und du deine Hand vor das Ohr hältst, das Rauschen deines Blutes?

·gewinnen·

Yuki spielt eigentlich gern mit seinem großen Bruder Haruki. Der ist sieben Jahre älter. Und gewinnt immer. Bei *Mühle* und *Dame* sowieso. Auch bei *Mau-Mau*. Es ist für Yuki kaum auszuhalten. »Wir können auch *Mensch-ärgere-dich-nicht* spielen«, schlägt Haruki vor. »Das ist ein Glücksspiel, da haben wir die gleichen Chancen.« Aber es ist wie verhext, auch hier gewinnt Haruki. Er würfelt fast immer die passenden Zahlen. Yuki würde am liebsten den Würfel aus dem Fenster werfen.

Zum Geburtstag schenkt die Großmutter Yuki ein neues Spiel: ein Memory mit Tierbildern. »Spiel mit mir!«, fordert er Haruki auf. Sie legen die Kärtchen verdeckt auf den Tisch. Dann darf jeder zwei aufdecken. Yuki fängt an mit einem Hasen und einem Elefanten. Haruki deckt einen Pinguin und eine Schlange auf. Yuki eine Ameise und eine Katze. Haruki deckt einen Hasen auf: »Ah, der zweite lag doch hier« – aber als er das Kärtchen umdreht, ist es ein Adler. Der Hase lag direkt daneben. Yuki hat sich beide Hasen gemerkt: das erste Pärchen! Und so geht es weiter. Haruki greift meistens daneben, Yuki findet die Wale, Kühe, Giraffen und so weiter. Am Ende hat der große Bruder nur vier Pärchen und Yuki alle anderen. Ganz glücklich ruft er:

»Gewonnen, gewonnen!«

Die Bibel erzählt dazu Folgendes:

Die Philister bedrohten die Israeliten. Ihr stärkster Kämpfer war Goliat: Ein Riese, fast drei Meter groß. Sein Brustpanzer aus Bronze wog 60 Kilogramm. Goliat trat vor die Israeliten und rief: »Wählt einen Mann von euch aus. Er soll mit mir kämpfen. Wenn er gewinnt, wollen wir eure Knechte sein. Wenn ich gewinne, dann sollt ihr unsere Knechte sein.« Und er lachte dabei siegessicher. Saul, der König von Israel, und alle seine Männer erschraken und hatten Angst vor Goliat. Vierzig Tage lang trat Goliat jeden Morgen vor die Israeliten und forderte einen Mann von ihnen zum Kampf heraus.

Da ging David zu König Saul. David war ein junger Schafhirte. David sagte zum König: »Ich will gegen Goliat kämpfen.« Der König lehnte das ab: »Du bist zu jung. Goliat ist ein erfahrener Kämpfer!« David ließ nicht locker und berichtete, wie er mit Bären oder Löwen gekämpft hatte, wenn sie eines seiner Schafe wegschleppten. Da sagte der König: »Dann geh, der Herr sei mit dir!«

Saul legte David seine Rüstung an: Einen Helm und einen Brustpanzer aus Bronze, dazu ein großes Schwert. Die Sachen waren viel zu schwer, David konnte keinen Schritt gehen. Er legte die Rüstung wieder ab und sammelte an einem Bach fünf glatte Steine, die er sich in die Tasche steckte.

Mit einem Stock in der Hand ging er auf Goliat zu. Der lachte: »Bin ich ein Hund oder warum kommst du mit einem Stock zu mir?« David erwiderte ihm: »Du kommst mit deinen Waffen zu mir, ich aber komme im Namen Gottes. Alle Welt soll erkennen, wie stark der Gott Israels ist.« David lief Goliat entgegen, nahm einen Stein aus der Tasche und schleuderte ihn ab: Er traf Goliat an der Stirn. Der stärkste Mann der Philister fiel mit dem Gesicht auf den Boden. David lief zu ihm hin, nahm das Schwert Goliats und schlug ihm damit den Kopf ab. Da rannten alle Philister auf und davon.

(1 Samuel 17,1-55)

• beschimpfen •

Am Nachmittag, bei den Mülltonnenkästen zwischen den Häusern. »Geh mal weg hier«, brummt Willy. »Du machst dich doch so dick«, faucht René zurück. »Bist selber 'n Fettwanst!«, sagt Willy. »Hey, du Doofmann, halt die Klappe!« René droht mit der Faust. Willy stemmt die Fäuste in die Seiten und guckt cool: »Was denn, du Stinkwarze!«

»Hängebauchschwein!« »Schimmelschlecker!« »Pestbeule!« »Dreckloch!« »Schleimschnecke!« »Schrumpfkopf!« »Muttersöhnchen!« Willy braust auf: »Sag das noch mal!« René grinst dreckig: »Muttersöhnchen, Muttersöhnchen!« Willy stößt den anderen Jungen vor den Bauch. René tritt ihn vors Schienbein, Willy verzieht das Gesicht vor Schmerz. Er haut René mit der Faust auf den Oberarm. René brüllt und boxt Willy, wo er ihn gerade trifft. Willy kippt um und fällt zu Boden, zieht René mit sich runter. Willy schnaubt vor Zorn und versetzt René einen Schlag ins Gesicht. Aus Renés Nase tropft Blut. Er steht auf und trampelt auf Willy herum, der kneift ihn ins Bein und versucht, ihn wieder umzustoßen. Im Fallen haut René Willy aufs linke Auge.

Beide kriechen keuchend ein wenig auseinander, lehnen sich an den Mülltonnenkästen an. Willy wimmert, René schluchzt und hält sich ein Taschentuch unter die Nase. Beide sind zu erschöpft, um weiterzuprügeln.

Ferdi braust mit seinem Fahrrad an, bremst scharf und fragt ganz harmlos: »Was ist denn mit euch los?«, obwohl das den beiden Kämpfern anzusehen ist. »Wer hat angefangen?« Willy sagt: »René.« René sagt: »Willy.« »Und worum ging's?«, fragt Ferdi. Die Streithähne sehen einander an, aber keiner sagt was. Ferdi lacht: »Vergessen! Ist ja auch egal. – Am Sportplatz brennt es. Drei Feuerwehrwagen sind da. Kommt!« Willy steht ächzend auf schüttelt das Gras ab. Sein Auge brennt. Dann reicht er René die Hand. Der greift zu und lässt sich hochziehen. Beide rennen Ferdi hinterher.

Die Bibel erzählt dazu Folgendes:

König David kam nach Buharim. Da beschimpfte ihn ein Mann, der Schimi hieß. Obwohl der König von seinen Leuten umgeben war, war Schimi so wütend, dass er mit Steinen nach David warf. Schimi schrie: »Hau ab, du Mörder! Du ekelhafter Typ! Du hast König Saul auf dem Gewissen. Dir kann man nur Unglück wünschen, du Mistkerl!«

Ein Mann aus der Gruppe des Königs sagte zu David: »Was erlaubt sich dieser freche Hund. Ich werde ihm den Kopf abschlagen.« Doch der König antwortete: »Von dieser Art der Rache halte ich nichts. Vielleicht hat ihm Gott selbst erlaubt, mich zu beschimpfen. Es ist ja wirklich schlimm: Mein eigener Sohn Abschalom will mich umbringen. Lass Schimi fluchen. Vielleicht hat Gott Mitleid mit mir und es wird doch noch alles gut.«

David und seine Männer gingen weiter. Schimi lief am Berghang neben ihnen her. Er beschimpfte David ohne Unterbrechung, warf mit Steinen und Erde nach ihm. Ganz erschöpft kam David an den Jordan. Dort konnte er ausruhen und Luft holen.

(2 Samuel 16,5-14)

urteilen

Emilia hat lange rote Haare. Wie ihre Oma Rosa. Manchmal sagen andere Kinder zu Emilia: »Du siehst aus wie Pippi Langstrumpf.« Aber das macht ihr nichts aus. Pippi ist doch ein tolles Mädchen.

Emilias beste Freundinnen heißen Nele und Johanna. Heute kommt Nele zu Emilia und behauptet: »Johanna findet deine roten Haare hässlich.« Emilia bleibt der Mund offenstehen. Das gibt's doch nicht! Das ist so gemein! Sie kann das kaum glauben. Am liebsten würde Emilia sofort zu Johanna gehen und ihr sagen, wie enttäuscht sie von ihr ist. Das hätte sie nie von ihrer Freundin gedacht. Aber sie zögert und will nicht vorschnell urteilen.

Sie lädt Johanna zu sich nach Hause ein. Emilia schlägt vor: »Komm, wir spielen Frisör.« Au ja, sie gehen ins Badezimmer, betrachten sich im Spiegel und kämmen sich gegenseitig. »Soll ich meine Haare schwarz färben?«, fragt Emilia. Johanna protestiert: »Auf keinen Fall! Du hast so schöne rote Haare. Ich bin richtig neidisch auf dich.« Emilia fragt: »Du findest sie nicht hässlich?« Johanna macht die Augen weit auf: »Spinnst du? Solche Haare hätte ich auch gern.«

Emilia erzählt Johanna, was Nele behauptet hat. »Aber das stimmt nicht«, protestiert Johanna. Emilia glaubt ihr. Aber warum sagt Nele so etwas? Johanna vermutet: »Weil sie dich allein zur Freundin haben will.

Sie ist eifersüchtig auf mich.« Emilia schüttelt den Kopf: »So ein Unsinn, man kann doch mehr als eine Freundin haben.« Da klingelt es, Nele steht vor der Tür. Sie ist verunsichert, weil Johanna da ist. Aber Emilia sagt: »Komm rein, wir drei essen jetzt Erdbeereis – wenn Mama es erlaubt ... Das soll gut für rote Haare sein.« Die drei kichern.

Die Bibel erzählt dazu Folgendes:

Salomo war König von Israel. Gott hatte ihn im Traum aufgefordert: »Wünsche dir etwas von mir – du sollst es bekommen.« Salomo antwortete: »Gib mir ein Herz, das hören kann. Nur so kann ich das Volk regieren, wenn ich das Gute vom Bösen unterscheiden kann.« Diese Bitte gefiel Gott; er machte Salomo klug und weise.

Einmal kamen zwei Frauen zu Salomo. Beide hatten innerhalb von wenigen Tagen ein Kind geboren. Die eine Frau beklagte sich über die andere: »Diese Frau hat sich im Schlaf aus Versehen auf ihr Baby gelegt, es ist dadurch gestorben. Nun hat sie heimlich ihr totes Kind in mein Bett gelegt, als ich schlief. Und mein lebendes Kind nahm sie mit zu sich. Als ich am Morgen mein Kind stillen wollte, war es tot. Dann sah ich: Es ist gar nicht mein Kind, sondern das der anderen Frau.« Da rief die andere Frau: »Nein, dein Kind ist tot und meines lebt.« So stritten sie miteinander vor König Salomo. Der sagte: »Jede von euch behauptet, das lebende Kind sei ihres. Holt mir ein Schwert. Damit soll das lebende Kind geteilt werden. Dann bekommt jede Frau eine Hälfte davon.«

Die eine Mutter bat den König sofort: »Bitte, tötet es nicht. Gebt ihr das Kind.« Die andere rief: »Das Kind soll weder dir noch mir gehören. Zerteilt es!«

Da wusste der König, wer die wahre Mutter ist. Diese wollte nicht, dass ihr Kind getötet werde, und hätte es aus Liebe eher weggeben. Und alle staunten über Salomos Weisheit. Alle erkannten: Gott war mit ihm, wenn er urteilte.

(1 Könige 3,1-28)

· wohnen ·

Alma fährt mit ihrem Papa in der Straßenbahn. »Papa«, beginnt das Mädchen: »Kann man mehr als eine Wohnung haben?« Papa fragt zurück: »Wie meinst du das?« Alma sagt: »Ich wohne doch zu Hause mit Mama und dir ... Was heißt eigentlich wohnen?« Ihr Papa erklärt: »Genau das: ein Zuhause haben. Wo man abends ins Bett geht und morgens aufwacht. Wo deine Spielsachen sind und deine Anziehsachen. Wo man dich findet, wenn man dich sucht.«

Alma hat vom Nachdenken Falten auf der Stirn: »Es ist nämlich so. Die Zoe aus der Kita hat gesagt, sie hat jetzt zwei Wohnungen. Wie kann das gehen?« Ihr Papa nickt: »Jetzt verstehe ich, was du meinst. Weißt du, Mama und Papa von Zoe haben sich getrennt. Jetzt hat sie wahrscheinlich in der Wohnung ihrer Mama ein Zimmer und auch in der Wohnung ihres Papas.« Alma schaut zum Fenster raus und sagt: »Ich möchte aber immer bei dir und Mama wohnen.« Ihr Papa legt den Arm um sie: »Das darfst du ja auch. Wenn du mal groß und erwachsen bist, dann ziehst du aus – in eine eigene Wohnung.« Alma guckt ihren Papa ängstlich an: »Nein, nie!«

»Die nächste Haltestelle ist unsere«, sagt ihr Papa, »du darfst drücken.«

Die Bibel erzählt dazu Folgendes:

König Salomo baute in Jerusalem einen Tempel für den Herrn. Das geschah 480 Jahre nach dem Auszug der Israeliten aus Ägypten. Das Haus war 30 Meter lang, 10 Meter breit und 15 Meter hoch. Der Tempel wurde prächtig: Die Wände waren mit Zedernholz bedeckt, darin waren geschnitzte Blüten und Blätter. In einem hinteren Raum wurden die Wände mit Gold überzogen: In dieses

»Allerheiligste« sollte die Bundeslade kommen. Engelsfiguren, Leuchter, der Altar, Türen und Säulen – alles war aus Gold oder Bronze.

Dann feierte man die Einweihung. Priester brachten die Bundeslade mit der Tora: Die beiden steinernen Tafeln, die Mose von Gott empfangen hatte, kamen ins Allerheiligste. Als die Priester den Tempel wieder verließen, kam eine Wolke auf Salomo herab. Die Herrlichkeit des Herrn erfüllte das ganze Haus.

König Salomo kniete nieder und betete: »Herr, du möchtest im Dunkeln wohnen. Ich habe dir ein Haus für alle Zeiten gebaut.« Er hob seine Hände zum Himmel und sprach: »Wohnst du denn wirklich auf der Erde? Sogar der Himmel ist zu klein, um dich zu fassen – und noch viel kleiner ist dieses Haus. Bitte, höre mein Gebet: Schau bei Tag und Nacht auf diesen Tempel. Höre auf das Flehen deines Volkes Israel.«

Zum Abschluss stand er auf, segnete das ganze Volk und rief: »Gepriesen sei Gott. Er verlasse uns nicht und lenke unsere Herzen zu sich hin. Euer Herz bleibe immer bei Gott, damit ihr seine Weisungen beachtet.«

(1 Könige 6-8)

• versorgen •

Victoria will unbedingt ein Meerschweinchen haben. Unbedingt! Sie fleht ihre Mutter an: »Mama, biiiteee!« Die Mutter ist skeptisch: »Victoria, das ist ein Lebewesen, kein Spielzeug. Das Tier muss versorgt werden. Futter, Wasser … Und den Stall musst du saubermachen. Das Tier macht ja Pipi und Kaka!« Victoria verspricht hoch und heilig, alles zu tun und das Meerschweinchen bestens zu versorgen: »Wie einen Bruder!«

Also wird eines gekauft. Victoria nennt es Fluffy, weil es so weich ist. Eine Woche lang übertreibt sie es mit der Versorgung. Einen Monat lang läuft es prima. Dann muss die Mutter sie erinnern, auch ermahnen: »Denk an Fluffy! Der Stall riecht schon wieder streng.«

Irgendwann sagt die Mutter nichts mehr. Nach einiger Zeit will Victoria mal wieder Fluffy streicheln – aber der Stall ist weg. »Mama«, fragt sie aufgebracht, »wo ist Fluffy?« Mama verschränkt die Arme: »Meine liebe Victoria, vor 13 Tagen habe ich Fluffy an eine Freundin aus der Wandergruppe verschenkt. Sie hat eine Tochter in deinem Alter. 13 Tage lang hast du Fluffy nicht vermisst. So viel zu deinem Versprechen, das Meerschweinchen zu versorgen. Also, ich möchte nicht dein Bruder sein.« Da schämt sich Victoria.

Die Bibel erzählt dazu Folgendes:

König Ahab von Israel verehrte fremde Götter. Elija, ein Prophet Gottes, kam zum König und sagte: »Zur Strafe soll dieses Jahr kein einziger Regentropfen vom Himmel fallen!« Danach riet Gott dem Elija, sich in Sicherheit zu bringen: »Verberge dich am Bach Kirit. Aus dem Bach kannst du trinken, und Raben werden dir morgens und abends Brot und Fleisch bringen.« So geschah es. Aber dann vertrocknete der Bach – es fiel ja kein Regen im Land.

Gott sprach zu Elija: »Geh in die Stadt Sarepta. Ich habe dort einer Witwe befohlen, dich zu versorgen.« Elija ging nach Sarepta. Am Stadttor traf er auf eine Witwe, die Holz auflas. Er bat sie: »Bringst du mir etwas Wasser zum Trinken?« Als sie wegging, rief Elija ihr nach: »Und etwas Brot bitte!« Die Frau aber sagte: »Glaube mir, ich schwöre bei Gott: Ich habe nichts mehr – nur noch eine Handvoll Mehl im Topf und ganz wenig Öl im Krug. Davon werde ich ein letztes kleines Brot backen. Das wollen mein Sohn und ich noch essen, dann sterben wir.«

Elija antwortete ihr: »Hab keine Angst. Mach alles so, wie du es gesagt hast. Aber zunächst bäckst du mir etwas, dann für dich und deinen Sohn. Gott verspricht dir: Dein Mehltopf wird nicht leer werden und dein Ölkrug auch nicht – bis zu dem Tag, an dem Gott wieder Regen schickt.« So geschah es.

(1 Könige 16,29-17,16)

•(über)eifrig sein•

»Liebe ist nicht nur ein Wort. Liebe, das sind Worte und Taten.« – Justus singt dieses Lied so gern. Jetzt will er es tun: lieben in Worten und Taten. Justus liebt seine Mutter. Er will es ihr nicht nur sagen, sondern auch zeigen.

Schon oft hat er mitbekommen, wie erschöpft Mutti ist, wenn sie im Garten das Unkraut ausgerupft hat. Heute will er ihr die Arbeit abnehmen. Die Mutter freut sich und erklärt ihm: »Eigentlich gibt es gar kein Unkraut. Das sind nur Pflanzen, die da nicht hingehören. Sie nehmen anderen die Nährstoffe weg oder sehen einfach nicht schön aus.« Dann zeigt sie Justus, was er tun kann: »Hier zwischen den Steinen auf der Terrasse kannst du das Gras wegmachen. Und zwischen den Blumen und Sträuchern rund um den Rasen ziehst du die Halme raus, die wie Gras aussehen.«

Justus macht sich an die Arbeit. Mutti lächelt. Ihr Handy klingelt, sie geht ins Haus zum Telefonieren. Justus zupft und zieht. Das Unkraut wirft er in ein Eimerchen. Der füllt sich langsam. Der Garten sieht wie aufgeräumt aus. Aber dort ist ja noch ein Unkrautfeld. Justus packt der Eifer. Er reißt diese Distelblätter aus, dazu noch so buschiges Zeug.

»Justus!«, ruft Mutti plötzlich: »Was tust du da?« Mutti betrachtet ihr Kräuterbeet: »Der gute Rucola! Und der Dill!« Dann schaut sie in das entsetzte Gesicht von Justus: »Du hast es gut gemeint, mein Liebling. Aber das war zu eifrig. Komm rein, es gibt Salat.«

Die Bibel erzählt dazu Folgendes:

Elija war ein Prophet, voller Eifer für den Gott Israels. Aber die Israeliten interessierten sich mehr für den fremden Gott Baal. Auch der hatte seine Propheten. Da machte Elija einen Vorschlag: »Wir wollen Gott einen Stier opfern – aber das Feuer soll Gott selbst anzünden!« Die Propheten des Baal tanzten wild um ihren Altar, sie schrien zu ihrem Gott – aber er antwortete nicht: Ihr Stier konnte nicht geopfert werden, es gab kein Feuer.

Elija ließ seinen Altar mit Wasser begießen. Dann betete er: »Gott, zeige heute, dass du der wahre Gott Israels bist!« Da fiel Feuer vom Himmel und der Stier wurde geopfert. Die Israeliten glaubten an ihren Gott. Elija aber ließ alle Propheten des Baal töten. Darauf drohte die Königin der Baals-Propheten dem Elija: »Morgen werde ich dich töten lassen.«

Elija floh in die Wüste. Er setzte sich und sagte: »Ich möchte nicht mehr leben!« Er schlief ein. Ein Engel weckte ihn und sagte: »Steh auf und iss!« Da sah Elija einen Brotfladen und einen Krug Wasser. Er aß und trank und schlief wieder ein. Der Engel weckte ihn wieder: »Steh auf und iss, sonst ist der Weg zu weit.« Elija aß und trank und wanderte 40 Tage zum Berg Gottes.

Dort schlief er in einer Höhle. Gott sprach: »Was tust du hier, Elija?« Elija antwortete: »Ich wollte allen zeigen, dass nur du der wahre Gott bist. Wegen meines Eifers habe ich jetzt Angst um mein Leben.« Gott sagte: »Komm heraus!« Da kam Gott zu Elija: Zuerst kam ein heftiger Sturm. Aber Gott war nicht im Sturm. Dann kam ein Erdbeben. Aber Gott war nicht im Erdbeben. Dann kam Feuer. Aber Gott war nicht im Feuer. Dann kam ein leises, sanftes Säuseln. Jetzt trat Elija vor die Höhle.

(1 Könige 18,20-19,13)

• ärgern •

Suyin sitzt am Fenster und starrt nach draußen. Es regnet ununterbrochen. Suyin ärgert sich. Wo sie sich doch so darauf gefreut hat, heute mit ihren Freundinnen Drachen steigen zu lassen! »Das ist gemein!«, klagt sie und muss sogar weinen. »Aber, mein Kind«, tröstet sie ihre Mutter, »du weißt doch, was unsere Weisen gelehrt haben: Das Glück besteht in der Abwechslung! Das ist das Gesetz des Himmels. Einmal scheint die Sonne, einmal regnet es. Wenn nur die Sonne schiene, würde dem Reis das Wasser zum Wachsen fehlen!« Suyin verschränkt beleidigt die Arme: »Aber wenn es nur regnet, geht er auch kaputt!« Ihre Mutter lacht: »Da hast du recht. Aber du weißt doch, es wird auch wieder aufhören! Nichts ist von Dauer, alles wechselt. Komm, trink eine Schale Tee, der tut gut.«

Das Mädchen nippt am Tee. »Na gut«, sagt sie achselzuckend, »dann male ich eben.« Sie holt sich Papier und Tusche, zieht Kreise, malt Linien. Sie ist schon bald ganz versunken in ihr Bild. So merkt sie gar nicht, wie es sich draußen aufhellt. »Schau doch nur!« Lächelnd fordert ihre Mutter sie auf, aus dem Fenster zu sehen. »Eben noch hat es geregnet, nun scheint wieder die Sonne. Eben noch hat Suyin geweint, nun lacht sie wieder. So ist der Lauf der Welt!« Da klopfen auch schon ihre Freundinnen an die Tür, mit bunten Drachen in der Hand. »Komm, Suyin«, rufen sie kichernd, »es geht ein herrlicher Wind!«

Die Bibel erzählt dazu Folgendes:

Nabot aus dem Ort Jesreel hatte einen Weinberg. Der lag neben dem Palast von König Ahab. Ahab sagte zu Nabot: »Ich hätte gern deinen Weinberg, um dort Gemüse anzubauen. Entweder tauschst du deinen Weinberg gegen einen anderen von mir oder ich bezahle dir Geld dafür. Was ist dir lieber?« Nabot lehnte ab: »Dieses Land habe ich von meinem Vater geerbt. Gott bewahre mich davor, es wegzugeben.« Ahab ärgerte sich sehr über diese Abfuhr. Er legte sich beleidigt auf sein Bett, starrte die Wand an und aß nichts. Ahabs Frau Isebel fragte ihn: »Was ist denn mit dir los? Wer hat dich so geärgert?« Da erzählte Ahab von seinem Frust. Seine Frau sagte zu ihm: »Du bist der König von Israel! Das wird schon, ich verschaffe dir diesen Weinberg.«

Isebel schrieb Briefe im Namen des Königs und benutzte auch das königliche Siegel. Die Briefe gingen an wichtige Männer aus Jesreel. In ihnen stand: *Ruft einen Tag aus, an dem alle Buße tun und fasten. Alle sollen sich versammeln, Nabot bekommt einen Platz in der ersten Reihe. Zwei bestochene Zeugen sollen behaupten: Nabot hat sich über Gott und den König lustig gemacht. Zur Strafe wird er dann gesteinigt.* – Genauso geschah es. Isebel erhielt die Nachricht: »Nabot ist tot!« Da ging sie zu ihrem Mann und sagte: »Der Weinberg gehört dir.«

Gott sprach zu Elija: »Geh zu König Ahab. Er ist gerade in Nabots Weinberg. Frage ihn: *Reicht es nicht, dass du gemordet hast? Musst du jetzt auch noch stehlen?*« Elija machte sich auf den Weg. König Ahab begrüßte ihn unfreundlich: »Hast du mich gefunden, mein Feind?« Elija sprach: »Gott gefällt überhaupt nicht, was du getan hast. Dafür wirst du büßen.«

(1 Könige 21,1-21)

· enttäuscht sein ·

Jana geht mit ihrer Tante über den Rummelplatz. Viele Menschen sind hier unterwegs, die Musik ist laut, es riecht nach gebrannten Mandeln und Würstchen. Erst darf Jana mit dem Karussell fahren, dann verputzt sie eine dicke Waffel mit Kokosstreuseln. Auf die Geisterbahn traut sie sich nicht. Aber am Losstand weiß sie sofort, was sie will: den rosa Teddybären, der fast so groß ist wie sie selbst. »Den kann man aber nur gewinnen«, erklärt die Tante.

Jana hat von ihrer Oma 10 Euro für den Rummelplatz bekommen. Dafür will sie jetzt 10 Lose kaufen. Die Tante warnt: »Das heißt aber nicht, dass du damit auch den Riesenteddy gewinnst! Das ist sogar eher unwahrscheinlich. Im schlimmsten Fall gewinnst du gar nichts. Das kann auch sein.« Jana ist sich sicher: »Bei so vielen Losen muss der Hauptgewinn dabei sein.« Entschlossen geht sie mit der Tante zum Losverkäufer: »10 Lose!« Der hält ihr ein Eimerchen mit Losen hin: »Bitteschön, Madame.« Mit ihrer Hand wühlt Jana die Lose durch und fischt nacheinander 10 heraus.

Die Tante hält die Lose fest, Jana rollt sie auf: »Niete«, steht auf dem ersten Los. »Leider verloren« auf dem zweiten. »Kein Gewinn« auf dem dritten. Jana pustet auf das nächste Los und versucht zu zaubern: »Hex, hex!« Sie rollt es auf: »Niete«. Auch das fünfte, sechste und alle anderen Lose sind ohne Zahl. »Das ist aber wirklich ungewöhnlich«, findet auch die Tante.

Der Losverkäufer sieht die total enttäuschte Jana und überreicht ihr einen Schlüsselanhänger mit einem Mini-Teddybären. Schniefend nimmt sie ihn entgegen. »Komm«, sagt die Tante, »ich kaufe uns Brause-Ufos, die zischen so schön im Mund.« Jana lässt sich mitziehen und sagt dann: »Vielleicht wächst der Miniteddy ja noch.«

Die Bibel erzählt dazu Folgendes:

Naaman war ein tapferer Offizier des Königs von Aram. Er war sehr angesehen, doch er litt unter einer schweren Hautkrankheit. Naamans Frau hatte eine israelische Dienerin. Die sagte zu ihr: »Unser Prophet könnte Naaman bestimmt heilen.« Naaman bat seinen König, dorthin gehen zu dürfen. König Aram erlaubte es ihm und gab ihm ein Schreiben an den König von Israel mit. Naaman nahm außerdem Silber- und Goldmünzen mit. Er kam zum König von Israel. Der las den Brief des Königs von Aram: »Ich schicke dir meinen Offizier Naaman, damit du ihn von seiner Hautkrankheit heilst.« Der König von Israel regte sich fürchterlich auf: »Bin ich denn Gott? Dieser König sucht nur Streit.«

Davon hörte der Prophet Elisa. Er sagte zum König von Israel: »Schick den Mann zu mir.« So kam Naaman mit Pferden und Wagen zu Elisas Haus. Der schickte einen Diener nach draußen und richtete Naaman aus: »Geh zum Jordan und wasche dich dort siebenmal.« Nun war Naaman wütend: »Ich dachte, dieser Prophet würde seine Hand auf die kranke Stelle legen und mich im Namen seines Gottes heilen! Die Flüsse bei mir zu Hause sind doch genauso gut wie der Jordan. Was soll das?« Schwer enttäuscht ging er weg.

Aber die Begleiter von Naaman beruhigten ihn: »Wenn der Prophet etwas Schweres von dir verlangt hätte – du hättest es gemacht. Jetzt verlangt er etwas Leichtes von dir. Probiere es doch einfach aus.« Nun ging Naaman doch zum Jordan. Er tauchte siebenmal unter. Da wurde seine Haut gesund, wie bei einem Kind.

Naaman wollte Elisa aus Dank für seine Heilung reichlich belohnen, aber der nahm nichts an. Naaman versprach, ab jetzt zum Gott Israels zu beten. Elisa sagte: »Gehe in Frieden!«

(2 Könige 5,1-19)

· verzweifelt sein ·

Pauls Katze heißt Kasimir – ein stolzer, schwarzer Kater ist das. Der hat seinen ganz eigenen Willen. »Der ist noch schlimmer als dein Dickkopf«, sagt Pauls Mama manchmal lachend und verdreht dabei die Augen.

Kasimir geht nachts draußen spazieren. Morgens steht er dann vor der Tür, miaut und will reingelassen werden. Er frisst und trinkt und legt sich schlafen. Doch an diesem Tag steht er nicht vor der Tür. »Vielleicht hat er bei einer anderen Katze übernachtet«, erklärt es Pauls Mama. »Der kommt schon wieder.«

Doch mittags nimmt Mama Paul auf den Schoß. »Ich muss dir was sagen.« Dann holt sie tief Luft. »Unsere Nachbarin hat Kasimir gefunden ... er ist von einem Auto überfahren worden.« Paul steigen Tränen in die Augen. Er fragt: »Ist er tot?« Die Mama nickt. Paul weint und fragt mit ganz trauriger Stimme: »Was habe ich denn falsch gemacht?« Die Mutter tröstet ihn: »Das ist doch nicht deine Schuld. Vielleicht ist das Auto zu schnell gefahren. Vielleicht hat Kasimir nicht aufgepasst. Das wissen wir nicht. Aber du kannst nichts dafür.«

Paul fühlt sich ganz schwach. Er wimmert: »Wenn Kasimir tot ist, will ich auch nicht mehr leben.« Seine Mama drückt ihn fest an sich. Einen Moment lang sind beide ganz still.

Die Bibel erzählt dazu Folgendes:

Hiob war ein Mann, der fest auf Gott vertraute. Er hielt alle Gebote Gottes, tat nichts Böses und sündigte nicht. Hiob war Vater von sieben Söhnen und drei Töchtern. Hiob war sehr reich: Er besaß viele Tausend Kamele, Rinder, Esel, Schafe und andere Tiere.

Eines Tages kamen Boten zu Hiob und brachten schlechte Nachrichten: »Alle deine Tiere wurden von Fremden geraubt!«

Und noch schlimmer: »Deine Kinder waren in einem Haus und feierten – da stürzte das Haus ein, sie sind alle tot.« Hiob zerriss seine Kleidung, schnitt sich die Haare ab, legte sich mit dem Gesicht auf die Erde und betete: »Nackt wurde ich geboren. Nackt werde ich sterben. Gott hat gegeben. Gott hat genommen. Gelobt sei Gott!«

Dann wurde Hiob krank: Er bekam einen juckenden Ausschlag am ganzen Körper. Seine Frau fragte: »Wie kannst du noch immer an Gott glauben?« Aber Hiob antwortete: »Wir nehmen das Gute von Gott an. Sollen wir nicht auch das Böse annehmen?«

Drei Freunde besuchten Hiob. Sie schwiegen mit ihm sieben Tage lang. Sie sahen, wie groß sein Schmerz war. Dann klagte Hiob: »Besser wäre ich gar nicht erst geboren worden. Besser wäre ich jetzt tot.« Die Freunde machten Hiob Vorwürfe: »Du musst irgendetwas Schlimmes getan haben. Sonst würde es dir nicht so schlecht gehen.« Aber Hiob verteidigte sich: »Ich habe nichts getan, was Gott nicht gefällt.«

Die Freunde stritten mit Hiob. Einmal sagte der: »Ich weiß ja: Mein Erlöser lebt! Auch wenn ich so leide: Ich werde Gott sehen!« Doch der Streit ging noch lange hin und her. Am Ende schaltete sich sogar Gott selbst ein. Er fragte Hiob: »Wo warst du denn, als ich die Welt gemacht habe?« Da antwortete Hiob demütig: »Ich kannte dich nur von dem, was man über dich erzählt. Jetzt aber habe ich dich gesehen.«

Schließlich schenkte Gott dem Hiob neues Glück. Er wurde wieder Vater von sieben Söhnen und drei Töchtern – den schönsten des ganzen Landes. Tiere hatte er doppelt so viele wie vorher. Er wurde alt und starb satt an Lebenstagen.

(Hiob 1,1-3.26.19.25+26; 38,4)

Kurz erklärt

Wegen der schlimmen Nachrichten, die Hiob erreichten, spricht man bis heute von einer »Hiobsbotschaft«.

• Zeit haben •

Naomi besucht für drei Tage ihre Tante Esther. Vor dem Einschlafen liest die Tante Naomi Geschichten vor. Naomi liebt das sehr und kann gar nicht genug davon bekommen. »Jetzt ist aber Schluss für heute«, sagt die Tante, »jetzt ist es Zeit zum Schlafen.« »Eine noch«, bettelt Naomi. Tante Esther schlägt vor: »Lass uns aufzählen, was wir heute alles gemacht haben.«

Naomi legt kurz den Finger auf den Mund und denkt nach. Dann sprudelt es aus ihr heraus: »Heute morgen sind wir aufgestanden und haben gefrühstückt. Dann waren wir einkaufen. Dann haben wir einen Kuchen gebacken. Den haben wir zur Synagoge gebracht, für das Kaffeetrinken der alten Leute. Dann …« Naomi überlegt. »Wo haben wir denn Mittag gegessen?«, hilft ihr Tante Naomi auf die Sprünge. Das fällt Naomi sofort ein: »Bei Onkel Amon. Seine Falafel sind sooo lecker!«

Am Nachmittag hat Naomi gemalt, mit ihren Eltern telefoniert, mit Tante Esther Rechnen geübt und noch gepuzzelt. Und nach dem Abendessen war es schon wieder Zeit, ins Bett zu gehen. »Siehst du«, sagt die Tante. »Alles hat seine Zeit: kochen und essen, lernen und spielen, behalten und abgeben, mit anderen zusammen sein und allein sein. Und so weiter. Es gibt eine Zeit, etwas zu erleben – und eine Zeit zu schlafen.«

Naomi fallen die Augen zu. Tante Esther streichelt ihr sanft über den Kopf.

Die Bibel erzählt dazu Folgendes:

Alles hat seine eigene Zeit. Alles was geschieht:
Eine Zeit zum Geborenwerden und eine Zeit zum Sterben.
Eine Zeit zum Pflanzen und eine Zeit zum Ernten.
Eine Zeit zum Weinen und eine Zeit zum Lachen.

Eine Zeit zum Klagen und eine Zeit zum Tanzen.
Eine Zeit zum Suchen und eine Zeit zum Verlieren.
Eine Zeit zum Schweigen und Zeit zum Reden.
Eine Zeit für den Krieg und eine Zeit für den Frieden.
(Kohelet/Prediger 3,1-8)

Kurz erklärt

Kohelet ist kein Name, sondern meint ungefähr: der Prediger, der Lehrer, der Versammler, Gemeindeleiter. Kohelet war ein weiser Mann und lebte im 3. Jahrhundert vor Christus.

• verliebt sein •

Bruno sitzt mit seinem Papa im Kino. Es läuft ein Film über eine amerikanische Baseballmannschaft. »Du, Papi«, flüstert Bruno, »ich hab' da mal eine Frage. Du darfst aber nicht lachen.« Sein Papa guckt auf die Leinwand und fragt: »Um was geht's denn?« Bruno steckt sich ein Lakritz in den Mund: »Ach, schon gut.« »Nun sag schon.« Bruno wird's auf einmal ganz heiß. Er nimmt all seinen Mut zusammen: »Woran merkt man, dass man verliebt ist?« Da löst der Papa seinen Blick vom Film und grinst seinen Sohn an. Ganz leise antwortet er: »Daran, dass man solche Fragen stellt. Wie heißt sie?« Jetzt schaut Bruno auf den Film und haucht: »Judith.« Der Papa legt seine Hand auf Brunos Knie und drückt seinen Sohn väterlich. Dann schauen beide wieder schweigend den Film an. Bruno schiebt sich zwei Lakritz in den Mund.

Die Bibel erzählt dazu Folgendes:

Die Frau spricht: »Achtung! Da kommt mein Geliebter. Er springt über die Berge. Er hüpft über die Hügel – wie eine Gazelle, wie ein junger Hirsch. Er steht draußen vor dem Haus. Er schaut durchs Fenster.«

Der Mann sagt: »Steh auf, meine Freundin. Du Schöne, komm zu mir. Der Winter ist vorbei, der Regen hat aufgehört. Die Blumen blühen. Man hat Lust zu singen. Man hört die Tauben gurren. Am Feigenbaum werden die ersten Früchte reif. Steh auf, meine Freundin. Du Schöne, komm zu mir.«

Die Liebe brennt wie Feuer. Selbst Wasserfluten können diese Glut nicht löschen. Wenn einer für die Liebe all seinen Reichtum bieten würde – man müsste ihn nur verachten.

(Hoheslied 2,8-13; 8,6-7)

Mach mit

Dieses Kribbeln, wenn man jemand sieht, an den man immer denken muss. Verliebtsein ist seltsam und schön und ganz anders als alle anderen Gefühle. Vielleicht schreibst du dem Menschen, in den du verliebt bist, einen Brief – du musst ihn ja nicht abschicken.

Gut gesagt

Das Schönste ist für manche eine Schar von Rittern, für andere eine Armee von Soldaten oder der Anblick von Kriegsschiffen. Für mich ist es das Schönste zu sehen, wie jemand einen anderen liebt.

Das sagte die griechische Dichterin Sappho vor rund 2.500 Jahren

• gelingen •

Heute gehen die Schulkinder in den Wald. Der Förster erklärt ihnen die verschiedenen Baumarten. Er erzählt, welche Tiere im Wald zu Hause sind. Manche finden nicht mehr genug Futter. Deswegen bittet er die Kinder, Eicheln und Kastanien zu sammeln: Rehe und Wildschweine ernähren sich davon. Wer zehn Kilo zusammenbringt, der bekommt vom Förster ein Kinderbuch über das *Leben im Wald*.

Riccarda beschließt sofort mitzumachen. Unter den Bäumen vor der Kirche liegen immer viele Kastanien, die will sie aufsammeln. Zu Hause erzählt sie von ihrem Plan. Mama findet gut, was sie vorhat, aber sie hat auch Bedenken: »Zehn Kilo sind eine Menge! Ob es dir gelingt, so viele zusammenzubringen?« Sofort geht Riccarda los und liest ganz viele Kastanien auf. Zu Hause werden sie gewogen: 1.247 Gramm. Etwas mehr als ein Kilo – da fehlt noch viel.

»Die Allee vor dem Rathaus, das sind doch auch Kastanien«, weiß Papi: »Ich gehe morgen Nachmittag mit dir und wir sammeln gemeinsam. Zehn Kilo, das muss uns doch gelingen!« Die beiden kommen mit vollen Stofftaschen heim. Insgesamt fast fünf Kilo.

Nun glaubt Riccarda selbst nicht mehr daran, dass es ihr gelingt. Aber Mama sagt: »Jetzt aufzugeben wäre doch schade.« Sie hat Tante Gerbera von Riccardas Sammelaktion erzählt. Die bringt eine Tüte Eicheln vorbei. Fast ein Kilo.

Auch Oma hat davon erfahren. Bei ihr gibt's Kastanien im Dorf. Also fahren am Freitag Mama, Papa und Riccarda zu Oma und sammeln. Als sie dann am Samstag den großen, vollen Karton voller Kastanien und Eicheln zum Förster bringen, wiegt der ihn: fast 13 Kilo! Riccarda bekommt das Buch und dazu ein dickes Lob vom Förster.

Die Bibel erzählt dazu Folgendes:

Einem Menschen geht es gut,
wenn er nicht denen folgt, die von Gott nichts wissen wollen.
Einem Menschen geht es gut,
wenn er nach Gottes Weisungen lebt.
Er ist wie ein Baum, der an einem Bach gepflanzt wurde:
Der trägt Früchte und seine Blätter welken nicht.
Alles wird ihm gelingen.
Wer von Gott nichts wissen will,
wird vom Wind verweht wie welkes Laub.
Gott kennt den Weg der Menschen, die nach ihm fragen.
(Psalm 1)

Gedicht

Die Zehn Gebote
sind uns gegeben:
Hilfen des Glaubens
für unser Leben.

Gott nicht vergessen,
alle Wesen schützen,
nicht gierig sein:
Das wird uns nützen.

Das Leben gelingt,
die Gemeinschaft hält,
wenn alle tun,
was Gott gefällt.

• geborgen sein •

Schneemann bauen, Schlittenfahren, Schneeballschlacht – wie herrlich ist dieser Urlaub in Bayern! Monika tollt mit ihrem Papa herum, es macht so viel Spaß. »Oh, es wird ja schon dunkel«, sagt der Vater, »wir müssen zurück zu Mama.« Die wartet im Ferienhaus.

Monika wird auf dem Schlitten vom Papa gezogen. Doch in der Dunkelheit ist ihr das unheimlich. Papa nimmt sie auf den Arm. Das ist besser, da sieht sie sein Gesicht, und wenn sie ihr Gesicht an seines schmiegt, riecht sie ihn.

Endlich sehen sie das Ferienhaus: Durchs Küchenfenster leuchtet Licht. Drinnen ist es kuschelig warm, und die Mama hält heißen Kakao und Brezeln bereit. Monika schlummert vor seliger Erschöpfung auf Mamas Schoß ein.

Die Bibel erzählt dazu Folgendes:

Der Herr ist mein Hirte:
Ich habe alles, was ich brauche.
Gott führt mich zu saftigem Gras.
Ich trinke frisches Wasser.
Gott gibt mir neue Kraft.
Gott führt mich auf sicheren Wegen.
Auch im Dunkeln habe ich keine Angst:
Denn du bist bei mir.
Du beschützt mich.
Du versorgst mich.
Du machst mich schön.
Solange ich lebe, geht es mir gut.
Und eines Tages komme ich nach Hause
zu Gott.
(Psalm 23)

Gebet

In deinen Händen ruht die Welt,
wir sind in dir geborgen.
In allen Dingen bist du nah:
gestern, heute, morgen.
Kyrie, Kyrie, Herr, wir preisen dich!

Robert Haas schreibt neue geistliche Lieder.

Gut gesagt

Von guten Mächten wunderbar geborgen,
erwarten wir getrost, was kommen mag.
Gott ist mit uns am Abend und am Morgen
und ganz gewiss an jedem neuen Tag.

Dietrich Bonhoeffer war ein evangelischer Pfarrer.

• sehnen •

Ruben und Levi sind zwei Jungen aus New York. Mit ihren Eltern besuchen sie in den Ferien Onkel Daniel und Tante Rahel. Die leben in der Hauptstadt von Israel, in Jerusalem. Für Juden ist Jerusalem eine heilige Stadt. Die Bibel nennt sie den Mittelpunkt der Welt.

Mit »*Schalom!*« begrüßen die Verwandten einander. *Schalom* ist ein hebräisches Wort und heißt »Frieden«. Onkel Daniel und Tante Rahel führen ihren Besuch zum Berg Zion. Dort stand einst der Tempel, den König Salomo vor fast 3.000 Jahren erbauen ließ. Der Tempel war das Haus Gottes, ein prächtiges Bauwerk. »Die Römer haben ihn zerstört«, erklärt Onkel Daniel. »Das ist fast 2.000 Jahre her. Es ist nur eine Mauer übrig geblieben.«

Dann gehen sie alle zu dieser Mauer. Sie wird *Klagemauer* genannt. Denn dort klagt man, weil es den Tempel Gottes nicht mehr gibt: Auf dem Berg steht seit Jahrhunderten eine islamische Moschee. Aber die Mauer ist auch zu einer Freudenmauer geworden. »Hier haben wir geheiratet«, erzählt Tante Rahel. »An dieser Mauer sind wir dem Ewigen ganz nahe.« An der Mauer werden Feste gefeiert, wird gesungen, gebetet und aus den heiligen Schriften gelesen wie in einer Synagoge.

Auch an diesem Nachmittag sind viele Menschen an der Mauer. Ruben, Levi und die Erwachsenen lesen dort einen Psalm, ein altes Gebet aus der Bibel. Darin heißt es: »Ich sehne mich danach, in deinen Tempel zu kommen.« Und dann stecken sie nach alter Tradition einen Zettel mit einer Bitte zwischen die Ritzen der mächtigen Steinblöcke. Ruben hat geschrieben: »Lieber Gott, schenke Jerusalem und New York Schalom.«

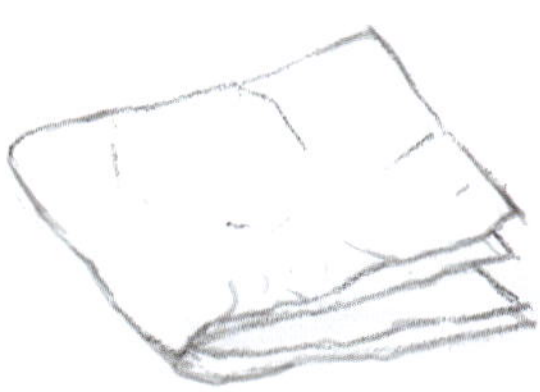

Die Bibel erzählt dazu Folgendes:

Gott, du bist allmächtig! Ich liebe den Ort, wo du wohnst!
Ich sehne mich danach, in deinen Tempel zu kommen.
Mit Leib und Seele lobe ich dich: Du bist der lebendige Gott.
In deinem Haus haben sich sogar die Vögel ein Nest gebaut:
Selig sind alle, die in deiner Nähe leben dürfen.
Selig sind alle, die zu deinem heiligen Tempel kommen.
Wenn sie unterwegs durch ein trockenes Tal gehen müssen,
brechen Quellen mit frischem Wasser auf.
So wandern sie mit neuer Kraft, bis sie auf deinem Berg stehen,
dem Zion.
Allmächtiger Gott, bitte, erhöre mein Gebet.
Ein Tag in der Nähe des Tempels ist besser als tausend andere.
Ich möchte eher auf der Türschwelle zum Tempel stehen,
als bei Menschen zu sein, die dich missachten.
Gott, du bist die Sonne, die uns Licht und Leben gibt.
Du sorgst für alle, die zu dir halten.
Selig sind alle, die sich auf dich verlassen.

(Psalm 84)

Mach mit

Hevenu shalom alechem,
hevenu shalom alechem,
hevenu shalom alechem,
hevenu shalom alechem,
shalom alechem.

Wir wollen Frieden für alle,
wir wollen Frieden für alle,
wir wollen Frieden für alle,
wir wollen Frieden, Frieden,
Frieden für die Welt.

Dieses Lied kennt in Israel jeder, es singen Juden und Christen auf der ganzen Welt.

• lachen •

»Muten Gorgen!« Papa weckt Soraja und fragt: »Möchtest du zum Frühstück Mödchen oder Brüsli?« Soraja reibt sich die Augen: »Papa, du redest so komisch!« »Findest du?«, fragt er grinsend: »Ich spiele nur das Stuchbaben-Verdrehspiel, äh, Entschuldigung, das Buchstaben-Verdrehspiel. Das Zadebimmer ist übrigens frei.« Soraja muss lachen: »Hör auf, Papa. Ich versteh dich ja gar nicht.«

Aber ihr Papa hört nicht auf. Zum Frühstück sagt er Stühfrück, zum Schmierkäse Kierschmäse und zum Früchtetee Tüchtefree. Als Soraja fertig ist, ermahnt sie ihr Papa augenzwinkernd: »Pähne zutzen!« Soraja legt den rechten Zeigefinger auf ihren Mund. Das macht sie immer, wenn sie intensiv nachdenken muss. Dann spricht sie ganz betont: »Du machst mich vanz gerückt!« Papa freut sich. Soraja dreht sich auf dem Weg ins Bad noch einmal um: »Spacht aber Maß!«

löhlich frachen

Die Bibel erzählt dazu Folgendes:

Als Gott unser Volk aus der Gefangenschaft befreite -
das war, als würden wir träumen.
Da haben wir gelacht und Gott gelobt!
Da sagte man über uns: »Gott hat Großes an ihnen getan!«
Ja, Gott hat Großes an uns getan.
Wir waren so fröhlich!
Gott, bitte, hilf uns!
Wer weinend sät, wird lachend ernten.
(Psalm 126)

• gesehen werden •

Roggenbrot, Hering und Skyr stehen auf der Einkaufsliste. Einar betritt den kleinen Laden von Gudrun in Husavik. Ein Glöckchen läutet. Gudrun hat eine karierte Schürze an und steht hinter der Ladentheke. Sie hat weiße Haare und begrüßt den kleinen Kunden: »Mein lieber Einar, was darf es denn heute sein?« Einar reicht ihr die Einkaufsliste und den Stoffbeutel mit der Geldbörse. Gudrun legt die Sachen hinein und nimmt sich das Geld heraus.

Einar will sich schon verabschieden, da fragt Gudrun: »Was ist denn los?« Einar hat einen trockenen Hals: »Warum fragst du?« »Weil ich deine traurigen Augen sehe, mein lieber Einar. Und nicht erst heute.« Am liebsten würde Einar losheulen. Aber er sagt nur leise: »Mama und Papa streiten so oft.« Gudrun stützt sich auf die Ladentheke. »Weißt du, Einar, das ist schon mal so bei Erwachsenen. Das muss noch gar nichts heißen. Die vertragen sich bestimmt wieder.« Sie reicht ihm ein Tütchen Brause. »Hier, die schenke ich dir. Nun ab nach Hause.« Einar bedankt sich und geht. Als er draußen ist, betet Gudrun: »Gott, segne Einar und seine Eltern.«

Die Bibel erzählt dazu Folgendes:

Gott! Du kennst mich ganz genau. Du siehst mich und weißt, ob ich sitze oder stehe. Du kennst sogar meine Gedanken. Du weißt, was ich sagen werde, noch bevor ich ein Wort ausspreche. Wo könnte ich mich vor dir verstecken? Im Himmel oder in der Unterwelt? Du bist längst da. Als ich noch im Bauch meiner Mutter war, kanntest du schon alle meine Tage, die noch vor mir liegen. Nie werde ich aufhören zu staunen, wie groß du bist. Gott, schau in mein Herz. Prüfe mich. Führe mich auf dem Weg zu dir.

(Psalm 139)

• eine Stimme geben •

Britta sitzt im Rollstuhl. Die linke Hand hält sie seltsam abgeknickt. Die rechte Hand bewegt sich oft ruckartig. Wenn sie spricht, klingt das für ungeübte Ohren undeutlich. Aber ihr großer Bruder Markus versteht sie prima. Jetzt sind die beiden im Bioladen einkaufen. Auf dem Heimweg dreht sich Britta zu ihm um, soweit sie kann: »Ich muss mal.« Die beiden Kinder befinden sich auf dem Gehweg direkt vor dem Eingang zum Restaurant »Rosenhof«. Also wuchtet Markus den Rollstuhl geschickt die Eingangsstufe hinauf und die beiden kommen ins Gasthaus. Da eilt ihnen ein Kellner im schwarzen Anzug entgegen. »Ja, bitte?«, fragt er vornehm. »Meine Schwester muss mal«, sagt Markus. Der Kellner schüttelt den Kopf. »Ich bedaure, das geht nicht.« »Warum?«, fragt Markus. Doch der Kellner breitet die Arme aus wie ein Polizist, der den Verkehr anhalten will: »Auf Wiedersehen.« »Auf Nimmerwiedersehen«, zischt Markus wütend, und schiebt Britta wieder raus. »So eine Gemeinheit«, schimpft er. Sie schaffen es gerade noch bis nach Hause.

Markus erzählt der Mutter das Erlebnis: »Der hat uns glatt rausgeschmissen!« »Wahrscheinlich haben die keine Behindertentoilette?«, versucht seine Mutter ihn zu besänftigen. Markus protestiert: »Das muss sich ändern! Ich schreibe an die Zeitung und beschwere mich!« Seine Mutter stimmt ihm zu: »Prima Idee. Aber du solltest eine Nacht drüber schlafen.« Das tut Markus, doch am nächsten Tag ist sein Ärger noch nicht verflogen. Er schreibt: »Das ist gemein! Wenn man behindert ist, darf man wohl in unserer Stadt nicht müssen! Meine kleine Schwester Britta ist acht Jahre alt und sitzt im Rollstuhl. In den Rosenhof hat man uns nicht reingelassen, obwohl sie dringend musste. Ich finde, das muss sich ändern! Wir brauchen mehr Behindertentoiletten! Und zwar dringend. Markus, 10 Jahre.« Die Mutter liest den Brief und fin-

det ihn gut. Markus schickt die E-Mail an die Redaktion der Zeitung.

Die Zeitung ruft am nächsten Tag an und möchte mit Markus ein Interview machen. Seine Mutter ist einverstanden. Dann kommt eine nette Frau zu ihnen nach Hause und lässt sich von Markus und Britta die ganze Geschichte noch einmal erzählen. Sie macht auch ein Foto von den beiden. Der Artikel in der Zeitung am kommenden Samstag ist überschrieben: »Zehnjähriger setzt sich für Behinderte ein«.

Dieser Zeitungsbeitrag bewirkt, dass viele Menschen Leserbriefe schreiben. Sogar aus dem Rathaus erhält Markus Post: Die Stadt will – angeregt durch seinen Protest – einen »Behinderten-Stadtplan« ausarbeiten. Darin sollen alle Behindertentoiletten verzeichnet sein. Und die Gaststätten, die noch keine hätten, würden aufgefordert, welche einzubauen. Der »Rosenhof« schickt zur Entschuldigung einen großen Rosenstrauß und einen Teddy für Britta und lädt die ganze Familie zu einem kostenlosen Mittagessen ein. »Du hast deiner Schwester und anderen behinderten Menschen eine Stimme gegeben«, lobt ihn seine Mutter: »Markus, ich bin stolz auf dich!«

Die Bibel erzählt dazu Folgendes:

König Lemuël bekam von seiner Mutter guten Rat mit auf den Lebensweg. Sie sagte zu ihm: »Mein Sohn, was soll ich dir sagen? Gib den Schwachen eine Stimme! Setze dich für alle ein, die sonst übersehen werden. Trau dich, den Mund aufzumachen. Sorge dafür, dass es gerecht zugeht!«

(Sprüche 31,1+2.8+9)

• vereinen •

Richard feiert seine Erstkommunion. Beim Mittagessen sitzen alle Eingeladenen im Restaurant an festlich geschmückten Tischen. Sein Vater hält eine kleine Rede: »Wie schön, dass wir heute alle gemeinsam Richards Erstkommunion feiern! Das ist ein typisch katholisches Fest. Aber Gott ist natürlich nicht katholisch oder evangelisch. Die Religionen sind unsere menschlichen Wege zu Gott.« Dann spricht er Tamani an, die Frau von Richards Onkel Franz: »Du kommst aus Indien. Im Hinduismus werden ja viele verschiedene Götter verehrt.« Er wendet sich Kamon zu, dem Freund von Richards Schwester Janina: »Deine Eltern stammen aus Thailand, dort folgt man dem Buddha. Du tust es auch.« Dann winkt er Ayla zu, der besten Freundin seiner Frau: »Und du, liebe Ayla, bist in der Türkei geboren und hast uns dieses wunderschöne Land nähergebracht. Eure Religion ist der Islam.«

Richard sagt laut: »Papa, wir haben's kapiert. Alle Religionen führen zu Gott. Ich hab' Hunger!« Alle kichern und applaudieren. Da sagt der junge Kellner, der die Rede des Vaters mitgehört hat: »Ich bin Uri. Ich bin jüdisch. Eure religiöse Offenheit gefällt mir. Nun aber guten Appetit!«

Die Bibel erzählt dazu Folgendes:

Am Ende der Zeit wird etwas geschehen:

Gottes Tempel steht auf einem Berg, der höher ist als alle anderen Berge. Menschen aus allen Ländern gehen zu ihm. Sie rufen einander zu: »Kommt alle mit, wir gehen hinauf zum Berg des Herrn. Wir wollen in seinem Tempel sein. Er wird uns den Weg zeigen, den wir gehen sollen. Wir werden ihn gehen.

Gott wird unter allen Nationen für Gerechtigkeit sorgen. Aus Schwertern wird man Pflugscharen machen, und aus Speeren Messer für Winzer. Die Völker werden sich nicht mehr gegenseitig bedrohen. Sie lernen nicht mehr, wie man Kriege führt. Alle können ungestört unter einem Baum sitzen, niemand schreckt sie auf.

Das verspricht der allmächtige Gott! Auch wenn die Völker noch ihre eigenen Götter haben – wir gehen jetzt schon mit dem Herrn und werden das tun, immer und ewig.«

(Micha 4,1-4; Jesaja 2,1-5)

Wusstest du ...?

193 Länder dieser Erde haben sich zu den »Vereinten Nationen« (UN) zusammengetan. Im Jahr 1945 wurde diese Organisation gegründet. Ihre Aufgaben sind: Den Frieden auf der Welt zu erhalten oder zu erreichen; freundschaftliche Beziehungen zwischen den Staaten zu fördern; bei großen Problemen, die alle Menschen betreffen, international zusammenzuarbeiten; überall die Menschenrechte zu fördern. Vor dem Hauptgebäude der UN in New York steht das Denkmal eines russischen Künstlers: Man sieht einen Mann, der aus einem Schwert eine Pflugschar macht – ein Gerät für die Landwirtschaft.

· antworten ·

»Gehst du morgen mit mir in die Bücherei?«, fragt Ketti per Handy ihre Freundin Jasmin. Jasmin liest die Nachricht, hat aber keine Lust auf die Bücherei und antwortet nicht darauf. Vielleicht geht sie mit ihrer großen Schwester zum Handball und guckt zu, wie die D-Jugend trainiert.

Rund zwei Stunden später schreibt Ketti noch einmal: »Kommst du mit oder nicht?« Wieder reagiert Jasmin nicht.

Am Abend schreibt Ketti genervt: »Bist du tot? Wenn nicht: Das ist doch doof. Du musst ja nicht mitkommen, aber du kannst wenigstens antworten.«

Die Bibel erzählt dazu Folgendes:

Ich sah Gott! Er saß auf einem hohen Thron im Tempel. Über Gott standen Serafim: Diese Engel hatten sechs Flügel. Zwei Flügel hielten sie vors Gesicht, zwei Flügel vor ihre Füße und mit zwei Flügeln flogen sie. Sie riefen einander zu: »Heilig, heilig, heilig ist Gott! Seine Herrlichkeit erfüllt die ganze Erde!« Als sie riefen, bebte der Tempel.

Da sagte ich zu mir selbst: »Ich bin verloren! Meine Augen haben den König der ganzen Welt gesehen, dabei bin ich doch unrein!« Da kam einer der Serafim zu mir. In der Hand trug er eine glühende Kohle. Damit berührte er mich und sagte: »Deine Sünden sind dir vergeben. Du bist rein!«

Danach hörte ich Gott: »Wen soll ich senden? Wer geht für uns?« Ich antwortete: »Hier bin ich! Sende mich!«

(Jesaja 6,1-8)

• sich freuen •

»Ravi ist mein schönstes Kind«, sagt seine Mutter. Der sechsjährige Ravi lebt in Indien. Er ist wirklich hübsch: Er hat dunkelbraune Haare und dunkelbraune Augen. Nur: seine Augen können nichts sehen. Ravi ist blind. Seine Mutter geht mit Ravi ins Krankenhaus. Die können ihm aber auch nicht helfen. Die Ärztin sagt: »Ravi müsste operiert werden. Aber das können wir hier nicht machen. Dazu müsste Ravi in die Hauptstadt. Eine solche Operation ist teuer und kompliziert.« Ravis Mutter weint. Die Ärztin wiegt den Kopf: »Ich will sehen, was ich machen kann. Einen Platz für eine Operation in Delhi zu bekommen – das ist wie der Hauptgewinn in der Lotterie!« Ravis Mutter kann nicht aufhören zu weinen. Aber dann, einige Wochen später, kommt Post aus der Hauptstadt. Ravi kann operiert werden. Die Familie muss dafür nichts bezahlen. Die Ärztin hat sich darum gekümmert, dass die Operation aus Spendengeldern bezahlt wird. Ravi kann sein Glück kaum fassen. Sehen können: Das ist wie neu geboren werden. Alle, die Ravi kennen, freuen sich! Und wieder weint seine Mutter, aber diesmal vor Glück.

Die Bibel erzählt dazu Folgendes:

Menschen in der Dunkelheit sehen ein helles Licht. In jenem Land, wo der Tod seinen Schatten wirft, strahlt ein Licht auf. Alle freuen sich! Denn du nimmst die drückende Last von ihren Schultern. Jeder stampfende Soldatenstiefel und jeder Mantel voller Blut werden verbrannt. Denn uns ist ein Kind geboren. Ein Sohn wurde uns geschenkt. Man nennt ihn: Wunderbarer Ratgeber. Starker Gott. Vater in Ewigkeit. König des Friedens.

(Jesaja 9,1-6)

• leiden •

Ligia spielt mit ihrem Opa Stenzel im Garten Ball. Sie werfen den Ball hin und her. Wenn Ligia den Ball nicht fängt, ärgert sie sich. Wenn Stenzel den Ball nicht fängt, lacht er. Jetzt braucht Ligia eine Pause. Beide setzen sich auf die Bank.

»Opa, warum bist du immer so gut gelaunt«, fragt Ligia. Der Opa schließt kurz die Augen und wird ganz still. Dann antwortet er: »Weil ich so dankbar bin, wie gut es mir geht.« Ligia versteht nicht: »Aber dein Knie tut doch oft weh und du musst Tabletten nehmen für dein Herz.«

Opa Stenzel erzählt: »Weißt du, als ich ungefähr so alt war wie du, da ist meine Mutter gestorben. Mein Vater hat neu geheiratet. Eine Frau mit zwei Kindern. Meine Stiefmutter mochte mich nicht.

Sie hat ihre eigenen Kinder bevorzugt. Ich bekam als Letzter zu essen und immer am wenigsten. Ich musste die abgetragenen Sachen anziehen, meine Geschwister bekamen neue. Ich wurde für Kleinigkeiten bestraft. Dann musste ich im Winter draußen vor dem Haus eine Stunde warten. Oder ohne Essen ins Bett. Ich wurde geschlagen. Auf den Po. Auf die Hände. Auf den Kopf. Das tat weh.«

»Und deine Geschwister?«, fragt Ligia entsetzt: »Haben die zu dir gehalten?« Der Opa bewegt seine Hand, als würde er etwas wegschieben: »Von wegen, die haben mich verpetzt.«

Ligia sieht Opa Stenzel traurig an: »Das ist ja gemein!« »Ja«, seufzt der Opa, »da habe ich echt gelitten. Aber als ich endlich erwachsen war, bin ich weg von zu Hause. Mit 21 habe ich deine Oma kennengelernt. Wir sind seitdem ein Paar. Sie war für mich wie das Licht nach langer Finsternis.«

Da ruft Oma aus der Terrassentür in den Garten: »Kommt, ihr zwei, die Mohnschnecken sind fertig!«

Die Bibel erzählt dazu Folgendes:

Er sah entsetzlich aus, nicht mehr wie ein Mensch. Wir wollten ihn gar nicht anschauen. Die Menschen gingen ihm aus dem Weg. Er hatte viele Schmerzen.

Dabei hat er unsere Schmerzen auf sich geladen. Wir dachten: Gott hat ihn gestraft. Dabei wurden wir durch seine Wunden heil. Er wurde geschlagen, aber er wehrte sich nicht. Er hat nie etwas Falsches gemacht. Keine Lüge kam aus seinem Mund.

Gott hat ihn angenommen. Nachdem er so viele Leiden ertragen hat, ließ ihn Gott das Licht sehen.

(Jesaja 52,14-53,11)

• wirken •

Ava hat schreckliche Halsschmerzen. Das Schlucken tut ihr so weh. Ihre Mama hat ihr schon Fencheltee gekocht und mit Honig gesüßt. Aber den muss man ja auch schlucken. Jetzt hat ihr die Mutter in der Apotheke ein Medikament geholt. »Das hilft dir bestimmt«, erklärt sie Ava, »aber es schmeckt nicht besonders gut.« Dann träufelt sie 15 Tropfen einer dunkelbraunen Flüssigkeit auf einen Löffel: »Mund auf!« Erst will sie nicht, dann macht sie ihn doch auf. Schnell den Heilsaft geschluckt, er schmeckt so bitter. Ava muss weinen. Die Mama bringt das kranke Mädchen ins Bett. »Ruhe dich ein wenig aus.« Dann geht Mama zurück in der Küche.

Eine Minute später steht Ava in der Küche: »Es tut aber immer noch weh.« Die Mutter streichelt ihr über den Kopf: »Ach, Liebes, der Saft braucht Zeit zum Wirken. Aber gleich wirkt er bestimmt.« »Bestimmt?«, fragt Ava, ganz schwach. »Bestimmt!«, versichert die Mutter. Sie bleibt an Avas Bett sitzen ... bis sie eingeschlafen ist.

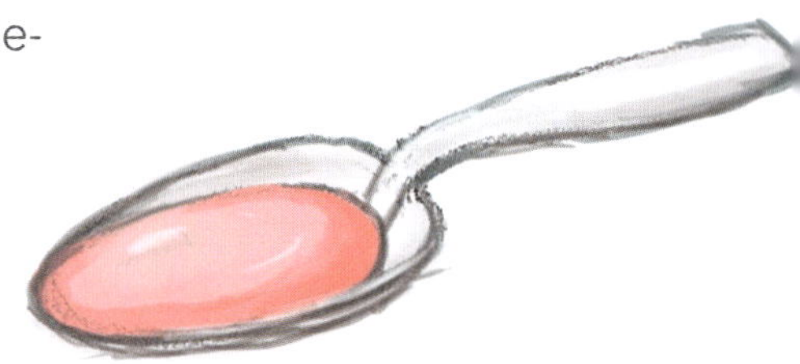

Die Bibel erzählt dazu Folgendes:

Gott spricht:

»Ihr seid durstig – kommt her, hier gibt es Wasser. Auch wer kein Geld hat, darf kommen. Essen und Trinken kostet nichts! Hört mir zu, dann werdet ihr leben. Ich will einen ewigen Bund mit euch schließen.

Sucht mich, ich lasse mich finden. Ruft zu mir, ich bin euch nahe. Wer Unrecht tut und sündigt, soll damit aufhören. Ich verzeihe großzügig.

Was ich denke, ist ganz anders als das, was ihr denkt. Meine Wege sind anders als eure Wege. So weit wie der Himmel und die Erde auseinanderliegen – so weit auseinander liegen auch eure und meine Gedanken, eure und meine Wege.

Der Regen und der Schnee fallen vom Himmel. Sie kehren nicht dahin zurück. Das Wasser tränkt nämlich die Erde und bringt alles zum Keimen und Blühen. So ist es auch mit jedem Wort, das ich spreche: Es kommt nicht leer zu mir zurück. Es wirkt, wie ich es will.«

(Jesaja 55,1.3.6-11)

Gebet

Du durchdringest alles;
lass dein schönstes Lichte,
Herr, berühren mein Gesichte.
Wie die zarten Blumen
willig sich entfalten
und der Sonne stille halten,
lass mich so
still und froh
deine Strahlen fassen
und dich wirken lassen.

Das ist eine Strophe aus dem Lied »Gott ist gegenwärtig«;
Gerhard Tersteegen hat den Text vor rund 300 Jahren geschrieben.

• reden •

»Die wollen den Bolzplatz wegmachen«, erzählt der Vater beim Abendessen, »da soll ein Parkplatz hin.« »Waaas?«, fragt Okko aufgebracht, »das meinst du doch nicht ernst?« Der Vater erzählt weiter, dass es noch nicht fest beschlossen sei, aber es würde bald im Gemeinderat darüber abgestimmt. Okko will wissen: »Was kann man dagegen tun?« Der Vater rät: »Unser Nachbar, der Herr Schmidt, ist Vorsitzender der größten Partei im Gemeinderat. Sprich mal mit ihm.« *Sprich mal mit ihm*, denkt sich Okko. Als wenn das für ein Kind so einfach wäre, mit einem Erwachsenen zu sprechen. Außerdem ist Herr Schmidt immer so ernst, und über seiner Haustür hängt ein Hirschgeweih.

Abends liegt Okko im Bett und legt sich Sätze zurecht: *Lieber Herr Schmidt. Wie ich von meinem Vater gehört habe, denkt der Gemeinderat darüber nach …* – ach, das klingt doch alles so unecht. Er wird sowieso keinen Mut haben, Herrn Schmidt anzusprechen.

Doch am nächsten Tag gibt sich Okko einen Ruck. Sein Herz klopft wild, er klingelt bei Herrn Schmidt. Der öffnet die Tür und fragt nur: »Ja?« Okko hat einen Kloß im Hals, da will gar nichts rauskommen. Aber auf einmal fängt er an zu reden, es sprudelt aus ihm heraus: »Herr Schmidt, das geht doch nicht, dass der Bolzplatz weggemacht werden soll! Da spielen wir fast jeden Tag Fußball. Wir sind bestimmt zehn Jungs. Wo sollen wir denn sonst hin? Nicht, dass wir Unsinn anstellen, weil uns der Platz zum Austoben fehlt. Und dann soll da ein Parkplatz hin – statt eines Platzes, wo wir uns aufhalten können. Autos statt Kinder, was soll man denn von Ihrer Partei halten? Herr Schmidt, ich bitte Sie im Namen der Kinder und Jugendlichen: Sorgen Sie dafür, dass der Bolzplatz bleibt! Sie waren doch auch mal jung.«

Herr Schmidt steht mit offenem Mund staunend da. Auch Okko staunt, über sich selbst. Herr Schmidt nickt voller Anerkennung: »Das war eine kraftvolle Rede, mein Kompliment. Ich verspreche dir, dass ich deine Argumente ernst nehme. Vielleicht finden wir ja noch eine andere Lösung.« Dann reicht er Okko die Hand.

Die Bibel erzählt dazu Folgendes:

Gott sprach zu mir: »Noch bevor du im Leib deiner Mutter gewachsen bist, habe ich dich auserwählt. Bevor du geboren wurdest, habe ich dich zum Propheten bestimmt!« Da sagte ich: »Ach, Gott, ich kann gar nicht gut reden. Ich bin noch viel zu jung.« Gott aber sprach: »Sag nicht: Ich bin noch viel zu jung. Wohin ich dich schicke, dahin sollst du gehen. Und was ich dir sage, das sollst du den Menschen sagen. Du brauchst keine Angst vor ihnen zu haben: Ich bin bei dir!« Dann streckte Gott seine Hand aus und berührte damit meinen Mund. Er sprach: »Ich lege meine Worte in deinen Mund!«

(Jeremia 1,4-9)

Gebet

Gott, manchmal weiß ich nicht, was ich sagen soll: Die Worte, die ich spreche, klingen ganz anders als das, was ich denke und fühle. Bitte gib mir passende Worte. Nur du verstehst mich immer, selbst wenn ich schweige.

• staunen •

Es ist kühl geworden, doch Boris und Lukas wollen noch draußen bleiben. Sie können sich nicht vom Anblick des Himmels an diesem sternenklaren Abend losreißen. Lichter funkeln am schwarzen Firmament.

»Schau nur«, staunt Boris, »mehr Sterne als man zählen kann! Da, der ganz helle, das ist der Polarstern.« Auch Lukas guckt überwältigt nach oben: »Das Weltall ist wirklich ein Wunder!« »Ja, Milliarden Lichtjahre ist es groß. Und das All breitet sich immer noch weiter aus! Mittendrin unsere Erde, so klein!«, meint Boris. Er nimmt zwei Bonbons aus der Tasche und bietet Lukas eines an. Lukas lutscht und sagt dann hingerissen von der Schönheit der leuchtenden Sterne: »Ja, die Erde ist klein. Aber Gott hat ihr einen Platz im Weltraum gegeben.« Boris lacht auf: »Gott? Wo soll denn da Platz für Gott sein?«

Lukas stellt eine Gegenfrage: »Glaubst du denn, das ist alles durch Zufall entstanden: das All, die Milchstraße, die Sonne und unsere Erde?« Boris hebt die Schultern. »Warum nicht?«, sagt er. Lukas reibt sich die frierenden Hände. »Aber muss hinter so etwas Großartigem nicht ein allmächtiger Schöpfer stehen?«, fragt er und fügt noch hinzu: »Ich weiß es auch nicht, aber ich glaube daran!«

Einen Moment lang stehen beide Jungen still da. Dann zieht Boris Lukas am Ärmel: »Komm, lass uns reingehen, es wird kalt.«

Die Bibel erzählt dazu Folgendes:

Gott ist der Herr! Er hat die Erde gemacht. Er hat ihr Fundament gelegt und den Himmel darüber ausgebreitet. Er ist weise. Wenn Gott es will, steigen am Horizont Wolken auf. Gott lässt es blitzen und regnen.

Jedem Menschen bleibt vor Staunen der Mund offenstehen. Verglichen mit Gott ist der Mensch dumm. Er macht sich nämlich Götterbilder aus Metall – dabei ist doch kein bisschen Leben in ihnen. Diese Figuren verdienen nur Spott!

Gott hingegen hat das Weltall erschaffen. Israel gehört ihm. *Herr, allmächtiger Gott* soll man ihn nennen.

(Jeremia 51,15-19)

Wusstest du …?

Nicht nur das Weltall steckt voller Wunder, auch unser Körper lässt uns staunen. Der Darm im Bauch ist zum Beispiel rund fünf mal so lang wie ein Mensch: Bei einem Kind, das 1,40 Meter groß ist, sind das also sieben Meter. Auf dem Kopf haben wir rund 100.000 Haare – manche mehr, manche weniger. Oder Lungenbläschen (sie bringen die Atemluft in unser Blut): Bei einem Erwachsenen sind es mehr als 300 Millionen!!!

·lebendig sein·

Matilda ist etwas blass und müde. Das geht schon einige Tage so. Dann bekommt sie Kopfschmerzen, ihr wird schwindelig. Ihre Eltern bringen sie ins Bett. Vielleicht hat Matilda eine Erkältung? Im Januar ist das ja nicht ungewöhnlich. Sie hat auch etwas Fieber. Appetit hat sie gar keinen – nicht einmal auf Schlumpf-Pudding, den sie so sehr liebt. »Sollen wir nicht besser zum Arzt?«, fragt die Mutter besorgt den Vater. »Wir warten bis morgen«, meint er. Aber in der Nacht schläft Matilda ganz schlecht, und am Morgen tun ihr die Knochen weh, als wäre sie irgendwo heruntergefallen. Weil der Kinderarzt am Sonntag keine Sprechstunde hat, fahren sie gleich ins Krankenhaus. Matilda wird gründlich untersucht. Das dauert sehr lange. Der Arzt schnauft einmal durch und sagt zu Matildas Eltern: »Es tut mir leid: Matildas Krankheit ist sehr selten und sehr ernst.«

Matilda muss einige Wochen im Krankenhaus bleiben. Sie bekommt starke Medikamente. Ihr wird schlecht davon, sie muss sich übergeben und hat Durchfall. Und sie ist so schwach! Selbst das Sprechen fällt ihr schwer. Ihr fallen die Haare aus. »Die wachsen wieder«, tröstet sie ihre Mutter.

Mittlerweile ist es März geworden. Matilda geht es viel besser. Sie darf nach Hause, muss aber regelmäßig für Untersuchungen wiederkommen. Daheim haben die Eltern die Wohnung geschmückt, als hätte Matilda Geburtstag. Sie lächelt glücklich: »Manchmal dachte ich, ich bin schon tot. Alles tat weh. Jeder Knochen. Doch jetzt spüre ich wieder Leben in mir!« Selbst ihre Haare wachsen wieder.

Die Bibel erzählt dazu Folgendes:

Ezechiel sagte:

Gott legte seine Hand auf mich und führte mich – in Gedanken – auf ein weites Feld. Überall lagen Knochen herum. Die waren völlig ausgetrocknet. Gott fragte mich: »Menschensohn, was meinst du: Können diese Knochen wieder lebendig werden?« Ich antwortete: »Das weißt nur du, mein Gott und Herr!« Gott sprach zu mir: »Ezechiel, sprich in meinem Namen als Prophet über diese Knochen. Sag zu ihnen: Ich gebe euch von meinem Geist. Dann werdet ihr wieder lebendig. Ich gebe euch Sehnen und Fleisch und Haut.«

Dann sprach ich zu den Knochen, wie es mir Gott aufgetragen hatte. Da rückten die Knochen so zusammen, wie sie zusammengehören. Dann wuchsen Sehnen auf ihnen, auch Fleisch und Haut. Aber es war kein Leben darin. Da forderte Gott mich auf: »Ezechiel, sprich in meinem Namen als Prophet zum Geist. Sage: *Geist, komm herbei aus allen vier Himmelsrichtungen!* Hauche ihnen Leben ein.« Dann sprach ich zum Geist, wie es mir Gott aufgetragen hatte. Da wurden sie lebendig und stellten sich auf die Füße.

Gott sprach zu mir: »Menschensohn, sag meinem Volk: Ich öffne eure Gräber und hole euch heraus. Ich gebe euch meinen Geist und mache euch wieder lebendig. Dann werdet ihr erkennen: Ich bin der Herr. Was ich versprochen habe, werde ich auch tun!«

(Ezechiel 37,1-14)

Gedicht

Fünf Finger an der Hand, eine Nase im Gesicht,
Augen wie ein Diamant, selbst Fingernägel fehlen nicht.

Zwei Nieren und zehn Zehen, ein Darm in meinem Bauch,
zwei Beine noch zum Gehen, Ohrläppchen hab ich auch.

Arme, damit kann ich werfen, Zähne viel im Mund,
Magen, Blutkreislauf und Nerven: Hurra, ich bin gesund.

• trotzen •

Mittagessen bei Familie Pahlberg. Leonie will ein Nasen-Piercing. Ihre Eltern sind dagegen. Leonie protestiert: »Aber warum? Greta hat auch eins.« Leonies Mutter antwortet: »Kann ja sein, wir sind aber nicht die Eltern von Greta, sondern von dir.« Erst versucht Leonie noch, ihre Eltern umzustimmen: »Wenn ihr das erlaubt, dann räume ich eine Woche lang die Spülmaschine aus.« Ihr Vater brummt: »Nein heißt Nein!« Leonie brüllt: »Ich will aber!« Die Mutter wechselt das Thema: »Wer will Nachtisch?« Leonie droht: »Ich esse überhaupt nichts mehr, bis ihr mir das erlaubt.« Ihr Vater freut sich: »Dann bekomme ich ja doppelt Nachtisch, den von Leonie auch.« Leonies Augen blitzen vor Zorn. Sie sitzt mit verschränkten Armen am Tisch: »Ich stehe hier nicht auf, bevor ihr nicht eure Erlaubnis gebt!« Ihr Vater neckt sie: »Dann trinke aber nichts mehr, sonst musst du müssen!« Leonie ist so wütend: »Ihr seid gemein, ich hasse euch!« Die Mutter spricht ruhig: »Du kannst trotzen, so viel du willst – ich liebe dich trotzdem.«

Die Bibel erzählt dazu Folgendes:

Gott sagte zu Jona: »Jona, geh in die große Stadt Ninive! Sag den Menschen: Gott weiß, wie schlecht ihr seid!« Da ging Jona los – aber nicht nach Ninive. Er ging zum Hafen, bestieg ein Schiff und wollte nur weg von Gott. Auf dem Meer geriet das Schiff in einen schweren Sturm. Alle hatten Angst. Die Matrosen riefen ihre Götter um Hilfe. Sie warfen die Ladung ins Meer, damit das Schiff leichter wird und nicht auseinanderbricht. Jona lag unten im Schiff und schlief. Da weckte ihn der Kapitän: »Auch du musst zu deinem Gott beten, damit wir nicht untergehen!«

Alle fragten sich: Wer ist schuld an unserem Unglück? Sie warfen das Los – es fiel auf Jona. Er gab zu: »Gott hat mir befohlen, nach

Ninive zu gehen – aber ich wollte nicht!« Da bekamen alle noch mehr Angst. Jona sagte: »Werft mich ins Meer, dann wird es ruhig werden.« Aber die Männer ruderten mit aller Kraft, um an Land zu kommen. Doch der Sturm wurde immer schlimmer. Da beteten sie: »Gott, verzeih uns!« und warfen Jona ins Meer. Der Sturm hörte auf.

Ein großer Fisch verschlang Jona. Drei Tage und drei Nächte war er im Bauch des Fisches. Er betete: »In meiner Not rief ich zu Gott – und er hat mich erhört!« Da befahl Gott dem Fisch, Jona an Land zu spucken. Jetzt ging Jona nach Ninive und rief zur Umkehr auf: »In 40 Tagen wird die Stadt zerstört.« Die Menschen bereuten ihre schlechten Taten und fasteten. Da tat Gott leid, was er ihnen angedroht hatte.

Jona wurde darüber zornig. Er wartete darauf, dass Gott die Stadt zerstören würde. Er saß in der Sonne und schaute auf Ninive. Gott ließ ihm eine Pflanze wachsen, die ihm Schatten gab. Darüber freute sich Jona. Aber am nächsten Tag schickte Gott einen Wurm. Der fraß an der Pflanze und sie verdorrte. Jona saß wieder in der prallen Sonne und sagte: »Jetzt will ich nur noch tot sein.« Gott sprach zu ihm: »Du hast Mitleid mit dieser Pflanze. Aber ich habe Mitleid mit all den Menschen und Tieren in der großen Stadt Ninive.«

(Jona 1-4)

· preisen ·

Im Kindergottesdienst hören die Kinder, was es bedeutet, jemanden zu preisen: diesen Menschen zu loben, zu bewundern, hervorzuheben, was sie oder er besonders gut kann. Die Kindergottesdienst-Teamerin Cordula bringt ein Beispiel: »Ich preise zum Beispiel Laura, weil sie so schön singen kann!« Laura errötet ein bisschen, freut sich aber. Dann fordert Cordula die Kinder auf: »Wofür können wir Gott preisen? Sagt, was euch einfällt. Der Satz beginnt immer mit: *Ich preise Gott …*«

Zunächst sagt keiner etwas, aber dann sprudelt es aus allen heraus:

»Ich preise Gott dafür, dass heute die Sonne scheint!«

»Ich preise Gott dafür, dass ich wieder gesund bin!«

»Ich preise Gott für Aprikosen, die mag ich so gern!«

»Ich preise Gott dafür, dass wir gestern das Turnier gewonnen haben.«

»Ich preise Gott dafür, dass wir gleich in den Zoo fahren.«

Und so weiter.

Am Ende schließt Cordula die Runde: »Ich preise Gott für euch, ihr seid ganz wunderbare Kinder!«

Die Bibel erzählt dazu Folgendes:

König Nebukadnezzar ließ ein großes goldenes Götterbild machen. Davor sollten sich alle hinknien und es anbeten. Wer nicht mitmacht, würde zur Strafe in einen Feuerofen geworfen. Ein paar Männer gingen zum König und sagten: »Schadrach, Meschach und Abed-Nego – diese drei Juden haben sich geweigert, das Götterbild anzubeten!« In ihrer eigenen Sprache hießen die drei Männer anders, nämlich Hananja, Asarja und Mischael.

Der König ließ die drei Männer holen und fragte sie: »Warum

tut ihr nicht, was ich befohlen habe? Ich kann euch bestrafen! Welcher Gott kann euch dann noch retten?« Die drei antworteten: »Eigentlich haben wir es nicht nötig, darauf zu antworten. Unser Gott kann uns erretten. Und selbst, wenn er es nicht tut: Deine goldene Figur werden wir niemals anbeten!«

Der König war außer sich vor Wut. Er ließ den Feuerofen siebenmal heißer anheizen als normal. Man warf Hananja, Asarja und Mischael gefesselt hinein. Die drei Männer aber gingen im Ofen umher. Ein Engel trieb die Flammen hinaus. Im Ofen war es, als ginge ein leichter Wind. Das Feuer berührte die Männer gar nicht. Die drei sangen Gott ein Lied:

»Gepriesen bist du, Gott, in Ewigkeit.
Gepriesen ist dein heiliger Name.
Gepriesen bist du im Himmel!
Alles, was Gott gemacht hat, soll Gott preisen:
Preist den Herrn, ihr Engel.
Preist den Herrn, ihr Sterne.
Preist den Herrn, Regen und Wind.
Preist den Herrn, Frost und Hitze.
Preist den Herrn, Nächte und Tage.
Preist den Herrn, Blitze und Wolken.
Preist den Herrn, Berge und Hügel.
Preist den Herrn, Meere und Flüsse.
Preist den Herrn, alle Tiere.
Preist den Herrn, alle Menschen.«

Das Feuer konnte den dreien nichts anhaben. Man holte sie aus dem Ofen heraus. König Nebukadnezzar ordnete an: »Gelobt sei der Gott dieser drei: Niemand darf etwas gegen ihn sagen! Denn sie haben lieber meine Anweisung verweigert, als einen anderen Gott angebetet!«

(Daniel 3)

•lesen•

Olafs Vater ist Schriftsteller. Heute gehen Vater und Sohn zur Grundschule. Olaf soll für die erste Klasse angemeldet werden. Der Vater sagt: »Gleich wird dich der Rektor vielleicht fragen, warum du zur Schule gehen möchtest. Dann antwortest du: *Ich möchte Lesen und Schreiben lernen*.« Olaf bleibt stehen und verschränkt die Arme: »Ich will aber nicht Lesen und Schreiben lernen!« Der Vater zieht seine Mundwinkel nach unten und fragt: »Ja, möchtest du denn später nicht einmal meine Bücher lesen können?« Olaf guckt zum Himmel hinauf und ringt sich dann zu einem Kompromiss durch: »Also gut, Lesen lerne ich, deinetwegen. Aber Schreiben nicht!« Der Vater muss schmunzeln.

Der Rektor fragt Olaf dann übrigens etwas ganz anderes: »Was machst du denn im Kindergarten am liebsten?« Olaf muss nicht lange nachdenken: »Toben!«

Die Bibel erzählt dazu Folgendes:

König Belschazzar feierte ein großes Fest: Tausend Leute waren eingeladen! Alle tranken viel Wein. Der König war bald betrunken. Da ließ er goldene und silberne Becher holen, die sein Vater aus dem Tempel in Jerusalem gestohlen hatte. Eigentlich waren diese Becher für den Gottesdienst bestimmt. Jetzt tranken der König und seine Gäste daraus Wein.

Auf einmal sah der König, wie die Finger einer Menschenhand etwas auf die weiße Wand seines Palastes schrieben. Er wurde bleich, ihm schlotterten die Knie. Er ließ sofort die Wahrsager und Astrologen holen. Er versprach, denjenigen reichlich zu belohnen, der diese Schrift lesen könnte. Doch keiner konnte es. Die Königin aber wusste: »Einer kann helfen! Einer kennt sich mit Träumen und Rätseln und schwierigen Fragen aus: Daniel!«

Daniel wurde vor den König gebracht. Er war als Jude in dieses Land verschleppt worden. Belschazzar versprach ihm reichlichen Lohn. Daniel sagte: »Behalte deine Gaben. Die Schrift will ich für dich lesen und deuten. Dein Vater, König Nebukadnezzar, tötete, wen er wollte. Er ließ am Leben, wen er wollte. Er wurde überheblich und deswegen vom Thron gestürzt. Du bist auch nicht besser. Du hast die goldenen und silbernen Becher aus dem Tempel holen lassen. Du hast mit deinen Gästen daraus Wein getrunken. Du betest Götter an, die aus Metall, Holz oder Stein sind. Sie können weder hören noch sehen und haben keinen Verstand. Aber Gott, der dir den Atem gibt, den betest du nicht an. Deswegen hat Gott dir diese Hand geschickt. Sie hat geschrieben: *Mene mene tekel u-parsin*. *Mene* bedeutet *gezählt*: Deine Tage als Herrscher sind gezählt. *Tekel* bedeutet *gewogen*: Du wurdest gewogen und bist für Gott zu leicht. *U-parsin* bedeutet *geteilt*: Dein Königreich wird geteilt werden.«

Belschazzar befahl: Man soll Daniel reich belohnen ..., doch noch in der gleichen Nacht wurde der König getötet. Sein Reich teilten andere Mächtige unter sich auf.

(Daniel 5)

·Wunder erleben·

Ein Swimmingpool im Garten – das ist das große Projekt von Mats Familie. Sein Vater hat mit zwei Freunden an diesem Samstag Erde ausgehoben. Dafür haben sie beim Baumarkt einen kleinen Bagger ausgeliehen. Die ausgehobene Erde ergab einen fast drei Meter hohen Hügel direkt neben dem Loch, in das einmal das Schwimmbecken hinein soll. Mats ist es streng verboten, in der Baustelle zu spielen. Er soll nicht ins Loch fallen und sich weh tun. Seine Familie und Vaters Freunde essen im Haus, nur Mats spielt noch draußen.

Herr Bongartz, der alte Nachbar, steht am Zaun und betrachtet mürrisch das große viereckige Loch. Ihm gefällt das gar nicht. Wenn da mal ein Schwimmbecken drin ist, dann schreien die Kinder bestimmt wie verrückt. Nun sieht er, wie Mats oben auf den Erdhügel krabbelt. Etwas Erde rieselt schon wieder ins Loch zurück.

Herr Bongartz ruft noch: »Komm da runter, Junge!« – da rutscht Mats im gleichen Augenblick ins Loch und ganz viel Erde rutscht nach und bedeckt ihn.

»Hilfe!, Hilfe!«, ruft Herr Bongartz. Mats Familie und die Freunde kommen sofort raus, sehen, was los ist, und graben mit bloßen Händen nach Mats. Er lebt! Hat aber einen Riesenschreck bekommen und alle anderen auch. »Müssen wir mit ihm ins Krankenhaus?«, fragt seine Mutter besorgt. Der Vater schüttelt den Kopf und sagt: »Mats muss wohl eher in die Badewanne!«

Die Bibel erzählt dazu Folgendes:

Daniel glaubte an den einen Gott. Aber er musste fern der Heimat dem Mederkönig Darius in Babylonien dienen. Weil Daniel zuverlässig und unbestechlich war, wollte ihn der König zum höchsten Beamten seines Reiches machen. Die anderen Beamten waren neidisch. Sie wollten Daniel beim König schlechtmachen, aber ihnen fiel nichts ein, denn Daniel machte alles gut. Aber dann dachten sie sich etwas richtig Böses aus.

Sie schlugen dem König vor: »Mache doch ein Gesetz: Darin verbietest du allen, in den nächsten dreißig Tagen von einem Gott oder einem Menschen etwas zu erbitten. Nur von dir darf man etwas erbitten.

Wer das Verbot missachtet, soll in die Löwengrube geworfen werden!«

Daniel betete jeden Tag in seinem Haus in Richtung Jerusalem zu seinem Gott. Während er dort kniete, kamen seine Feinde und sahen, wie Daniel zu seinem Gott betete. Da liefen sie zum König und fragten scheinheilig: »Gilt das neue Gesetz oder nicht?« »Es gilt!«, sagte der König. Da berichteten sie von Daniel, dass er nach wie vor zu seinem Gott beten würde. König Darius wollte Daniel retten, aber er wusste nicht wie. Am Abend kamen die Feinde Daniels wieder zu Darius: »Denke daran, dein Gesetz gilt!« Da befahl der König, Daniel in die Löwengrube zu werfen. Zu Daniel sagte er: »Hoffentlich rettet dich dein Gott!«

Der König ging in seinen Palast. Er aß nichts. In dieser Nacht schlief er nicht. Am Morgen lief er zur Löwengrube. Seine Stimme war voller Schmerz: »Daniel, du Diener des lebendigen Gottes! Hat dein Gott dich gerettet?« Daniel antwortete: »Gott hat seinen Engel geschickt. Der hat die Rachen der Löwen verschlossen.« Der König befahl, Daniel wieder aus der Löwengrube herauszuholen. Ihm fehlte nichts. Dafür ließ der König die Feinde Daniels holen und in die Grube werfen: Die Löwen stürzten sich sofort auf sie und fraßen sie auf.

König Darius schrieb einen Brief an alle Völker: »Der Gott Daniels ist der lebendige Gott in Ewigkeit. Er rettet und befreit. Er tut Wunder im Himmel und auf der Erde!«

(Daniel 6)

• spielen •

Julias Familie macht in Kroatien Urlaub. Sie verbringt herrliche Tage in einem kleinen Ort direkt am Meer. Jeden Tag geht Julia baden. Heute streift sie durch die nähere Umgebung ihrer Ferienwohnung. Da hört sie Kinderstimmen. In einem Innenhof spielen zwei Mädchen Hüpfekästchen in der Sonne. Im Schatten, direkt am Haus, sitzt eine häkelnde Oma und eine Frau, die Kartoffeln schält.

Die Frau hat Julia bemerkt und ruft ihr etwas zu, das klingt wie: »Utschi.« Julia versteht sie nicht, aber die Frau lächelt. Jetzt haben die zwei Mädchen ihr Spiel unterbrochen und rufen das Gleiche. Julia zeigt mit dem Finger auf sich selbst, ob wirklich sie gemeint ist. Die Mädchen rufen lachend: »Da.« Da? Ein Mädchen kommt ihr entgegen, das andere winkt sie herbei. Zögernd geht Julia mit zum Hüpfekästchen. Das kennt sie von zu Hause. Dann spielen die Mädchen zu dritt und haben Spaß.

Die Bibel erzählt dazu Folgendes:

So spricht Gott: »Ich werde zurückkommen. Jerusalem wird dann *Stadt der Treue* heißen und der Zion *Heiliger Berg*. Alte Leute genießen dann auf den Plätzen der Stadt das Leben. Auf den Straßen spielen Mädchen und Jungen. Ich werde mein Volk nach Hause holen. Sie werden mein Volk sein, ich werde ihr Gott sein. Für immer.«

(Sacharja 8,1-8)

Neues

Testament

• aufnehmen •

Während des Unterrichts klopft es an die Tür. Die Direktorin der Schule kommt herein, ihr folgt ein schüchterner Junge. »Guten Morgen, Kinder«, sagt sie, »ich bringe euch einen neuen Mitschüler mit. Das ist Zaid. Er kommt aus Aleppo. Das ist eine Stadt in Syrien. Sicher habt ihr schon mal gehört, dass es in Syrien gerade sehr unsicher ist. Deswegen ist seine Familie nach Deutschland gekommen.«

Zaid hat strubbelige schwarze Haare.

»Zaid muss noch Deutsch lernen. Ein wenig kann er schon. Auch Englisch spricht er ein bisschen. Er braucht Zeit, bis er hier bei uns richtig angekommen ist. Bitte, nehmt ihn in eure Klasse auf!«

Kein Kind sagt einen Mucks, nur zwei Mädchen kichern.

Elliot meldet sich: »Neben mir ist noch ein Platz frei.« Und zu Zaid gewandt: »You are welcome.« Über Zaids Gesicht huscht ein Lächeln.

Die Bibel erzählt dazu Folgendes:

Am Anfang war das Wort.
Das Wort war bei Gott.
Gott war das Wort.
In diesem Wort war das Leben für alle.
Das Licht scheint in der Finsternis.
Das Licht ist stärker als die Finsternis.
Das Wort war das wahre Licht.
Das Wort erleuchtet jeden Menschen.
Er kam in sein Eigentum.
Aber er wurde nicht aufgenommen.
Das Wort ist ein Mensch geworden.

Das Wort hat unter uns gelebt.
Wir sahen seine Herrlichkeit.
(Johannes 1,1-17)

Kurz erklärt

Johannes ist der vierte Evangelist. Was er über Jesus schreibt, unterscheidet sich oft von dem, was Matthäus, Markus oder Lukas erzählen. Statt einer Geburtsgeschichte beginnt sein Evangelium mit diesem Gedicht. Wenn er »das Wort« schreibt, meint er damit Jesus Christus. Etwa so: Gott hat sein Versprechen eingelöst, Gott hat Wort gehalten: Dieses Wort ist sein Sohn Jesus Christus.

Mach mit

Was kannst du dazu beitragen, dass niemand abseits stehen muss, sondern alle aufgenommen werden? In der Klasse, bei den Nachbarskindern, im Sport oder irgendeiner anderen Gruppe?

• zweifeln •

Fabio hätte so gern das Polizeiauto, das er im Schaufenster des Spielzeugladens entdeckt hat. Seine Mama schlägt vor: »Das kannst du dir zum Geburtstag wünschen.« Seither will er fast jeden Tag wissen, wie lange es noch bis zu seinem Geburtstag dauert.

Beim Essen klagt Fabios Mama: »Ich habe heute meinen Ehering verloren!« »Wie schrecklich«, sagt der Papa. Fabio fragt: »Was ist ein Ehering?« Papa hält Fabio den Ringfinger seiner rechten Hand hin: »Ich habe auch einen. Als Mama und ich geheiratet haben, steckte ich ihr einen Ehering an den Finger und sie mir.« »Und der ist jetzt weg«, sagt die Mutter und ist ganz traurig. Fabio verspricht der Mama: »Ich suche den Ring.« Aber die winkt ab: »Ich habe überall gesucht. Überall! Er ist wie vom Erdboden verschluckt!« »Und wenn ich ihn doch finde?«, fragt Fabio. »Dann kaufe ich dir das Polizeiauto«, verspricht seine Mutter und lacht. Aber jetzt heißt es erst einmal: »Zähne putzen und ab ins Bett.« Sein Vater liest ihm noch eine Geschichte vor. Dann wird das Licht im Kinderzimmer ausgemacht.

Keine zehn Minuten später steht Fabio im Wohnzimmer. Er hält vor sich die rechte Hand zur Faust geballt. »Was ist los?«, fragen ihn seine Eltern. »Wenn ich den Ring finde, kaufst du mir das Polizeiauto?«, vergewissert sich Fabio. Seine Mama antwortet: »Junge, du machst dir Gedanken! Ich bezweifle, dass du ihn findest.« »Und wenn ich ihn gefunden habe?«, drängt Fabio. »Dann träumst du schon«, meint sein Vater, »nun marsch zurück in die Heia.«

Da öffnet Fabio die Faust: Darin liegt Mamas Ehering. Die greift danach: »Ich glaub's ja nicht!« Sein Papa will wissen, wo er ihn gefunden hat. Fabio erzählt: »Ich lag im Bett, da fühlte ich etwas Kaltes am linken Fuß.« Die Mama klatscht in die Hände: »Dann habe ich ihn beim Bettenmachen verloren.« Sie gibt Fabio ein Küsschen und bedankt sich. Der erinnert seine Mama an das Polizeiauto. Der Papa sagt: »Versprochen ist versprochen« und küsst Mama.

Die Bibel erzählt dazu Folgendes:

Am Tempel von Jerusalem gab es einen Priester mit dem Namen Zacharias. Seine Frau hieß Elisabet. Beide lebten nach der Weisung Gottes. Sie hatten keine Kinder und waren alt.

Im Tempel für Gott ein Opfer zu bringen war ein besonderer Dienst. Heute durfte Zacharias ins Haus Gottes hineingehen. Das Volk wartete draußen und betete. Da stand auf einmal ein Engel vor Zacharias. Zacharias erschrak und bekam Angst. Der Engel sprach: »Fürchte dich nicht, Zacharias. Gott hat dein Gebet erhört: Deine Frau Elisabet wird einen Sohn gebären. Den sollst du Johannes nennen. Viele werden sich über seine Geburt freuen. Er wird vom Mutterleib an vom Heiligen Geist erfüllt sein. Er wird viele Kinder Israels zum Herrn führen.«

Zacharias zweifelte und sagte zu dem Engel: »Wie kann ich dir glauben? Meine Frau und ich sind doch schon alte Leute.« Der Engel antwortete: »Ich bin Gabriel. Gott hat mich geschickt, um dir diese gute Nachricht zu bringen. Weil du gezweifelt und mir nicht geglaubt hast, sollst du stumm sein und nicht mehr reden können – bis alles in Erfüllung gegangen ist.«

Vor dem Tempel stand das Volk und wunderte sich, warum Zacharias so lange im Tempel blieb. Als er herauskam, konnte er nicht mit ihnen sprechen. Da merkte man: Er hatte im Tempel eine Erscheinung gehabt.

Als sein Dienst vorbei war, ging Zacharias nach Hause zurück. Bald darauf wurde Elisabet schwanger. Sie sagte: »Der Herr hat mir geholfen!«

(Lukas 1,5-25)

• fragen •

»Papa, haben Tausendfüßler wirklich tausend Füße?« Aurelia stemmt ihre kleinen Hände in die Seite und sieht ihren Papa herausfordernd an. Der antwortet ruhig: »Am besten zählst du nach.« Nun turnt sie auf Papas Schoß hoch: »Ist Brasilien größer als Deutschland?« Papa nickt: »Aber ja, mehr als 20-mal so groß.« Aurelia denkt nach: »Warum sind Bananen gelb und nicht rot?« Papa zieht die Schultern hoch: »Das war ein Versehen, eigentlich sollten die Bananen rot sein und die Tomaten gelb. Da ist was schiefgelaufen, als Gott die Welt machte.« Aurelia legt ihrem Vater den Zeigefinger auf die Nase: »Du flunkerst, Papa. Du weißt es nicht, gib's zu.«

Papa fragt zurück: »Jetzt habe ich mal eine Frage an dich: Warum fragst du mir Löcher in den Bauch?« Aurelia legt beide Hände auf Papas Bauch: »Da ist gar kein Loch!« Papa drückt das Mädchen zärtlich an sich. Aurelia sagt: »Eine Frage noch, Papa.« Papa verdreht die Augen: »Eine letzte für heute. Ich bin schon ganz erschöpft.« Aurelia flüstert in Papas Ohr: »Hast du mich lieb?« Der Papa flüstert zurück in Aurelias Ohr: »Und wie!« Und dann kitzelt er sie!

Die Bibel erzählt dazu Folgendes:

Gott schickte seinen Engel Gabriel in die Stadt Nazareth zu einer jungen Frau. Sie hieß Maria. Die war mit Josef verlobt. Der Engel kam zu ihr und sprach: »Ich grüße dich. Du hast bei Gott Gnade gefunden: Gott ist mit dir!« Maria erschrak. Sie verstand nicht, was das bedeuten sollte. Der Engel sagte: »Hab keine Angst, Maria. Du hast bei Gott Gnade gefunden. Du wirst ein Kind bekommen, einen Sohn. Du sollst ihm den Namen Jesus geben. Er wird Gottes Sohn genannt werden. Er wird ewig herrschen.« Maria fragte: »Wie soll das denn gehen? Ich bin doch noch gar nicht verheiratet.« Der Engel antwortete: »Gottes Heiliger Geist wird über dich kommen. Dein Kind wird heilig sein. Auch deine Verwandte Elisabet ist schwanger, obwohl sie schon so alt ist. Für Gott ist nämlich nichts unmöglich.« Da sagte Maria: »Ich bin eine Dienerin Gottes. Es soll alles so geschehen, wie du es gesagt hast.« Da verließ sie der Engel.

(Lukas 1,26-38)

•hüpfen•

Es regnet ein wenig. Nicht viel, aber dünne Tropfen fallen vom Himmel. Frau Horvath wohnt im Erdgeschoss eines alten Hauses mit Innenhof in Budapest. Sie hat ihr Küchenfenster geöffnet und ein Kissen auf die Fensterbank gelegt. Sie lehnt sich hinaus, um zu sehen, ob irgendwas los ist.

Da kommt Timea, das Mädchen aus dem dritten Stock durch die Toreinfahrt in den Innenhof. Sie hat einen roten Anorak an und hüpft von einem Bein aufs andere. »Was ist denn los, Timea?«, fragt Frau Horvath, »warum hüpfst du?« Timea bleibt kurz stehen und antwortet: »Ich weiß es auch nicht. Es macht Spaß ... und ich freue mich, am Leben zu sein.« Und dann hüpft sie schon weiter zum Hauseingang. Frau Horvath lächelt.

Die Bibel erzählt dazu Folgendes:

Die schwangere Maria machte sich auf den Weg zu ihrer Verwandten Elisabeth. Die erwartete auch ein Kind. Elisabeth lebte in einem Dorf in den Bergen in Judäa und war mit Zacharias verheiratet.

Als Maria deren Haus betrat und alle begrüßte, hüpfte das Kind in Elisabeths Bauch. Elisabeth wurde vom Heiligen Geist erfüllt und rief laut: »Maria, du bist gesegnet – mehr als alle anderen Frauen! Gesegnet ist auch das Kind in deinem Bauch! Welche Ehre: Die Mutter meines Herrn besucht mich! Als du uns begrüßt hast, hüpfte das Kind in meinem Bauch. Dein Glaube an Gott ist groß!«

(Lukas 1,39-45)

Gut gesagt

Gegrüßt seist du, Maria,
voll der Gnade,
der Herr ist mir dir.
Du bist gebenedeit unter den Frauen
und gebenedeit ist die Frucht deines Leibes:
Jesus.
Heilige Maria, Mutter Gottes, bitte für uns Sünder
jetzt und in der Stunde unseres Todes. Amen.

So rufen katholische Christinnen und Christen zu Maria.

•loben•

Zum Muttertag möchte Karlchen seiner Mutter eine Freude machen. Aber wie? Er bittet seinen Vater um einen Tipp. »Male ihr ein Bild«, rät sein Vater, »oder decke ihr am Sonntag den Frühstückstisch.« Karlchen ist nicht zufrieden. Dann kommt ihm eine wunderbare Idee: Er wird ihr einen Brief schreiben:

»Liebe Mama, du bist die beste Mama der Welt. Du bist immer für mich da. Dein Kartoffelsalat schmeckt sooo lecker. Wenn ich was kaputt mache, bist du nie lange böse, nur ganz kurz. Das Loch in meinem Lieblingspullover hast du gestopft. Manchmal spielst du mit mir Lego. Abends liest du mir eine Geschichte vor. Wenn ich hingefallen bin und blute, klebst du ein Pflaster auf die Wunde. Beim Wettlauf hast du mich angefeuert. Als der Ausflug ausfiel, hast du mich getröstet. Ich bin glücklich, dass ich dich als Mama bekommen habe und nicht Frau Schulze. Dein Karlchen. Dein Zitronenkuchen ist auch so gut. Den gab's übrigens schon lange nicht mehr.«

Die Bibel erzählt dazu Folgendes:

Maria sprach:

Ich lobe Gott! Gott ist groß. Gott ist mein Retter.
Zwar bin ich nur eine einfache Frau,
aber Gott schenkt mir Bedeutung.
Gottes Name ist heilig.
Gott wendet sich allen Menschen zu, die ihn suchen.
Gott vollbringt große Taten:
Wer hochmütig ist, den macht er bescheiden.
Wer Macht hat, den holt er vom Thron herunter.
Wer klein ist, den macht Gott groß.
Wer hungrig ist, soll satt werden –
aber die Reichen bekommen nichts.
Gott ist für sein Volk Israel da!
Gott hält alle Versprechen,
die er Abraham gegeben hat.

(Lukas 1,46-55)

Kurz erklärt

Das Lob, das Maria sprach, wird »Magnificat« genannt. Dieser Text gehört zum Abendgebet der Kirche und wird jeden Tag von Priestern, Nonnen, Mönchen und vielen anderen gesprochen.

widersprechen

Elly geht auf die Sankt-Nikolaus-Schule. Die liegt direkt neben der Sankt-Nikolaus-Kirche. Dort pflegt man einen alten Brauch: Jedes Jahr am 6. Dezember – dem Gedenktag des Heiligen Nikolaus – darf ein Schüler für einen Tag Kinderbischof sein. Der bekommt dann einen prächtigen Umhang umgelegt und eine spitze Bischofsmütze auf den Kopf gesetzt. Alle Kinder feiern dann im großen Saal bei Plätzchen und Kakao. Der Kinderbischof hat zu bestimmen und nicht die Lehrerinnen und Lehrer. Weil die Sankt-Nikolaus-Schule lange eine reine Jungenschule war, war bisher immer ein Junge Kinderbischof.

Elly meint, es sei höchste Zeit, dass sich das ändert: »Warum dürfen nur Jungen Kinderbischof sein?«, fragt sie ihren Klassenlehrer. Der lässt Elly abblitzen: »Weil es immer schon so war!« Elly widerspricht: »Das ist doch eine blöde Erklärung. Ich will das ja gar nicht werden. Aber ich finde es gemein, dass ich es nicht werden dürfte, bloß weil ich ein Mädchen bin.«

Elly berät sich mit ihren Freundin Sandra. Sie sammeln Unterschriften unter den Schülerinnen und Schülern der Sankt-Nikolaus-Schule, damit es endlich mal eine Kinderbischöfin gibt. Über hundert Kinder haben mitgemacht; die meisten sind Mädchen, aber auch Jungen. Elly und Sandra übergeben die Listen mit den Unterschriften an den Direktor der Schule. Der ist überrascht: »Aber der heilige Nikolaus war doch ein Mann.« Elly fragt zurück: »Aber was hätte der heilige Nikolaus heute gegen eine Kinderbischöfin?«

Der Direktor wendet sich an den Pfarrer der Sankt-Nikolaus-Kirche. Der überlegt nicht lange und findet das Anliegen gut: »Die Kinder haben Recht. Es ist Zeit dafür!« Und so bekommt die Sankt-Nikolaus-Schule zum ersten Mal in ihrer Geschichte am 6.

Dezember eine Kinderbischöfin. Das Los fällt ... nicht auf Elly oder Sandra, sondern auf Almut.

Die Bibel erzählt dazu Folgendes:

Elisabeth brachte ihr Kind zur Welt. Verwandte und Nachbarn freuten sich mit ihr. Am achten Tag nach der Geburt wurde der Junge beschnitten. Man wollte ihm den Namen seines Vaters geben: Zacharias. Elisabeth widersprach: »Nein, er soll Johannes heißen.« Da hieß es: »Aber in deiner Familie heißt doch niemand so.« Sie fragten Zacharias. Da er ja stumm geworden war, schrieb er auf ein Täfelchen: »Sein Name ist Johannes.« Da staunten alle. Im gleichen Moment konnte Zacharias wieder sprechen. Er wurde vom Heiligen Geist erfüllt und sprach:

»Gepriesen ist der Herr, der Gott Israels.
Er hat uns einen starken Retter geschickt.
Das hat er ja schon vor langer Zeit
durch seine Propheten versprochen.
Vor unseren Feinden errettet er uns.
Er bringt uns in Sicherheit vor allen, die uns hassen.
Er denkt an den heiligen Bund,
den er unserem Vater Abraham geschworen hat.
Und du, mein Kind,
wirst ein Prophet des Höchsten genannt werden.
Du wirst dem Herrn vorangehen. Du bereitest ihm den Weg.
Du wirst Gottes Volk beschenken:
In der Vergebung der Sünden werden wir erfahren,
wie gut Gott ist.
Gottes Liebe ist barmherzig.
Sie wird zu uns kommen wie Licht, das aufstrahlt.
Es leuchtet allen, die im Finstern sitzen –
die im Schatten des Todes leben.
Dieses Licht lenkt unsere Schritte auf den Weg des Friedens.«

(Lukas 1,57-79)

•geboren werden•

Tante Susanne ist schwanger. Charlotte beobachtet, dass Susannes Bauch immer dicker wird. Sie fragt ihre Mutter: »War ich auch einmal in deinem Bauch?« »Aber ja«, erklärt ihre Mutter: »Jedes Baby fängt ganz, ganz klein an, das kann man noch gar nicht sehen. Dann wird es immer größer. Nach ungefähr neun Monaten kommt es dann zur Welt und wird geboren.« Charlotte möchte gern dabei sein, wenn das Kind geboren wird. Das geht aber nicht, weil eine Geburt sehr aufregend und anstrengend ist. Die Mutter sagt: »Du kannst aber für das Baby ein Bild malen.«

Ein paar Wochen später wacht Charlotte morgens auf. Ihre Mutter begrüßt sie mit den Worten: »Ab heute hast du eine Cousine! Frieda ist da!« Charlotte strahlt: »Wann kann ich sie sehen?«

Am Nachmittag besuchen sie Susanne. Die lächelt glücklich und hält Frieda im Arm. Das kleine Mädchen hat alles, was Menschen haben: Finger, Ohren, Augen – nur alles ganz klein. Ein paar dünne Härchen hat sie auf ihrem Kopf. Alle freuen sich, dass Frieda nun da ist. Charlotte hat ein Bild mitgebracht: Darauf sieht man ihr Haus und den Garten. »Frieda soll uns mal besuchen kommen. Ich lade sie zu uns ein!«

Auf dem Heimweg fragt Charlotte: »Mama, war ich wirklich auch mal sooo klein?« Ihre Mutter nickt: »Ja, du hattest nur mehr Haare auf dem Kopf.«

Die Bibel erzählt dazu Folgendes:

Damals gab Kaiser Augustus den Befehl: »Alle Menschen im römischen Reich müssen sich in Steuerlisten eintragen lassen!« Dafür musste jeder in die Stadt gehen, in der er geboren wurde. So zog Josef von Nazareth nach Bethlehem. Er wollte sich dort mit seiner Frau Maria in die Liste eintragen lassen. Maria war schwanger.

Als sie in Bethlehem ankamen, gebar Maria ihr Kind. Sie wickelte ihren Sohn in Windeln und legte ihn in eine Futterkrippe. In der Herberge war kein Platz für sie.

In dieser Gegend lagerten Hirten mit ihren Herden auf freiem Feld. Sie hielten Nachtwache. Da kam der Engel Gottes zu ihnen. Er strahlte hell und die Hirten fürchteten sich sehr. Der Engel sagte: »Habt keine Angst! Ich bringe euch große Freude. In Bethlehem ist heute der Retter aller Menschen geboren worden. Er liegt in Windeln gewickelt in einer Futterkrippe.« Auf einmal waren ganz viele Engel da. Sie sangen: »Gelobt wird Gott im Himmel. Bei allen Menschen auf der Erde soll Frieden sein.«

Die Hirten sagten zueinander: »Das wollen wir sehen! Kommt, wir gehen nach Bethlehem!« Sie fanden Maria und Josef und das Kind in der Krippe – und erzählten überall, was sie erlebt hatten.

(Lukas 2,1-20)

· warten ·

Es ist Anfang Dezember. Neven hat in der Schule von der Religionslehrerin gehört: Advent hat mit Warten zu tun. Die Hausaufgabe lautet: *Fragt zehn Menschen, worauf sie warten.*

Er beginnt mit seiner Mutter. Ihre Antwort: »Ich warte auf ein Paket mit Weihnachtsgeschenken, das müsste heute kommen.« Neven schreibt die Antwort in sein Heft. Nevens kleiner Bruder wartet aufs Christkind. Seine große Schwester hat gerade Streit mit den Eltern, sie sagt genervt: »Ich warte, dass ich endlich erwachsen bin und selbst bestimmen darf!« Nevens Vater überlegt kurz: »Momentan warte ich vor allem auf einen Termin beim Hautarzt.« Neven klingelt bei der Nachbarin: »Worauf ich warte?«, fragt sie: »Auf den Heizungsmann, der wollte gestern schon kommen und war immer noch nicht da.« Der Mann der Nachbarin mischt sich ein: »Du musst dem Jungen was Vernünftiges sagen: Ich warte darauf, dass die Politiker klug werden.« Neven schreibt alles in sein Heft. Sechs Antworten hat er schon.

Neven ruft bei Tante Claudia an und trägt seine Frage vor. »Darf ich ehrlich sein?«, lacht sie, »ich warte darauf, dass Weihnachten bald vorbei ist!« Ihr Sohn wartet auf die Ferien. Zwei Antworten fehlen noch. Er ruft seine Oma an. Der muss er ausführlich erklären, wie er auf diese Frage kommt. »Mein lieber Neven«, sie schnauft einmal tief, »eigentlich warte ich darauf, dass mich der Herrgott zu sich holt.« Jetzt fehlt nur noch eine Antwort, dann hat er zehn. Ihm fällt aber niemand mehr ein, den er fragen könnte. »Du darfst selbst auch eine Antwort geben«, sagt seine Mutter. Neven schaut auf die Uhr und grinst: »Gleich sieben, ich warte aufs Abendessen.«

Die Bibel erzählt dazu Folgendes:

Nach acht Tagen wurde Jesus beschnitten. Es bekam den Namen Jesus. Den hatte der Engel ja Maria genannt. Dann brachten seine Eltern das Kind nach Jerusalem. Dort wollten sie es Gott weihen, wie es die Tora vorschreibt: Jede Erstgeburt gehört dem Herrn.

In Jerusalem lebte damals ein frommer Mann. Der hieß Simeon. Er wartete auf den Messias. Gottes Heiliger Geist war mit ihm. Simeon war überzeugt: Er wird nicht eher sterben, bevor er nicht den Messias gesehen hat. Nun trieb ihn der Heilige Geist in den Tempel. Als Maria und Josef mit dem Jesuskind in den Tempel kamen, nahm Simeon das Kind in seine Arme und lobte Gott mit diesen Worten:

»Gott! Ich bin dein Diener. Jetzt kann ich in Frieden sterben.
Denn ich habe mit eigenen Augen
den Heiland aller Völker gesehen.
Er ist das Licht für die Heiden
und die Freude für dein Volk Israel.«

Die Eltern von Jesus staunten über diese Worte. Simeon segnete die beiden. Damals lebte Hanna in Jerusalem. Sie war eine Prophetin und schon alt. Hanna hielt sich immer im Tempel auf. Sie kam dazu und lobte Gott für dieses Kind.

Maria und Josef zogen mit Jesus zurück nach Nazareth. Der Junge wuchs, wurde groß und kräftig. Gott machte ihn weise. Gottes Gnade erfüllte ihn.

(Lukas 2,21-40)

schenken

Im Sommer blühen Tausende Gänseblümchen auf der Wiese. Molly kann daraus wunderschöne Blumenkränzchen flechten. Ihre kleine Schwester Wilma probiert es auch, aber es gelingt ihr nicht. Sie ist nicht so geschickt und reißt aus Versehen immer die feinen Stile ab. Oder die Blumen sind viel zu locker geflochten und alles fällt auseinander. Viel Geduld hat sie auch nicht. Wilma ist ganz neidisch auf Molly und ihr wunderschönes Blütenkränzchen.

Als Molly fertig ist, reicht sie es Wilma: »Für dich!« Wilma ist überrascht und will es gar nicht annehmen. Molly lächelt: »Ich schenke es dir!« Ohne Worte fragen Wilmas Augen: *Warum?* Molly lächelt: »Weil ich dich so lieb hab!« Wilma geht wie eine Königin mit einer Krone auf dem Kopf zu den Eltern und führt ihnen ihren Schatz vor.

Die Bibel erzählt dazu Folgendes:

Als Jesus geboren wurde, herrschte König Herodes in Jerusalem. Aus dem Osten kamen Sterndeuter in die Hauptstadt und fragten: »Wo ist der neugeborene König der Juden? Wir haben am Himmel seinen Stern aufgehen sehen. Jetzt wollen wir ihn ehren.« Als König Herodes das hörte, erschrak er.

Herodes rief wichtige Priester und Lehrer zu sich. Er fragte sie: »Wo soll der Retter aller Menschen geboren werden?« Sie antworteten: »In Bethlehem.« Heimlich ließ Herodes die Sterndeuter zu sich kommen. Er schickte sie nach Bethlehem und sagte: »Wenn ihr das Kind gefunden habt, dann kommt zurück zu mir. Ihr müsst mir dann alles erzählen. Denn auch ich will dorthin gehen und es ehren.«

Die Sterndeuter machten sich auf den Weg. Sie folgten dem Stern. Er blieb stehen, wo das Kind war. Die Sterndeuter freuten sich sehr. Sie fanden Maria und das Kind, knieten sich hin und ehrten es. Dann packten sie ihre wertvollen Geschenke aus: Gold, Weihrauch und Myrrhe.

Im Traum erhielten die Sterndeuter eine Botschaft: »Geht nicht zurück zu Herodes!« So gingen sie auf einem anderen Weg zurück in ihre Heimat. Auch Josef hatte einen besonderen Traum, ein Engel sagte ihm: »Geh mit Maria und dem Jesuskind nach Ägypten. Denn König Herodes will das Kind töten.« König Herodes wurde sehr böse, weil die Sterndeuter nicht zu ihm zurückgekommen waren.

(Matthäus 2,1-23)

Kurz erklärt

Aus den Sterndeutern wurden in der Tradition der Kirche »Drei Könige« – wegen der drei kostbaren Geschenke. Ihren Besuch an der Krippe feiern wir am Fest »Erscheinung des Herrn« (auch »Epiphanias« genannt) am 6. Januar.

Mach mit

Kennst du die Sternsinger-Aktion? Da gehen in der ersten Januarwoche Kinder als die Drei Könige verkleidet durch die Straßen, schreiben den Segen auf die Türen der Häuser und sammeln Geld für Kinder in Not. Siehe auch das Kapitel: »ausgesendet werden«.

• suchen •

»Wenn die Klavierstunde 'rum ist, treffen wir uns vor der Buchhandlung!« Die Mutter gibt Katinka noch einen Kuss und fragt sie: »Wo treffen wir uns?«

»Mama, ich bin doch nicht blöd!« Katinka ist ein wenig beleidigt. Die Mutter antwortet: »Nicht blöd. Nur verträumt!«

Nach der Klavierstunde schlendert Katinka zur Buchhandlung. Im Schaufenster liegen so interessante Bücher über Komponisten – über Bach und Beethoven und Mozart. Die will sie sich anschauen und geht in die Buchhandlung. Die freundliche Buchhändlerin zeigt ihr das Regal mit den Musikbüchern. Was für herrliche Bücher sind das! Katinka liest mit Begeisterung.

»Mädchen, du raubst mir noch den letzten Nerv!« – ihre Mutter steht mit rotem Kopf vor ihr. »Gleich hätte ich die Polizei gerufen. Ich habe dich überall gesucht. Wo waren wir verabredet?«

»Vor der Buchhandlung«, sagt Katinka kleinlaut. Die Mutter ist ziemlich genervt: »Vor! Nicht in.« Katinka murmelt: »Es tut mir leid.« Und ihre Mutter sagt: »Das nächste Mal hältst du dich bitte an unseren Treffpunkt. Ich muss mich darauf verlassen können!«

Die Bibel erzählt dazu Folgendes:

Die Eltern von Jesus machten jedes Jahr eine Wallfahrt nach Jerusalem. Dort feierten sie das Pascha-Fest. Als Jesus zwölf Jahre war, gingen sie wieder nach Jerusalem.

Als die Festtage zu Ende waren, machten sich alle auf den Heimweg. Nur: Jesus war in Jerusalem geblieben. Seine Eltern merkten das erst nicht. Sie dachten, er ginge mit Freunden und Verwandten. Abends suchten sie ihn und fanden ihn nicht. Aufgeregt kehrten sie nach Jerusalem zurück. Dort suchten sie ihn drei Tage lang.

Endlich fanden sie Jesus: im Tempel! Er saß mitten unter den Lehrern. Er hörte ihnen zu und stellte ihnen Fragen. Alle waren beeindruckt, wie klug Jesus war. Auch Maria und Josef staunten. Doch seine Mutter machte Jesus Vorwürfe: »Kind, warum hast du uns das angetan? Wir haben dich gesucht! Wir haben uns solche Sorgen gemacht!«

Jesus antwortete: »Warum habt ihr mich gesucht? Ich war im Haus meines Vaters.« Seine Eltern verstanden nicht, was er meinte. Jesus ging mit ihnen zurück nach Nazareth. Maria bewahrte seine Worte in ihrem Herzen.

(Lukas 2,41-52)

Kurz erklärt

Eine Wallfahrt (man kann auch Pilgerreise sagen) hat einen besonderen Ort zum Ziel und stärkt den Glauben. Wallfahrtsorte sind heute zum Beispiel Jerusalem in Israel, Rom in Italien, Santiago de Compostela in Spanien oder Altötting und Kevelaer in Deutschland.

Das Pascha-Fest (Pas-cha ausgesprochen, oder Pessach) ist ein jüdisches Fest. Es erinnert an den Auszug der Israeliten aus Ägypten. Das letzte Abendmahl Jesu mit seinen Jüngern war vielleicht auch ein Pascha-Festmahl.

• ändern •

Franzi, die Leiterin der Volkstanzgruppe, ist sauer. Die Mädchen sitzen auf dem Boden des Bürgerhauses und wissen schon, dass jetzt keine Komplimente kommen. »Mädels, wer von euch möchte am Wettbewerb in Straubing teilnehmen?« Alle Mädchen zeigen auf. »Und wer glaubt, dass wir da eine ernsthafte Chance haben zu gewinnen?« Kein Mädchen zeigt auf.

»Aha«, sagt Franzi, »ihr habt es also schon selbst verstanden: Wenn wir so weitermachen wie bisher, kommen wir nicht vom Fleck. Hier müssen sich drei Dinge grundlegend ändern!« Die Mädchen sind ganz aufmerksam. Franzi zählt mit der Hand: »Erstens: Ihr müsst regelmäßig zur Probe kommen. Nicht nach Lust und Laune. Zweitens: Ihr müsst pünktlich kommen. Bis alle da sind, ist oft schon die halbe Zeit weg. Und drittens«, jetzt schaut sie jedem Mädchen in die Augen: »Ihr müsst dran glauben, dass wir es schaffen können! Ich glaube an euch. Und jetzt: Musik ab!«

Die Bibel erzählt dazu Folgendes:

Johannes der Täufer rief den Menschen zu: »Ändert euer Leben! Das Reich Gottes ist nah!«

Von Johannes dem Täufer hat der Prophet Jesaja gesagt: »Ich schicken meinen Boten vor dir her. Einer ruft in der Wüste: Macht Platz, denn Gott kommt! Jedes Tal soll aufgefüllt werden, jeder Berg sich klein machen. Was krumm ist, soll gerade werden – zu einer geraden Straße für Gott. Alle Menschen werden sein Heil sehen.«

Johannes trug einen Mantel aus Kamelhaaren und einen Gürtel aus Leder. Er ernährte sich von Heuschrecken und wildem Honig. Viele Menschen gingen zu Johannes in die Wüste. Sie bekannten ihre Sünden und ließen sich von ihm im Jordan taufen.

Johannes sagte: »Ich taufe euch nur mit Wasser. Das ist ein Zeichen dafür, dass ihr euer Leben ändern wollt. Nach mir kommt einer, der ist viel stärker als ich. Ich bin es nicht wert, ihm die Schuhe auszuziehen. Er wird euch mit dem Heiligen Geist und mit Feuer taufen.«

Manche dachten, Johannes sei der Messias. Aber Johannes machte klar: »Ich bin nicht der Messias. Jesus ist der Sohn Gottes.«

(Matthäus 3,1-6.11; Markus 1,1-8; Lukas 3,1-19; Johannes 1,19-34)

taufen

Livs kleiner Bruder Fiete wird getauft. Über dem Strampelanzug hat Mama ihm ein weißes Kleid angezogen, viel zu groß. »Das Taufkleid«, erklärt sie, »das hattest du auch an, als du getauft wurdest – und ich auch.«

In der Kirche sagt die Pfarrerin zu Liv: »Die Taufe ist ein Zeichen dafür, dass wir zu Gott gehören.« Liv darf Wasser aus einer Kanne in eine silberne Schale gießen. Das macht sie ganz vorsichtig. Fiete schläft. Aber als die Pfarrerin mit der Hand Wasser über seinen Kopf laufen lässt, wacht er auf und schreit mit seiner zarten Babystimme. Bald beruhigt er sich wieder und schläft weiter.

Nach dem Gottesdienst werden noch Fotos in der Kirche gemacht. Die Patentante hält Fiete im Arm, die Eltern stehen links und rechts daneben, auch Liv darf mit aufs Bild. Sie hält die brennende Taufkerze in der Hand. »Schön gerade halten«, mahnt Mama. Es werden viele Bilder gemacht. Anschließend wird gefeiert und alle freuen sich mit Fiete und seiner Familie.

Die Bibel erzählt dazu Folgendes:

Jesus wanderte von seiner Heimatstadt Nazareth in Galiläa an den Jordan. Dort taufte Johannes die Menschen im Fluss. Auch Jesus wollte von Johannes getauft werden. Erst sträubte sich Johannes: »Ich müsste von dir getauft werden, nicht umgekehrt!« Aber Jesus sagte: »Tu es!« Da taufte ihn Johannes, indem er Jesus unter Wasser tauchte.

Als Jesus wieder aus dem Fluss herausgestiegen war, betete er. Der Himmel öffnete sich: Gottes Geist kam über Jesus, als würde eine Taube über ihm schweben. Aus dem Himmel hörte man eine Stimme sprechen: »Das ist mein geliebter Sohn. An ihm habe ich Freude!«

(Matthäus 3,13-17; Markus 1,9-11; Lukas 3,21-22; Johannes 1,32-34)

Kurz erklärt

Zur Taufe spricht man den Täufling mit seinem Namen an, übergießt seinen Kopf mit Wasser und spricht dazu: »Ich taufe dich im Namen des Vaters und des Sohnes und des Heiligen Geistes. Amen.«

Wusstest du …?

Ursprünglich wurden nur Erwachsene getauft. Aber schon bald taufte man »ein ganzes Haus«, also alle, die zusammen lebten, auch die Kinder. Wenn die Kinder größer sind, sollen sie selbst Ja zu ihrer Taufe sagen: In der Konfirmation oder Firmung bekennen sie sich zu ihrem Glauben.

· standhalten ·

»Amir«, sagt sein Vater: »Ich muss in die Stadt. Gleich wird ein Paket geliefert, das brauche ich dringend. Du bleibst bitte hier und nimmst es an!« Amir protestiert: »Die können es doch vor die Tür stellen. Ich habe gleich Fußball.« Der Vater gibt ein Zeichen der Ablehnung mit der flachen Hand: »Du bleibst hier! Ich warte auf ein wichtiges Ersatzteil. Das nimmst du an.« Der Vater verschwindet, Amir bleibt zurück.

Nach einer halben Stunde klingelt es endlich an der Haustür. Amir denkt sich: »Prima, das wird das Paket sein.« Aber es sind seine Fußballfreunde, die ihn abholen wollen. Er erklärt, warum er nicht weg kann. Eymen schlägt vor: »Mach doch einfach einen Zettel an die Tür. Die sollen das Pakte bei den Nachbarn abgeben.« Amir verdreht die Augen: »Mein Vater würde mich umbringen!« Er bleibt standhaft, die Jungs ziehen ohne ihn ab.

Wieder klingelt es. »Jetzt aber«, freut sich Amir. Doch es ist sein Cousin Salih. Er lädt Amir in die Dönerbude ein. Amir lehnt ab ... das Paket. »Komm schon«, mein Salih, »eine halbe Stunde und du bist wieder hier.« Amir zögert, bleibt aber standhaft.

Der Vater ist schon über eine Stunde weg. Amir bekommt von Eymen eine Nachricht aufs Handy: »Wir brauchen dich hier.« Amir antwortet: »Ich muss noch warten.« Eymen behauptet: »Um diese Zeit kommen doch keine Pakete mehr.« Amir überlegt: »Stimmt eigentlich. Die Post kommt so spät nicht mehr.«

Er will schon seine Jacke überziehen, da überkommt ihn ein schlechtes Gewissen. Nein, er bleibt standhaft.

Endlich: Ein Paketdienst bringt die Sendung. Und fast im gleichen Moment kommt auch sein Vater zurück. Er hat Amir Baklava mitgebracht. »Ess ich nachher!«, ruft Amir und ist schon durch die Tür in Richtung Bolzplatz.

Die Bibel erzählt dazu Folgendes:

Jesus wurde vom Geist Gottes in die Wüste geführt. Dort fastete und betete er 40 Tage lang. Danach hatte er Hunger.

Da kam der Teufel zu ihm und sagte: »Wenn du wirklich Gottes Sohn bist, dann befiehl diesen Steinen, zu Brot zu werden.« Aber Jesus antwortete: »In der Bibel steht geschrieben: Der Mensch lebt nicht vom Brot allein, sondern von jedem Wort aus Gottes Mund.«

Da führte der Teufel Jesus nach Jerusalem. »Wenn du Gottes Sohn bist, dann stürze dich herab. In der Bibel steht ja geschrieben: Seine Engel werden gut auf dich aufpassen. Sie werden dich auf Händen tragen, damit dein Fuß nicht an einen Stein stößt.« Aber Jesus antwortete: »In der Bibel steht auch geschrieben: Du sollst Gott nicht auf die Probe stellen.«

Da nahm der Teufel Jesus mit auf einen hohen Berg. Er zeigte ihm alle Länder der Erde. Er sagte zu ihm: »Ich herrsche über all diese Länder. Wenn du dich vor mich hinkniest und mich anbetest, dann soll das alles dir gehören.« Aber Jesus antwortete: »In der Bibel steht geschrieben: Du sollst dich nur vor Gott hinknien und nur ihm allein dienen.«

Da verließ ihn der Teufel. Es kamen Engel und dienten Jesus.

(Matthäus 4,1-11; Markus 1,12-13; Lukas 4,1-13)

·feiern·

Fünf Jahre – so viele, wie Finger an einer Hand sind. Mit fünf ist man schon ziemlich groß, findet Rosalie: Heute hat sie Geburtstag.

Beim Frühstück lag das Geschenk auf ihrem Platz, die Meerjungfrau-Puppe. Rosalie ist so glücklich. In der Kita durfte sie eine Krone aus Papier aufsetzen. Die Kinder haben ihr ein Lied gesungen. Am Nachmittag kommen ihre fünf besten Freundinnen zu ihr nach Hause. Im Wohnzimmer wurde etwas umgeräumt, damit alle Platz haben. Rosalie ist ganz aufgeregt, denn heute dreht sich alles um sie. Was für ein herrlicher Tag!

Dann will Papa Waffeln backen. Die sind die besten der Welt. Sie müssen ganz frisch sein. Also fängt Papa erst an, als alle Kinder am Tisch sitzen. Er schaltet das Waffeleisen ein, es macht ZISCH, das war's. »Oha, das Waffeleisen hat seinen Geist aufgegeben«, stellt Papa fest und krault sich am Bart. Soll das etwa bedeuten: Es gibt keine Waffeln? Rosalie hat auf einmal ein Gefühl im Bauch, als liege ein Stein darin.

Es klingelt. Frau Runge, die Nachbarin, bringt für Rosalie eine Tüte Gummibärchen. Papa fragt sie: »Sagen Sie, Frau Runge, haben Sie zufällig ein Waffeleisen? Unseres ist gerade kaputtgegangen.« Natürlich hat sie eins. Das wurde zwar lange nicht mehr benutzt, aber es funktioniert. So genießen alle Papas Waffeln, und das komische Gefühl in Rosalies Bauch ist wie verflogen.

Die Bibel erzählt dazu Folgendes:

In Kana fand eine Hochzeit statt. Jesus und seine Jünger waren eingeladen. Seine Mutter Maria war auch da. Alle feierten fröhlich, aber dann meldeten die Diener: *Der ganze Wein ist ausgetrunken.* Maria sagte zu Jesus: »Es ist kein Wein mehr da.« Jesus antwortete: »Warum sagst du mir das? Meine Stunde ist noch nicht gekommen.« Da sagte Maria zu den Dienern: »Tut alles, was Jesus euch sagt.«

Es standen dort sechs große Krüge aus Stein. In jeden passten fast 100 Liter. Jesus sagte zu den Dienern: »Füllt die Krüge mit Wasser.« Sie füllten sie bis zum Rand. Dann befahl Jesus den Dienern: »Bringt dem Küchenchef davon.« Sie taten es. Aus dem Wasser war bester Wein geworden. Der Küchenchef sagte zum Bräutigam: »Normalerweise gibt man den Gästen erst den guten Wein. Wenn die Gäste schon reichlich getrunken haben, gibt man den billigen Wein. Du hast den besseren Wein bis jetzt zurückgehalten.«

Das war das erste Wunder, das Jesus wirkte.

(Johannes 2,1-12)

Kurz erklärt

Die Krüge bewahrten ein Vorrat an Wasser zum Waschen. Nach jüdischem Brauch wäscht man sich vor dem Gebet die Hände; sie werden dabei mit Wasser übergossen.

Mach mit

- Welche Feste feierst du? Persönliche Feste, Feste in der Kirche, im Kindergarten, in der Schule.
- Und was gehört dazu, damit ein Fest ein Fest ist?

· selig sein ·

Hellen und Janina sind beste Freundinnen. Die beiden wohnen in einem Vorort von Augsburg und verbringen jede freie Minute miteinander. Selbstverständlich haben sich beide für die Ferienfreizeit ihrer Kirchengemeinde angemeldet: Drei Wochen soll es mit vielen anderen Kindern nach Österreich gehen.

Doch dann der Schock. Janinas Vater wird Chef in einer Firma in Brandenburg. Sie zieht weg. »Weißt du, wie weit das ist?«, fragt sie weinend: »Über 800 Kilometer!« Hellen ist ganz aufgelöst: »Wir werden uns nie mehr wiedersehen.« Doch Janina verspricht: »Doch, wir besuchen uns gegenseitig.«

Davon erzählt Hellen ihrer großen Schwester Anke: »Janina kommt mich besuchen. Das hat sie versprochen.« Doch Anke verzieht den Mund: »Wer's glaubt, wird selig.« Hellen ist untröstlich.

Die Freundinnen schreiben sich viele Nachrichten hin und her. Aber es ist nicht das Gleiche, wie in echt zusammen zu sein. Dann die große Überraschung: Janina fährt mit Hellens Kirchengemeinde nach Österreich! Ihr Vater bringt sie am Tag vor der Abreise nach Augsburg. Hellen gluckst vor Freude: »Ich bin so selig, dass du da bist!«

Die Bibel erzählt dazu Folgendes:

Jesus sah die vielen Menschen. Er stieg auf einen Berg, um zu ihnen zu sprechen. Seine Jünger waren bei ihm. Jesus sagte:

»Selig sind alle, die erkennen, wie arm sie vor Gott sind,
denn ihnen gehört das Reich Gottes.
Selig sind alle, die traurig sind,
denn sie werden getröstet werden.
Selig sind alle, die sanft sind,
denn ihnen wird die ganze Erde gehören.

Selig sind alle, die hungrig und durstig nach Gerechtigkeit sind,
denn ihr Hunger und Durst werden gestillt werden.
Selig sind alle, die gütig und nachsichtig sind,
denn auch mit ihnen wird man gütig und nachsichtig umgehen.
Selig sind alle, die ein reines Herz haben,
denn sie werden Gott sehen.
Selig sind alle, die sich für den Frieden einsetzen,
denn man wird sie Kinder Gottes nennen.
Selig sind alle, die Nachteile auf sich nehmen, weil sie nach Gottes Willen leben,
denn ihnen gehört der Himmel.
Selig sind alle, die Schwierigkeiten bekommen, weil sie mir nachfolgen,
denn dafür werden sie von Gott belohnt werden.«

(Matthäus 5,1-12; Lukas 6,20-26)

• schlafen •

Am Abend vor Ostern liegen Lasse und sein kleiner Bruder Jonte schon im Etagen-Bett. Lasse liegt oben und darf noch etwas lesen. Der Vater will gerade das große Licht ausmachen, da fragt Jonte: »Papa, warum kann man den Osterhasen nie sehen?« Der Vater wechselt einen kurzen Blick mit Lasse und antwortet Jonte: »Na, weil der immer nachts kommt.« Jonte bettelt: »Darf ich diese Nacht aufbleiben? Ich möchte so gern den Osterhasen sehen. Bitte, Papa.« Der Vater schüttelt den Kopf: »Das geht leider nicht. Der Osterhase kommt nur zu Häusern, wo alle schlafen. An den anderen geht er vorbei. Aber du möchtest doch morgen früh bunte Ostereier finden, oder?« »Ganz viele«, haucht Jonte, schon sehr müde. »Dann schlaf schnell ein«, sagt der Vater, »vielleicht siehst du den Osterhasen in deinen Träumen.« Er macht das Licht aus. Jetzt erhellt nur noch ein schwacher Lichtschein von Lasses Leselampe das Zimmer. Aber Lasse kann sehen, dass sein Vater ihm zuzwinkert.

Die Bibel erzählt dazu Folgendes:

Jesus erzählte den Leuten ein Gleichnis: »Mit Gottes Reich ist es wie mit einem Mann, der Samen auf seinen Acker sät und schlafen geht. Aus der Nacht wird Tag, der Mann steht auf – und der Samen keimt und wächst. Der Mann weiß nicht wie. Die Erde scheint von allein dieses Wunder zu bewirken. Erst kommt ein Hälmchen hervor. Dann ist die Ähre voller Körner. Wenn das Getreide reif ist, legt der Mann die Sichel an. Dann ist die Zeit der Ernte da.«

(Markus 4,26-29)

• wachsen •

»Ja, sag mal: Dir kann man ja beim Wachsen zugucken!«, sagt Tante Monika, als sie Holger sieht: »Du bist ja groß geworden!« Holger strahlt: »Ich bin schon fast einen Meter groß!« »Einen Meter?«, wundert sich die Tante. »Du wirst doch jetzt erst 4! Und wie groß möchtest du noch werden?« Holger überlegt kurz, presst dabei die Lippen aufeinander und gibt bekannt: »Drei Meter.« Da muss die Tante lachen: »Drei Meter? Dann passt du ja in kein Haus mehr und durch keine Tür. Und auch nicht in ein Auto.« »Na gut«, sagt Holger, »aber mindestens so groß wie Papa.«

Die Bibel erzählt dazu Folgendes:

Jesus sagte: »Womit kann ich das Reich Gottes vergleichen? Es ist wie ein Senfkorn. Das ist ja ein ganz kleines Samenkorn. Wenn es aber in die Erde gesät wird, dann geht es auf – und wächst und wächst. Es wird größer als andere Pflanzen. Im Schatten seiner großen Zweige nisten dann die Vögel des Himmels.«

(Markus 4,30-32)

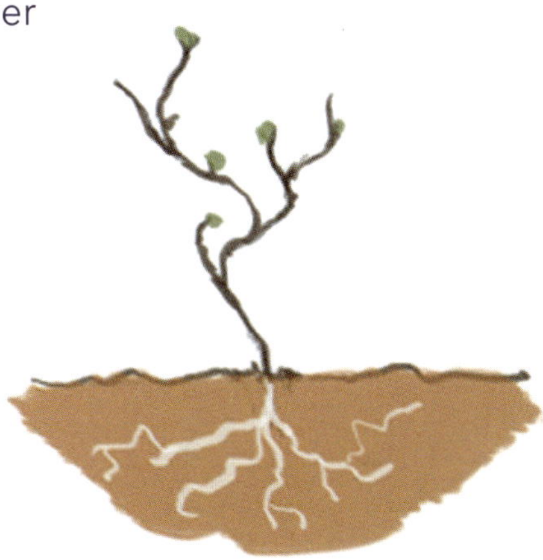

· beten ·

Caroline hört gespannt zu, was Oma Trude erzählt: »Da fahre ich über die Autobahn, gottlob auf der rechten Spur, und auf einmal ruckelt der Wagen. Er zieht nicht mehr. Das Auto wird immer langsamer … ich lenke es auf den Seitenstreifen: Das Auto steht!« Caroline fragt: »Was hast du dann gemacht?« Oma antwortet, dass sie den Pannendienst angerufen habe: »Das dauerte dann aber eine ganze Weile, bis die kamen. Ich bin erst einmal raus aus dem Wagen. Die orangene Warnweste angezogen und über die Leitplanke geklettert.« Da muss Caroline lachen, wenn sie sich vorstellt, wie Oma über die Leitplanke geklettert ist. »Und dann?«

Caroline drängt die Oma weiterzuerzählen. Oma Trude sagt: »Dann habe ich gebetet.« »Gebetet?« Caroline kann sich das nicht vorstellen: »Ja, was denn?« Die Oma faltet die Hände: »Dann habe ich das Vaterunser gebetet. Ich wurde sofort ruhiger. Ich wusste, egal, was passiert, Gott verlässt mich nicht.« »Und dein Auto war kaputt?«, will Caroline wissen. Oma Trude hält kurz die Hände vors Gesicht: »Ach, das darf man keinem erzählen … es war einfach kein Benzin mehr drin.« Beide lachen herzhaft.

Die Bibel erzählt dazu Folgendes:

Einmal baten die Jünger Jesus: »Sag uns, wie wir beten sollen.« Da sprach Jesus: »Wenn ihr betet, sprecht so:

Unser Vater im Himmel!
Dein Name soll uns heilig sein.
Dein Reich komme zu uns.
Dein Wille geschehe im Himmel und auf der Erde.
Gib uns täglich Brot zum Leben.
Vergib uns die Sünden.
Auch wir vergeben allen, die an uns schuldig geworden sind.
Führe uns nicht in Versuchung.
Rette uns vor allem Bösen.«

(Matthäus 6,9-13; Lukas 11,1-4)

Wusstest du …?

Das Vaterunser beten alle Christen: Ob sie katholisch oder evangelisch sind, orthodox oder anglikanisch, ob sie zu den Mennoniten oder zur Heilsarmee gehören – und wie die verschiedenen Kirchen auch alle heißen. Das »Gebet des Herrn« kennen alle.

Mach mit

Das Vaterunser betet man auf der ganzen Welt. Erkennst du die Sprachen?

1. Onze Vader, 2. Notre Père, 3. Doa baba kami, 4. Padre nostro, 5. Our Father, 6. Isä Meidän, 7. Wǒmen de fùqīn, 8. Ojcze nasz, 9. Pai Nosso, 10. Patro Nia.

[1. Niederländisch, 2. Französisch, 3. Indonesisch, 4. Italienisch, 5. Englisch, 6. Finnisch, 7. Chinesisch, 8. Polnisch, 9. Portugiesisch, 10. Esperanto]

• trinken •

An einem heißen Sommertag ist Quentin mit seinem Vater auf der Autobahn unterwegs. »Mir ist langweilig«, nörgelt Quentin auf der Rückbank, »und ich hab' Durst.« »Nichts mehr zu trinken da?«, fragt der Vater. Quentin gibt zurück: »Die Wasserflasche ist seit einer Stunde leer.« »Na gut«, beruhigt ihn der Vater, »an der nächsten Raststätte machen wir eine Pause und kaufen Wasser. In spätestens 20 Minuten dürfte die nächste Tankstelle kommen.«

Aber schon kurze Zeit später geraten sie in einen Stau. Der Verkehr fließt nur im Schneckentempo. Mal stehen alle Autos, dann fahren sie ein paar Meter. Dann steht wieder alles. »Ich verdurste!«, jammert Quentin. Der Vater reagiert genervt: »Junge, ich will auch trinken! Wenn ich könnte, würde ich jetzt abheben und davonfliegen. Geht aber nicht.« Das Ganze zieht sich über eine Stunde.

Als sie dann in der Raststätte sitzen, darf Quentin eine große Limo trinken. Der Vater kauft eine Flasche stilles Wasser: »Für Durst immer noch das Beste!«

Die Bibel erzählt dazu Folgendes:

An einem heißen Mittag setzte sich Jesus in Sychar, einer Stadt in Samarien an einen Brunnen. Er war allein. Dann kam eine Frau, um Wasser zu schöpfen. Jesus bat sie: »Gibst du mir auch was zu trinken?« Sie fragte: »Du bist ein Jude, ich eine Samaritanerin. Du darfst doch gar nicht mit mir sprechen!« Jesus antwortete: »Du weißt nicht, wer ich bin. Sonst hättest du mich gebeten, dir lebendiges Wasser zu geben.« Die Frau verstand ihn nicht: »Du hast doch nichts zum Schöpfen dabei und der Brunnen ist tief. Wie soll das funktionieren?« Jesus sprach: »Wer das Wasser aus diesem Brunnen trinkt, der wird wieder durstig werden. Wer aber das Wasser trinkt, das ich ihm gebe, der wird nie mehr Durst haben.« Da bat ihn die Frau: »Von diesem Wasser hätte ich gern, damit ich nie mehr Durst habe. Denn das Wasserschöpfen ist so anstrengend.«

Jesus forderte sie auf: »Geh, ruf deinen Mann herbei.« »Ich habe keinen«, sagte sie. Jesus stimmte ihr zu: »Ja, fünf Männer hast du gehabt. Und der, mit dem du jetzt zusammenlebst, ist gar nicht dein Mann.« Die Frau bekannte: »Du bist ein Prophet. Wir Samaritaner beten Gott auf diesem Berg an. Ihr Juden sagt, Jerusalem sei der richtige Ort, wo man Gott anbeten muss.« Jesus sprach: »Bald ist es so weit: Dann spielt es keine Rolle mehr, wo man Gott anbetet.« Die Frau sagte: »Ich weiß: Eines Tages kommt der Messias!« Jesus sprach: »Ich bin es, der mit dir spricht.«

(Johannes 4,6-26)

· verdienen ·

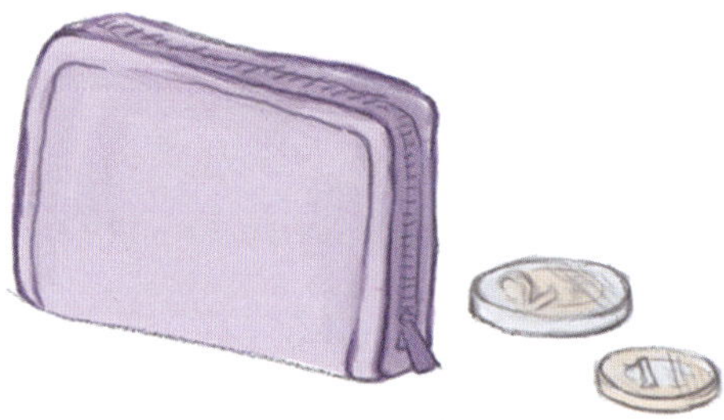

Auf dem Heimweg von der Schule findet Diego eine kleine Geldbörse. Sie liegt auf einem Mäuerchen. Er öffnet sie: Es sind knapp fünf Euro drin. Diego freut sich über das Geld, aber dann meldet sich sein Gewissen. Er nimmt die Geldbörse mit nach Hause. Gemeinsam mit seiner Mutter schütten sie den ganzen Inhalt aus: das Geld, ein paar Kassenbons, das Schwarz-Weiß-Foto einer jungen Frau und ein Kärtchen mit Namen und Adresse.

»Müssen wir das zur Polizei bringen?«, fragt Diego. Die Mutter schüttelt den Kopf: »Nein, dafür ist es zu wenig Geld. Aber das Foto wird jemand vermissen. Weißt du was, wir bringen die Geldbörse zu der Adresse, die auf dem Kärtchen steht: *Carlos Martinez, 27 Calle Sevilla.* Das ist ja ganz in der Nähe.«

Eine Viertelstunde später klingeln die beiden bei Herrn Martinez. Ein alter Mann öffnet die Tür und fragt: »Buen dia?« Diegos Mutter berichtet, dass ihr Sohn die Geldbörse gefunden habe. Da strahlt Herr Martinez: »Oh, du guter Junge, ich danke dir sehr.« Er nimmt die Geldbörse entgegen und öffnet sie: »Da ist ja kaum Geld drin … aber ein Foto von meiner Frau – als wir frisch verheiratet waren, vor mehr als 50 Jahren. Nun ist sie im letzten Winter gestorben. Junge, mach mal deine Hand auf.« Diego öffnet die rechte Hand, Herr Martinez schüttet die Münzen hinein: »Das hast du dir verdient. Gott segne dich!«

Die Bibel erzählt dazu Folgendes:

Jesus kam in die Stadt Kafarnaum. Dort lebte ein römischer Hauptmann. Sein Diener war todkrank. Der Hauptmann hörte, dass Jesus in der Stadt sei. Er bat einige Juden, zu Jesus zu gehen. Die sollten ihn bitten, zu ihm zu kommen, um seinen Diener zu retten.

Die Juden gingen zu Jesus und baten ihn eindringlich, zum Hauptmann zu gehen: »Das ist ein guter Mann. Er liebt unser Volk. Er hat sogar den Bau der Synagoge bezahlt. Er hat es verdient, dass du ihm hilfst.« Da ging Jesus mit ihnen.

Aber noch bevor sie am Haus des Hauptmanns angekommen waren, schickte der seine Freunde zu Jesus und ließ ihm sagen: *Herr, ich bin es nicht wert, dass du in mein Haus kommst. Es genügt, wenn du ein Wort sagst – dann wird mein Diener gesund. Ich selbst muss Befehlen gehorchen. Und meine Soldaten gehorchen meinen Befehlen. Sage ich zu einem: Komm, dann kommt er. Sage ich: Geh, dann geht er.«*

Jesus war sehr erstaunt und sagte: »In ganz Israel habe ich nicht so einen starken Glauben gefunden!« Als die Freunde des Hauptmanns von Jesus zu ihm zurückkamen, war der Diener schon gesund.

(Matthäus 8,5-13; Lukas 7,1-10; Johannes 4,46-53)

Kurz erklärt

Zur Zeit Jesu war das Land Israel von den Römern besetzt. Die Römer hatten die Macht, deswegen wollten die Juden mit ihnen nichts zu tun haben. Außerdem glaubten die Römer an viele verschiedene Götter, die Juden aber nur an den einen Gott. Der römische Hauptmann ist also ein Fremder, ein Gegner … und vertraut doch auf Jesus. Der Hauptmann hat es nicht *verdient*, dass Jesus ihm hilft, aber er tut es doch.

• still sein •

Amelie darf mit ihrer Mutter in die Stadt fahren. Im Auto hören sie Musik aus dem Radio. Nachdem sie geparkt haben, gehen sie in ein Kaufhaus. Hier dudelt auch Musik, zwischendurch kommen Lautsprecherdurchsagen. Wieder draußen, empfängt die beiden der Lärm der Straßen: Auf der einen hört man Martinshörner von Polizeiwagen. Auf einer anderen Straße findet eine Demonstration statt. Die Menschen rufen im Chor Parolen. Auf dem Marktplatz preisen die Händler schreiend ihre Waren an. Ein Straßenmusiker singt zur Musik aus einem Verstärker. In einer Bäckerei essen Amelie und ihre Mutter ein Stück Butterkuchen; hier hallen die Gespräche der vielen Leute durch den Raum.

»Und jetzt gehen wir noch kurz in die Martinskirche«, schlägt die Mutter vor. Schon als sie durch die Eingangstür gehen, wird es viel leiser. Alle Geräusche von außen hört man nur noch gedämpft. Dann gehen sie die Wendeltreppe nach unten und kommen in die Krypta. Dort ist es absolut still. Ein paar Minuten sitzen Amelie und ihre Mutter schweigend da.

Als sie wieder draußen auf der Straße sind, sagt Amelie: »Das war richtig gut!«

Die Bibel erzählt dazu Folgendes:

Jesus stieg mit seinen Jüngern in ein Boot. Sie fuhren über den See ans andere Ufer. Plötzlich kam ein heftiger Sturm auf. Wasser schwappte ins Boot. Doch Jesus schlief hinten im Boot seelenruhig auf einem Kissen! Die Jünger weckten ihn: »Herr, wir gehen unter. Tu doch was!« Jesus sagte: »Warum habt ihr denn solche Angst? Vertraut ihr mir nicht?« Da stand er auf und befahl dem Wind: »Schweig!« Da war es auf einmal absolut still. Die Jünger waren beeindruckt: »Was ist das nur für ein außergewöhnlicher Mensch! Sogar der Wind und der See gehorchen ihm.«

(Matthäus 8,23-27; Markus 4,35-41; Lukas 8,22-25)

Kurz erklärt

Eine »Krypta« ist eine »Unterkirche«, also ein Raum für den Gottesdienst unter der Kirche.

Mach mit

Kleine Stille-Übung: Setze dich irgendwo bequem hin, wo es ruhig ist: dein Zimmer, eine Kirche, eine Wiese. Schalte dein Handy aus. Lege die Hände ineinander. Schließe die Augen. Atme bewusst: ein und aus, ein und aus, ein und aus. Lass die Gedanken kommen und gehen. Sage zu Gott: Hier bin ich. – Das wird dir gut tun. Hältst du drei Minuten durch?

• gehen •

Marina ist eine gute Turnerin. Aber heute hat sie sich beim Turnen vor dem Haus irgendwie das Knie verdreht. Sie schreit auf, weil es so weh tut. Ihre Mutter kommt sofort aus dem Haus und trägt Marina aufs Sofa. Da schellt schon die Nachbarin. »Ich habe Marina schreien gehört«, sagt sie, »soll ich mal gucken?« Die Nachbarin ist nämlich Krankenschwester. Sie schaut sich das Knie an: »Scheint zum Glück nur verstaucht zu sein. Erst mal kühlen.« Die Mutter holt Eiswürfel, wickelt sie in ein Handtuch und legt es auf das Knie. Das wird auf Kissen hochgelagert. Die Nachbarin holt noch einen Kompressionsverband; den soll die Mutter später über das Knie ziehen. »Fräulein Marina«, sagt die Nachbarin: »Drei Tage lang bewegst du dich nicht. Sei vernünftig! Mit einer Verletzung am Knie ist nicht zu spaßen.« – »Drei Tage?«, fragt Marina ungläubig. Die Nachbarin sagt: »Mindestens!«

Also gut, Marina liegt auf dem Sofa. Die Mutter schaltet ihr den Fernseher ein. Dann möchte Marina sich in der Küche etwas zu trinken holen. »Bleib liegen«, befiehlt die Mutter, »du sollst nicht gehen.« »Aber ich muss mal«, drängelt sie Marina. Die Mutter stützt sie. Das Herumliegen macht Marina ganz zappelig.

Als sie nach drei Tagen ihr Knie wieder belasten und normal gehen kann, strahlt Marina: »Mama, ich hätte nie gedacht, wie schön es ist, nicht mehr humpeln zu müssen: Ich kann wieder richtig gehen!«

Die Bibel erzählt dazu Folgendes:

Jesus weilte mit seinen Jüngern in Kafarnaum. In das Haus, in dem sie waren, waren viele Leute gekommen. Sogar vor der Tür saßen sie. Alle wollten hören, was Jesus über Gottes Reich sagte.

Da kamen vier Männer, die trugen einen gelähmten Mann auf einer Tragbahre. Weil sie wegen der vielen Leute nicht zu Jesus durchkamen, stiegen sie auf das Dach des Hauses. Sie schlugen ein Loch durch die Decke und ließen den gelähmten Mann auf der Tragbahre mit Seilen vor Jesus hinab. Jesus war beeindruckt. Er sagte zu dem gelähmten Mann: »Deine Sünden sind dir vergeben.« Ein paar Religionsgelehrte fanden das überheblich und dachten: »Was bildet der sich denn ein? Nur Gott kann Sünden vergeben!« Jesus kannte ihre Gedanken und fragte: »Was ist denn leichter: Sünden zu vergeben oder zu sagen: *Steh auf, nimm deine Tragbahre, denn du kannst wieder gehen*? Ihr sollt aber sehen, dass ich dies vermag!«

Dann wandte er sich an den gelähmten Mann und sprach: »Steh auf, nimm deine Tragbahre und geh nach Hause!« Da stand der Mann auf und nahm seine Tragbahre. Alle konnten sehen, wie er nach Hause ging. Alle waren aufgeregt, sie priesen Gott und sagten: »So etwas haben wir noch nie gesehen!«

(Matthäus 9,1-8; Markus 2,1-12; Lukas 5,17-26)

• Frucht bringen •

Feuerwehr, Polizei und Krankenwagen eilen mit Tatütata zur Bonifatiusstraße 14. Viele Schaulustige kommen herbei. »Was ist passiert?«, will jeder wissen. In dem Haus wohnt Familie Voss. Man macht sich Sorgen: »Hoffentlich ist keinem etwas zugestoßen!« Bald ist das Feuer aus. Dampf steigt auf. Über schwarz verkohlten Mauern sieht das Dach mit seinem großen Loch so aus, als hätte ein Riese hineingebissen.

Pfarrer Matthiesen steigt auf ein Mäuerchen und ruft der Menge zu: »Liebe Mitbürgerinnen und Mitbürger, Familie Voss hat ihr Haus verloren. Wir quartieren sie erst einmal im Gemeindezentrum ein. Diese Familie braucht jetzt wirklich alles! Möbel, Kleidung, Geschirr, Spielzeug. Bitte geben Sie großzügig ab, was Sie übrighaben. Wir nehmen im Gemeindezentrum Geld und Sachspenden entgegen. Lassen Sie uns – wie es in der Bibel heißt – viel Frucht bringen. Ich danke Ihnen.«

Bei den Zuschauern stehen auch die vier Freundinnen Lilo, Fatma, Resi und Olga. Lilo hört über Ohrhörer Musik; vom Aufruf des Pfarrers bekommt sie nichts mit. Fatma sagt aufgewühlt: »Diese armen Leute! Wir müssen etwas tun!« Doch dann ruft ihr Bruder an: »Ich soll sofort in die Eisdiele kommen, er gibt mir was aus! Bis morgen.« Resi verschränkt die Arme: »Warum hat es da überhaupt gebrannt? Waren die unvorsichtig? Haben die Kinder gezündelt? Bevor ich mich da jetzt einsetze, überlege ich mir das erst noch mal!«

Olga zeigt ihren Freundinnen einen Vogel und macht sich auf den Weg nach Hause. Sie packt in einen Karton eine Puppe, ein Puzzle, drei Bücher, ein paar Malstifte, einen Pulli und eine Rolle Kekse. Den Karton bringt sie noch am gleichen Tag ins Gemeindezentrum.

Die Bibel erzählt dazu Folgendes:

Weil ihn so viele hören wollten, fuhr Jesus mit dem Boot etwas auf den See hinaus. Von dort sprach er zu den Menschen am Ufer. Er erzählte ihnen ein Gleichnis: »Ein Sämann ging aufs Feld, um zu säen. Ein Teil der Körner fiel auf den Weg. Die Vögel kamen und fraßen sie. Andere Körner fielen auf felsigen Boden. Weil dort Erde nur eine dünne Schicht war, ging die Saat sofort auf. Doch weil sie kaum Wurzeln hatte, verdorrte sie genauso schnell, als die Sonne am Himmel stand. Wieder ein anderer Teil der Körner fiel unter Dornen. Die Dornen wuchsen und erstickten die Saat. Und noch ein Teil fiel auf guten Boden: Diese Körner brachten viel Frucht – dreißig-, sechzig-, hundertmal so viel. Wer Ohren hat, der höre gut zu!«

(Matthäus 13,1-9; Markus 4,1-8; Lukas 8,4-8)

Kurz erklärt

Das Gleichnis vom Sämann erklärt Jesus selbst: Der Samen ist das Wort Gottes. Es soll in uns – bildlich gesprochen – auf guten Boden fallen, damit es Wurzeln schlagen und Frucht bringen kann. Kurz gesagt: An unseren Taten soll man erkennen können, dass wir an Gott glauben.

Gebet

Gib den Boten Kraft und Mut,
Glauben, Hoffnung, Liebesglut,
lass du reiche Frucht aufgehn,
wo sie unter Tränen sän.
Erbarm dich, Herr.

Dies ist eine Strophe aus dem Lied »Sonne der Gerechtigkeit«.

· entdecken ·

Eduard ist Briefmarkenliebhaber und immer auf der Suche nach neuen Schätzen. Sein ganzes Taschengeld steckt er in diese Leidenschaft. Sein Freund Lars neckt ihn manchmal: »Edi, du spinnst doch! Gibst dein Geld für diese bunten Papierfetzchen aus.« Eduard verteidigt sich: »Briefmarken sind eben einfach wichtig für mich!« Einmal streift er durch einen Trödelladen. Da stößt er auf ein altes Briefmarkenalbum. Neugierig blättert er es durch. Fast alle Marken hat er schon. Uninteressant. Doch dann entdeckt er einen Umschlag. Der wurde im Jahr 1904 nach Radebeul bei Dresden geschickt – von Tonga aus! Eduard ist wie elektrisiert. Er klappt das Album zu und fragt den Trödelhändler, was es kosten soll. »40 Euro!« Das ist viel. Eduard nimmt sein Handy aus der Hosentasche. »Was bekomme ich hierfür?« Der Trödler grinst: »Das ist ja uralt. Fünf Euro, wenn du hier etwas kaufst.«

Zu Hause schlachtet Eduard sein Sparschwein; rund sechs Euro sind darin. Plus die fünf Euro für das Handy. Fehlen immer noch fast 30. Eduards Nachbar betreibt eine Wäscherei. Eduard fragt ihn, ob er bei ihm etwas Geld verdienen kann. Ja, er soll Kartons klein reißen und in eine Papiertonne stopfen. Dann fegt Eduard den Hof und räumt Konservendosen in ein Regal ein. Mit vier Euro Lohn kommt er müde heim. Seine Mutter bittet er noch um einen Taschengeldvorschuss.

Am nächsten Tag geht Eduard mit Lars zum Trödelladen. Lars trägt den Leuchtglobus. Eduard schleppt zwei Taschen, darin sein Mikroskop, ein Computerspiel, das *Guinness-Buch der Rekorde*, die Figur eines ägyptischen Gottes und andere Sachen, von denen er sich trennen will, um das Album kaufen zu können.

Der Trödelhändler begutachtet die Sachen. »20«, sagt er schließlich. »Nur?«, fragt Eduard bestürzt. Lars will ihn zurückhalten: »Edi, du spinnst doch, all die schönen Sachen für ein paar olle Marken?« Aber Eduard willigt ein, und legt sein ganzes Bargeld auf den Ladentisch, etwa 13 Euro. Der Trödler schüttelt den Kopf: »Da fehlt immer noch was auf 40.« Eduard nimmt sein Handy aus der Hosentasche. »Sie haben gesagt, dafür kriege ich fünf Euro.« »Tu's nicht«, flüstert Lars. Aber Eduard tut es doch. Der Trödelhändler nickt: »In Ordnung.« Eduard nimmt das Album an sich wie einen Schatz und drückt es an die Brust. Draußen vor dem Laden meint Lars: »Edi, das werd' ich nie kapieren!« Eduard schließt die Augen und lächelt glücklich: »Das kapiert man nur, wenn man Briefmarken liebt.«

Die Bibel erzählt dazu Folgendes:

Jesus erzählte ein Gleichnis: »Das Reich Gottes ist wie ein Acker, in dem ein Schatz vergraben ist. Ein Mann entdeckte ihn, grub ihn aber wieder ein. Dann verkaufte er alles, was er besaß. Mit dem Geld kaufte er den Acker.

Das Reich Gottes gleicht einem Kaufmann, der eine besonders schöne Perle suchte. Als er eine solche gefunden hatte, verkaufte er alles, was er besaß. Mit dem Geld kaufte er die Perle.«

(Matthäus 13,44-46)

•satt werden•

Alissa berichtet beim Abendessen: »Nächsten Monat fahren wir mit der Bibel-Kids-Gruppe in eine Jugendherberge. Wohin, habe ich vergessen. Am ersten Wochenende im Mai.« Papa reicht ihr eine Scheibe Brot: »Dann iss dich schon mal satt, das Essen da ist fürchterlich!« »Ach, Ansgar, mach das Mädchen doch nicht verrückt«, schaltet sich Mama ein. »Doch«, behauptet Papa: »Lauwarmer Hagebuttentee, total weiche Ravioli aus der Dose, trockenes Graubrot.« »Alissa, hör nicht auf deinen Vater«, sagt Mama und will Papa im Spaß den Mund zuhalten: »Das war vor 30 Jahren so. Wie lange warst du nicht mehr in einer Jugendherberge?«

Alissa macht sich seit diesem Abendessen echte Sorgen, in der Jugendherberge nicht satt zu werden. Als es dann losgeht, hat sie zur Sicherheit drei Äpfel, eine Rolle Kekse, eine Tafel Schokolade und zwei hart gekochte Eier im Gepäck.

In der Jugendherberge zeigt sich schnell: Alle Bedenken waren überflüssig. Man kann zwischen zwei Hauptmahlzeiten wählen, eine ist immer vegetarisch, sogar vegane Sachen stehen zur Verfügung. Obst, Salat, Müsli, Säfte ... Alissa wird nicht nur satt: Ihre mitgenommenen Lebensmittel rührt sie gar nicht an und bringt sie wieder mit nach Hause.

Die Bibel erzählt dazu Folgendes:

Dauernd wollten die Leute was von Jesus. Manchmal kamen er und seine Jünger nicht einmal zum Essen. Deswegen fuhren sie mit dem Boot in eine einsame Gegend am See Genezareth. Dort wollten sie zur Ruhe kommen. Die Leute hatten allerdings gesehen, wie sie abfuhren. Sie liefen zu Fuß dorthin, wohin Jesus unterwegs war, und kamen noch vor ihm an.

Als Jesus ausstieg, sah er die vielen Menschen. Er hatte Mitleid mit ihnen. Sie kamen ihm vor wie Schafe, die keinen Hirten haben. Jesus sprach lange zu ihnen über Gott und sein Reich. Er heilte die Kranken.

Am Abend kamen die Jünger zu Jesus und sagten: »Es wird spät und die Gegend ist einsam. Schick die Leute weg, damit sie in den Bauernhöfen und Dörfern etwas zu essen kaufen können.« Jesus sagte: »Gebt ihr ihnen zu essen.« Sie verstanden ihn nicht: »Sollen wir Brot für die Leute kaufen?« Jesus fragte: »Wieviel Brote habt ihr denn?« Sie zählten nach: »Fünf Brote, außerdem noch zwei Fische.«

Dann befahl Jesus, die Leute sollten sich in kleinen Gruppen ins Gras setzen. Er nahm die fünf Brote und die zwei Fische und sah zum Himmel. Er dankte Gott für diese Gaben. Dann brach er das Brot in Stücke und gab es den Jüngern, die sollten es an die Leute verteilen. Auch die Fische ließ er verteilen. Über fünftausend Menschen bekamen genug zu essen und wurden satt. Als sie die Reste einsammelten, wurden zwölf Körbe voll.

(Matthäus 14,13-21; Markus 6,30-44; Lukas 9,10-17)

• vertrauen •

Die Kinder spielen das Vertrauens-Spiel. Erst braucht man ein freiwilliges Kind. Oskar meldet sich sofort. Er soll ein anderes Kind aussuchen, dem er vertraut. Oskar wählt Kevin aus. Alle Kinder sitzen im Kreis, in der Mitte ist viel Platz. Oskar bekommt die Augen verbunden. Nun dreht ihn Kevin ein paar Mal im Kreis, ganz vorsichtig.

In der Zwischenzeit hat ein anderes Kind einen Stuhl in den Raum gestellt. Nun gibt Kevin Anweisungen, was Oskar zu tun hat: »Umdrehen.« Oskar dreht sich um. »Jetzt zwei Schritte nach vorn.« Oskar geht ganz kleine Schritte. Die Kinder kichern. »Noch einen, etwas nach links.« Oskar geht noch einen Schritt, ein wenig nach links. »Nun wieder umdrehen.« Oskar dreht sich um. »Jetzt ganz wenig zurück. Nur ein bisschen.« Jetzt wird es still. Kevin gibt die Anweisung: »Hinsetzen!« Oskar zögert. *Kann ich Kevin wirklich vertrauen? Was, wenn da kein Stuhl steht?*

Oskar setzt sich – auf den Stuhl. Alle applaudieren. Das hat ja wirklich super geklappt!

Die Bibel erzählt dazu Folgendes:

Jesus forderte seine Jünger auf, mit dem Boot über den See zu fahren. Jesus selbst stieg auf einen Berg, um dort zu beten, ganz allein.

Es wurde Nacht. Ein Sturm warf das Boot auf dem See hin und her. Da kam Jesus zu den Jüngern. Er ging über den See. Die Jünger erschraken. Sie dachten, da käme ein Gespenst. Sie schrien vor Angst. Aber Jesus sagte zu ihnen: »Ich bin es. Vertraut mir. Ihr braucht keine Angst zu haben.«

Da sagte Petrus: »Herr! Wenn du es wirklich bist – dann befiehl mir, auf dem Wasser zu dir zu kommen.« Jesus antwortete:

»Komm!« Da stieg Petrus aus dem Boot und ging über das Wasser zu Jesus. Auf einmal fiel ihm auf, wie heftig der Sturm war. Da bekam er wieder Angst. Er begann unterzugehen und rief: »Herr! Rette mich!« Jesus streckte sofort seine Hand aus. Er hielt Petrus fest und sagte: »Warum vertraust du mir nicht? Dein Glaube ist klein.«

Jesus und Petrus stiegen zu den anderen Jüngern ins Boot. Der Sturm hörte auf. Die Jünger knieten sich vor Jesus und sagten: »Wirklich: Du bist Gottes Sohn!«

(Matthäus 14,22-33; Markus 6,45-52; Johannes 6,15-21)

Angst haben

»Bitte, bleib noch!«, bettelt Teresa. Papa hat ihr gerade eine Geschichte vorgelesen, dann haben die beiden noch gebetet. Jetzt wird das Licht ausgemacht. »Papa, ich habe Bauchschmerzen.« »Oh, woher das denn? Hast du was gegessen, was du nicht vertragen hast?«, fragt Papa. Teresa schüttelt den Kopf: »Ich hab' so Angst.« »Wovor denn?« Teresa sagt: »Dass sich ein Monster im Schrank versteckt hat. Oder unterm Bett. Und dass nachts Einbrecher kommen und mich klauen.« Papa gibt Teresa einen Kuss: »Das ist viel Angst auf einmal. Aber ich kenne das. Als ich ein Kind war, ging's mir genauso.« Papa öffnet den Schrank: »Hier ist kein Monster drin.« Dann kniet er sich und sieht unterm Bett nach: »Auch niemand. Und wegen der Einbrecher: Ich lasse die Zimmertür einen Spalt offen und im Flur das Licht an. Wir sind hier und passen auf dich auf. Und wenn was ist, rufst du! Außerdem haben wir doch gerade gebetet: Gott passt auf dich auf, kleine Maus!«

Am nächsten Tag bastelt Papa mit Teresa Monster und Einbrecher aus Knetgummi. Dann darf sie die mit ihren Fingern zerquetschen. »Das ist prima«, sagt Teresa. Als Papa am Abend wieder an ihrem Bett sitzt, fragt er: »Soll ich noch mal im Schrank nachsehen, ob da ein Monster drin ist?« Teresa antwortet: »Das habe ich eben selbst schon gemacht. Du kannst gehen. Aber die Tür lässt du einen Spalt auf, ja?«

Die Bibel erzählt dazu Folgendes:

Jesus ging mit Petrus, Jakobus und Johannes auf einen hohen Berg. Auf dem Berg wurde Jesus auf einmal verklärt: Sein Gesicht leuchtete wie die Sonne und seine Kleider wurden weiß wie das Licht. Da kamen Mose und Elija und sprachen mit Jesus. Petrus sagte ganz überwältigt: »Wie gut, dass wir hier sind! Ich kann drei Hütten bauen: eine für dich, eine für Mose und eine für Elija.«

Während er noch sprach, kam eine Wolke und warf ihren Schatten auf sie. Aus der Wolke sprach eine Stimme: »Das ist mein geliebter Sohn! Hört auf ihn!« Als die Jünger das hörten, knieten sie sich auf den Boden und legten den Kopf auf die Erde, denn sie hatten auf einmal große Angst. Aber Jesus fasste sie an und sagte. »Steht auf, ihr braucht keine Angst zu haben.« Als sie die Augen wieder aufmachten, sahen sie niemand mehr außer Jesus. Der schärfte ihnen ein: »Erzählt niemandem, was ihr erlebt habt!«

(Matthäus 17,1-9; Markus 9,2-10; Lukas 9,28-36)

Kurz erklärt

Diese biblische Geschichte wird jedes Jahr im Gottesdienst vorgelesen. Den Festtag der »Verklärung des Herrn« feiern Katholiken am 6. August, evangelische Christen am letzten Sonntag nach Epiphanias.

Gebet

Gott, vor Diktaten ist mir bange, vor Krimi-Filmen auch,
und wenn es nachts gewittert, leg ich mich auf den Bauch.

Immer nur den Starken spielen, manchmal wird's zur Qual!
Sich fürchten ist nicht schlimm, es ist sogar normal!

Wenn dann ein Mensch mich tröstet, vergeht die Angst im Nu.
Und durch den lieben Menschen sprichst eigentlich dann du.

•wichtig sein•

Merlin ist ein stiller Junge. Er spricht nur das Nötigste. In seiner Klasse kommt er sich oft wie ein Außenseiter vor, weil er nicht mit den anderen Fußball spielt und den Quatsch nicht mitmacht, wenn Jungs Mädchen ärgern. Einmal klagt er zu Hause: »Ich bin für die total unwichtig. Ob ich da bin oder nicht, das merken die gar nicht.«

Seine Mutter hat eine Idee. Sie geht mit Merlin zum *Tag der offenen Tür* der Musikschule. Da kann man alle möglichen Musikinstrumente kennenlernen: Trompete, Klavier, Schlagzeug, Querflöte, Geige und so weiter. Merlin ist von einem Instrument sofort hin und weg: dem Kontrabass. »Etwas Größeres kannst du dir nicht aussuchen?«, fragt seine Mutter grinsend. Merlin kontert: »Harfe ist größer!«

Jetzt lernt Merlin Kontrabass spielen, es gibt das Instrument in Kindergröße. Der Kontrabass macht einen wunderbaren Grund-Ton – wie ein Fundament für die Töne der anderen Instrumente. Und wenn Merlin mit anderen zusammen Musik macht, dann hört und spürt er, wie wichtig er ist.

Die Bibel erzählt dazu Folgendes:

Jesus wanderte mit seinen Jüngern durchs Land. Sie kamen in das Dorf Kafarnaum. Als sie dort in einem Haus waren, fragte Jesus seine Jünger: »Worüber habt ihr euch unterwegs unterhalten?« Keiner sagte was, es war ihnen unangenehm: Sie hatten nämlich darüber geredet, wer von ihnen der Wichtigste ist.

Jesus rief alle Jünger zusammen. Sie saßen beieinander und Jesus sagte: »Könige herrschen über ihre Länder. Die Mächtigen lassen sich gern bedienen. Aber bei euch soll es genau umgekehrt sein: Der Anführer soll die anderen bedienen.«

Dann rief er ein Kind herbei. Er stellte es in die Mitte, dann nahm er es auf seine Arme und sagte: »Wer ein Kind wie dieses aufnimmt, der nimmt mich auf. Und wer mich aufnimmt, der nimmt Gott auf, der mich zu euch geschickt hat.«

(Matthäus 18,1-5; Markus 9,33-37; Lukas 9,46-48; 22,24-30)

Gedicht

Einen Namen hat jedes Kind,
damit jeder weiß, wer wir sind.
Ohne Namen, das leuchtet mir ein,
könnten wir gar nicht Menschen sein.
Die Fülle der Namen ist ungezählt,
einer wurde für mich gewählt.
Er begleitet mich und egal wie ich heiß:
Es ist gut, dass Gott meinen Namen weiß.

• Mitleid haben •

Pit fährt auf dem Skateboard in die Bahnunterführung, da stoppt ihn ein ausgestreckter Arm. Pit stürzt hart zu Boden. »Nicht so flott, Kleiner«, sagt ein Jugendlicher mit unangenehmer Stimme. Pit rappelt sich auf. Ihm tut alles weh. Er sagt: »Sorry, ich habe dich nicht gesehen.« »Du duzt mich?« Der Jugendliche versetzt ihm einen Tritt. Pit muss vor Schmerz weinen. »Lassen Sie mich doch in Ruhe!«, fleht er. Der Jugendliche grinst böse: »Du warst zu schnell, dafür muss ich dich bestrafen: Und jetzt: dein Handy her!« Pit will behaupten, er hätte gar keins, aber der Jugendliche droht mit der Faust. Also gibt er es dem Jugendlichen. Der nimmt das Handy und droht noch einmal: »Erzähl niemand was, sonst wirst du's bereuen.« Dann ist er weg.

Was war das denn gerade? Wie ein böser Traum … Pit sitzt auf dem Boden, unfähig, etwas zu tun. Endlich kommt jemand durch die Unterführung: Pfarrer Klötz marschiert mit großen Schritten durch den kleinen Tunnel. Er beachtet das weinende Kind kaum. Aber da kommt schon Frau Kleinschmidt. Die betet oft im Gottesdienst vor. Sie hat es eilig, und außerdem trägt sie in beiden Händen Einkaufstaschen. Sie schaut den Jungen zwar voll Mitleid an, geht aber weiter.

Da kommt ein schlurfender Mann mit einer schmutzigen Jacke. Er bleibt vor Pit stehen. »Was ist denn mit dir los?«, fragt er freundlich. Pit muss seufzen. »War jemand böse zu dir?«, fragt der Mann. Pit nickt nur. »Ich bin der Hans«, sagt der Mann. »Und du?« Ganz leise sagt Pit seinen Namen. Hans holt aus seiner Jacke einen Schokoriegel. »Der ist für Notfälle gedacht«, sagt er, »und das hier ist ja wohl ein Notfall.« Erst traut sich Pit nicht, aber dann nimmt er den Riegel, reißt die Verpackung auf und beißt hinein. Es tut gut, Süßes zu schmecken. Hans ermutigt ihn: »Magst du erzählen, was passiert ist?« Pit erzählt stockend alles. »Damit musst du zur Polizei gehen«, sagt Hans. Dann begleitet er Pit nach Hause. Vor der Haustür verabschiedet sich Hans. Er zwinkert Pit noch einmal zu und zieht weiter.

Die Bibel erzählt dazu Folgendes:

Ein Gesetzeslehrer wollte Jesus auf die Probe stellen. Er fragte ihn: »Meister, was muss ich tun, um das ewige Leben zu erhalten?« Jesus sagte zu ihm: »Was steht denn in der Tora?« Der Gesetzeslehrer antwortete: »Du sollst den Herrn, deinen Gott, lieben – mit ganzem Herzen und mit ganzer Seele, mit all deiner Kraft und all deinen Gedanken. Und deinen Nächsten wie dich selbst.« Jesus

sagte: »Das ist ganz richtig. Nun lebe auch so!« Der Gesetzeslehrer fragte zurück: »Aber wer ist denn mein Nächster?«

Darauf antwortete Jesus mit einem Gleichnis: »Ein Mann ging von Jerusalem nach Jericho. Unterwegs überfielen ihn Räuber: Sie nahmen ihm alles ab, was er besaß. Sie schlugen ihn und ließen ihn halbtot liegen. Nun ging zufällig ein Priester denselben Weg. Er sah den Mann und ging weiter. Dann kam ein Levit. Auch er ging einfach weiter. Schließlich kam ein Samariter: Er sah den Mann und hatte Mitleid. Er verband seine Wunden und brachte ihn auf seinem Esel in eine Herberge. Am nächsten Morgen gab er dem Wirt Geld: *Sorge für ihn. Wenn es nicht reicht, will ich es dir auf meiner Rückreise bezahlen.*«

Jesus fragte den Gesetzeslehrer: »Wer von diesen dreien hat den überfallenen Mann behandelt wie seinen Nächsten?« Der Gesetzeslehrer antwortete: »Der, der barmherzig war.« Jesus sprach: »Dann mach es genauso!«

(Lukas 10,25-37)

Kurz erklärt

Im Wort »Mitleid« steckt die Bedeutung ja schon drin: Wir haben Mitgefühl mit dem Leiden eines anderen Menschen. Bestimmt kennst du auch das Wort »Sympathie«: Es meint das gleiche – Mitleiden. Manchmal brauchst du das Mitleid der anderen, manchmal hast du es mit jemand in Not.

·beschäftigen·

Familie Klingenberg fährt mit dem Auto zu Oma und Opa. Während der zweistündigen Fahrt quengelt Michelle: Ihr ist so langweilig. Mutter fordert Michelles großen Bruder auf, seine kleine Schwester zu beschäftigen. Ihm fällt aber nichts ein. Mutter schlägt das Buchstabenspiel vor: »Zu jedem Buchstaben sagt Michelle Wörter, die damit anfangen. Also, A wie Abend oder Apfel oder Abfahrt.« »Au ja«, freut sich Michelle. Der Bruder stöhnt: »Das Alphabet hat 26 Buchstaben!« Mutter freut sich: »Da seid ihr eine Weile beschäftigt.«

Das klappt auch wunderbar, bis sie zum Buchstaben Q kommen. Michelle macht die Augen fest zu und denkt angestrengt nach: »Das ist doch schon ein Wort.« Ihr Bruder versteht nicht. Michelle versteht nicht, was man daran nicht verstehen kann: »Die Kuh mach Muh!« Der Bruder lacht und erklärt: »Q ist ein eigener Buchstabe. Also, was beginnt mit Q?« Michelle weiß es: »Kuchen!«

Die Bibel erzählt dazu Folgendes:

Jesus kam mit seinen Jüngern in ein Dorf. Eine Frau mit Namen Marta nahm sie freundlich auf. Ihre Schwester hieß Maria. Maria setzte sich vor Jesus auf den Boden und hörte zu, was er vom Reich Gottes erzählte. Marta war ganz damit beschäftigt, für Jesus und seine Jünger zu kochen. Sie fragte Jesus: »Findest du es in Ordnung, dass meine Schwester die ganze Arbeit mir überlässt? Sag ihr doch, dass sie mir helfen soll!« Jesus antwortete ihr: »Marta, Marta, du machst dir viel Mühe und bist so beschäftigt. Aber es gibt Dinge, die noch wichtiger sind. Maria hat sich besser entschieden.«

(Lukas 10,38-42)

• verlieren •

Die E-Jugend vom Turnverein macht einen Ausflug nach Köln. Der Jugendtrainer Erik steht mit zwölf Kindern auf dem Bahnsteig. Alle warten auf Doro, Eriks Freundin, die ihn bei der Betreuung unterstützen soll. Doch fünf Minuten, bevor der Zug kommt, meldet sie sich bei Erik auf dem Handy krank.

»Wir haben doch heute alle Handy-Verbot«, beschwert sich Djamal. Aber Mona widerspricht: »Er braucht doch eines, als Gruppenleiter!« Erik sagt: »Eigentlich könnten wir jetzt gar nicht fahren, ohne weibliche Betreuungsperson.« Aber die Kinder rufen im Chor: »Wir wollen nach Köln! Wir wollen nach Köln!« Erik wiegt den Kopf: »Dann müsst ihr aber ganz besonders brav sein!« Da kommt auch schon der Zug, und ab geht's in die große Stadt am Rhein. Dort erblickt man am Bahnhof als Erstes den mächtigen Dom. Der wird gleich mal besichtigt. Als alle wieder draußen sind, lädt Erik die ganze Gruppe im Namen des Vereins in einen Schnellimbiss ein.

Nächste Station: das Schokoladenmuseum. Erik kauft die Eintrittskarten. Er verteilt sie – und behält eine übrig! Er fragt beunruhigt: »Wer hat noch keine Karte? Wer eine hat: hochhalten!« Alle Kinder halten ihre Karten hoch. Erik zählt sie durch und kommt auf elf. Er wird blass: »Oh nein, wer fehlt?« Egbert ruft: »Henriette!« Erik fasst sich an den Kopf. »Das darf doch nicht wahr sein! Wir haben Henriette verloren!« Kein Kind durfte sein Handy mitnehmen, auch Henriette hat keines bei sich. Muss man die Polizei anrufen? Henriettes Mutter benachrichtigen? Erst einmal will Erik zurück in den Schnellimbiss. Dafür muss er die anderen Kinder im Museum zurücklassen. »Ihr rührt euch hier nicht vom Fleck, hört ihr!«

Erik rennt den Weg zurück zum Imbiss: Da sitzt Henriette ganz allein. »Endlich kommst du!«, ruft sie erfreut. »Als wir gerade losgingen, wollte ich mir noch schnell ein Eis kaufen. Und dann wart ihr schon weg! Da dachte ich, ich warte hier besser auf euch.« Erik klopft ihr auf die Schulter. »Das hast du ganz richtiggemacht!«, lobt er das Mädchen. »Komm, nun lass uns zu den anderen gehen!« Am Schokoladenmuseum sehen die anderen Kinder Erik und Henriette kommen und laufen ihnen jubelnd entgegen.

Die Bibel erzählt dazu Folgendes:

Jesus erzählte den Menschen ein Gleichnis: »Wenn jemand 100 Schafe hat und eins davon verliert – lässt er nicht die 99 zurück, um das eine zu suchen? Wenn er es gefunden hat, trägt er es voller Freude auf seinen Schultern nach Hause. Dort wird er seinen Freunden und Nachbarn sagen: *Freut euch mit mir. Mein Schaf war verloren, aber ich habe es wiedergefunden.*

Im Himmel wird es auch so sein: Da freut man sich mehr über einen Sünder, der wieder zu Gott findet, als über 99 Gerechte, die nicht umkehren müssen.«

(Matthäus 18,12-14; Lukas 15,3-7)

• umkehren •

Diesen pinkfarbenen Badeanzug im Schaufenster will Isabella unbedingt haben. »Bitte, bitte, kauf ihn mir«, bettelt sie ihre Mutter an. Die will aber nicht. »Warum nicht?«, fragt Isabella. Ihre Mutter ist genervt: »Mädchen, du hast genügend Badeanzüge. Dafür gebe ich jetzt kein Geld aus.« Isabella hört nicht auf, bis die beiden zu Hause sind. Sie verspricht ihrer Mutter zu helfen. Sie will auch kein Taschengeld mehr haben. Sie droht ihr: »Sonst haue ich ab und komme nie mehr wieder nach Hause!« Die Mutter rollt die Augen: »Jetzt ist aber Schluss!« Isabella schreit ihre Mutter an: »Du bist so gemein! Ich hasse dich! Ich will dich nie mehr sehen!« Sie schlägt die Wohnungstür laut hinter sich zu und rennt die Treppen herunter aus dem Haus.

Auf dem Spielplatz holt sie erst einmal Luft. Immer noch regt sich Isabella über ihre Mutter auf. Sie schlendert über die Einkaufsstraße. Vor der Kirche setzt sie sich auf eine Bank. Sie hat Hunger. Ihr ist kalt. Zu Hause gäbe es etwas zu essen und eine Jacke. Eigentlich hat ihre Mutter ja recht: Sie hat genügend Badeanzüge. Sie sollte wieder nach Hause gehen. Sie will ihrer Mutter sagen: »Es tut mir leid.« Isabella kehrt um und geht heim.

Ihre Mutter winkt ihr schon vom Balkon aus zu und kommt ihr dann im Treppenhaus entgegen. Sie umarmt Isabella: »Was bin ich froh, dass du wieder da bist!«

Die Bibel erzählt dazu Folgendes:

Ein Mann hatte zwei Söhne. Der jüngere sagte zu seinem Vater: »Gib mir das Geld, das mir zusteht.« Der Vater gab es ihm. Der jüngere Sohn ging von zu Hause weg in ein fernes Land. Dort verschwendete er alles Geld. Bald war er so arm, dass er bei einem Bauern die Schweine hüten musste, um nicht zu verhungern. Gern hätte er das Futter der Schweine gegessen. Da dachte er sich: *Den Dienern meines Vaters geht es besser als mir hier. Ich will zurück zu meinem Vater gehen. Ich werde ihm sagen: Es war falsch, was ich getan habe. Ich bin nicht mehr wert, dein Sohn zu sein. Darf ich bitte als Diener bei dir leben?*

Der Vater sah ihn schon von Weitem kommen. Er lief seinem Sohn entgegen und küsste ihn. Der Sohn sagte: »Es war falsch, was ich getan habe. Ich bin nicht mehr wert, dein Sohn zu sein. Darf ich bitte als Diener bei dir leben?« Der Vater gab seinen Dienern den Auftrag: »Schlachtet das gute Kalb! Lasst uns ein Fest feiern! Denn mein Sohn war tot – nun lebt er wieder!«

Als der ältere Sohn von der Arbeit auf dem Feld nach Hause kam, hörte er Musik und Tanz vom Freudenfest. Er fragte einen Diener, was los sei. »Dein Bruder ist heimgekehrt!« Der ältere Sohn ärgerte sich sehr. Er wollte nicht hineingehen und mitfeiern. Da kam der Vater zu ihm hinaus. Der ältere Sohn machte seinem Vater Vorwürfe: »Ich bin immer zu Hause geblieben, auf mich hast du dich immer verlassen können. Für mich gab's nicht mal einen kleinen Ziegenbock, aber für den lässt du das gute Kalb schlachten. Er hat all dein Geld verschwendet!« Der Vater sprach: »Lieber Sohn. Alles, was mir gehört, gehört auch dir. Dein Bruder war tot – nun lebt er wieder! Da muss man doch ein Fest feiern und sich freuen.«

(Lukas 15,11-32)

• danken •

Die drei Mädchen Suvi, Kerti und Tuuli machen eine Radtour. Sie fahren durch Wiesen und Felder, dann eine Weile am Fluss entlang. Sie kommen an eine kleine Fähre und beschließen, auf die andere Seite überzusetzen. Den Preis für die Überfahrt zahlt jede selbst.

Drüben geht es immer weiter. In einem Dorf kaufen sie sich zur Stärkung je eine Portion Kama-Creme mit Nüssen und Zimt. Da Kerti kein Geld mehr hat, lädt Tuuli sie ein. Als sie ihre Süßspeisen verputzt haben, wird es Zeit für den Heimweg. Am Fähranleger fällt Suvi auf: »Ich habe nicht mehr genügend Geld für die Rückfahrt.« Aber Tuuli ist jetzt auch pleite. »Wie kommen wir rüber?«, fragt Suvi aufgeregt. Tuuli geht mutig zum Fährmann und fragt frei heraus: »Wir haben kein Geld mehr – dürfen wir trotzdem mit?« Der Fährmann sagt kein Wort, macht aber mit dem Kopf eine Bewegung in Richtung Fähre: *Rauf mit euch!*

Nach der kurzen Überfahrt stürmen die drei Mädchen das Ufer hoch. Doch oben angekommen, dreht Tuuli sich noch einmal um in Richtung Fähre. Der Fährmann schaut sie fragend an. Tuuli sagt: »Vielen Dank, dass Sie uns kostenlos mitgenommen haben.« Wieder sagt der Fährmann kein Wort. Den Kopf bewegt er in Richtung der beiden wartenden Mädchen: *Ist schon gut, ab jetzt mit euch.*

Die Bibel erzählt dazu Folgendes:

Auf der Wanderung nach Jerusalem kam Jesus durch ein Dorf in Samarien. Zehn Menschen mit einer schweren ansteckenden Krankheit kamen ihm entgegen. Sie blieben mit großem Abstand stehen und riefen: »Jesus! Meister! Bitte, hilf uns!« Jesus sprach zu ihnen: »Geht zu den Priestern. Sie sollen euch ansehen.« Und während sie zu den Priestern gingen, wurden sie gesund.

Alle wurden geheilt. Einer von ihnen ging zu Jesus zurück. Er lobte Gott, kniete sich vor Jesus hin und dankte ihm. Dieser Mann war aus Samarien. Jesus fragte ihn: »Es sind doch alle zehn gesund geworden – wo sind die anderen neun? Jetzt kommt nur dieser Fremde zu mir zurück und dankt Gott.« Zu dem Mann sagte Jesus: »Steh auf und geh nach Hause! Dein Glaube hat dir geholfen.«

(Lukas 17,11-18)

Gedicht

Bitten, Loben, Danken: Gebet kennt keine Schranken.
Weinen, Singen, Klagen, ungeklärte Fragen:
Gott kann ich es sagen!

Ob Kirche oder Straßenbahn, ein jeder Ort bietet sich an.
Im Bett oder beim Fußball, im Schulbus oder Kuhstall:
Gott hört mich überall!

Allein oder in froher Runde, beten kann ich jede Stunde.
Ob Sonne oder Regen, auf allen meinen Wegen:
Gott kommt mir entgegen!

•überheblich sein•

Christian darf seine Mutter zu dieser Veranstaltung begleiten. In der Stadt Dickelborn soll nämlich ein neuer Bürgermeister gewählt werden. Bei einer Versammlung vor der Wahl sitzen die beiden Kandidaten Werner Weiß und Sören Schwarz auf der Bühne des Bürgerhauses. Die Leute stellen den beiden Kandidaten Fragen zu ihrem Ort. Soll zum Beispiel das Schwimmbad umgebaut werden? Wie kann man den Lärmschutz verbessern? Wird die Bücherei geöffnet bleiben? Und so weiter.

Die beiden Kandidaten beantworten abwechselnd die Fragen. Jeder hat viele Ideen und fantasievolle Vorschläge, was man alles in Dickelborn zum Guten verändern könne – wenn man ihn wähle. »Wer Werner Weiß wählt«, sagt Werner Weiß, »der wählt den besseren Bürgermeister!« Und Sören Schwarz behauptet: »Wer mich wählt, wählt die Zukunft!« Christians Mutter bittet, eine persönliche Frage stellen zu dürfen. Beide Kandidaten nicken aufmunternd. Christians Mutter dankt und bittet die beiden Männer, etwas zu ihrem Glauben zu sagen.

Werner Weiß antwortet als Erster: »Der Glaube ist das Wichtigste in meinem Leben. Ich gehe jeden Sonntag zur Kirche, und mittags beten wir bei uns zu Hause ein Tischgebet. Zu Weihnachten spende ich eine beachtliche Summe Geld für Hilfsorganisationen.« Dann sieht er grinsend zu seinem Gegner Sören Schwarz hinüber: »Übrigens bin ich glücklich verheiratet und nicht geschieden wie Herr Schwarz. Und ich habe auch noch nie wie er eine Strafe bezahlen müssen, weil ich rücksichtslos auf dem Gehweg geparkt habe. Ob übrigens die Kinder von Herrn Schwarz getauft sind, weiß ich gar nicht, aber er wird uns jetzt bestimmt etwas dazu sagen.« Dann übergibt er das Mikrophon an Sören Schwarz.

Der räuspert sich erst und spricht leise: »Ich bin nicht perfekt, das weiß ich. Ich vertraue auf Gott, dass er mich trotzdem liebt, wie ich bin. Mehr kann ich dazu nicht sagen.« Für einen Augenblick ist es ganz still im Bürgerhaus. Dann klatscht Christians Mutter. Viele stimmen mit ein. Als sie nach Hause gehen, fragt Christian seine Mutter: »Und? Wen wählst du?«

Die Bibel erzählt dazu Folgendes:

Es gab Leute, die waren überzeugt, die Besten zu sein. Denen erzählte Jesus diese Geschichte:

»Zwei Männer gingen zum Tempel, um zu beten. Der eine war ein ganz frommer Mann aus der Gruppe der Pharisäer, der andere war ein Zöllner. Der Pharisäer betete: *Gott, ich danke dir, dass ich nicht so bin wie andere Menschen – wie Leute, die rauben, betrügen oder die Ehe brechen. Ich bin auch nicht wie dieser Zöllner da. Ich faste an zwei Tagen in der Woche. Dem Tempel gebe ich großzügige Spenden.* Der Zöllner blieb ganz hinten im Tempel. Er wagte kaum, in den Himmel zu gucken. Er schlug sich mit der Faust an die Brust und betet: *Gott! Bitte, sei mir gnädig, denn ich bin ein Sünder.*«

Jesus sprach weiter: »Ich sage euch: Der Zöllner geht von seiner Schuld befreit nach Hause zurück, der andere nicht. Denn wer sich selbst größer macht, als er ist – der wird gedemütigt. Wer sich aber selbst kleiner macht, der wird von Gott großgemacht!«

(Lukas 18,9-14)

• barmherzig sein •

»Papa, bitte!«, drängt Fabian, »nur zehn Minuten!« Fabians Vater hat ein neues Notebook. Da sind ein paar coole Spiele drauf, die Fabian unbedingt ausprobieren will. »Bitte, bitte, bitte!«, bettelt Fabian noch einmal. Endlich gibt der Vater nach: »Zehn Minuten! Und du gehst nicht ans Notebook, wenn ich nicht dabei bin. Verstanden?« Fabian nickt flüchtig.

Tags darauf ist Fabian allein zu Haus. Das neue Notebook liegt in der Küche. Es scheint zu rufen: *Spiel mit mir!* Fabian steckt das Ladekabel in die Steckdose, klappt den Bildschirm auf und los geht's. Er bekommt erst mit, dass die Eltern wieder da sind, als er den Schlüssel im Schloss hört. Erschrocken springt er auf, stolpert über das Kabel und reißt damit das Notebook vom Tisch, das auf den Fliesenboden fällt. Vor Schreck verliert Fabian das Gleichgewicht und tritt auf den offenen Bildschirm: Diagonal durch den Bildschirm des Notebooks geht ein Sprung. »Was ist passiert?«, ruft seine Mutter und schon stehen seine Eltern in der Küche. »Ich glaub's ja wohl nicht!«, schimpft der Vater und hebt drohend den Zeigefinger »Du hast noch keine Ahnung, wie viele Wochen du jetzt kein Taschengeld bekommst. Und ins Zeltlager darfst du auch nicht mitfahren! Und du bekommst Fernsehverbot für einen Monat! Und das Mittagessen fällt auch aus!« »Fabian«, schaltet sich jetzt die Mutter ein, »geh auf dein Zimmer.«

Zum Mittagessen holt die Mutter den Jungen in die Küche. Der Vater sitzt mit verschränkten Armen am Tisch. Fabians Augen sind ganz rot vom Weinen. »Es tut mir so leid«, wimmert er. Dann fleht er, der Vater möge seine Drohungen nicht wahrmachen: kein Taschengeld, kein Zeltlager, kein Fernsehen. Der Vater verdreht die Augen, muss mal schniefen und wuschelt dann mit der Hand durch Fabians Haar. »Also gut«, sagt er. »Jeder baut mal Mist. Vergeben und vergessen.«

Am Nachmittag dieses Tages kommt Fabians große Schwester Vroni von einer Klassenfahrt heim. Fabian fordert von ihr sein Comic-Album zurück, das er ihr geliehen hat. Vroni zieht die Mundwinkel nach unten: »Nicht böse sein, bitte, aber das habe ich in der Jugendherberge liegen lassen.« »Was!«, brüllt Fabian wütend. »Du hast mein Buch verschlampt? Dann musst du mir ein neues kaufen!«

Da packt der Vater Fabian an den Schultern, dreht ihn zu sich herum, hockt sich vor ihn und kommt mit dem Gesicht ganz dicht an das von Fabian heran. Er spricht scharf: »Ist das wahr, was ich hier höre? Du schrottest mein neues Notebook. Ich erlasse dir großzügig die Schuld. Und jetzt willst du deine Schwester zur Schnecke machen, weil sie eins von deinen Comic-Heftchen verloren hat? Ich fass' es nicht!«

Die Bibel erzählt dazu Folgendes:

Jesus erzählte ein Gleichnis: »Mit dem Himmel ist es wie mit einem König, der die Kassen seiner Verwalter prüfte. Da brachte man einen zu ihm, der dem König Millionen schuldete. Der König befahl, den Mann und seine Familie in die Sklaverei zu verkaufen. Damit sollte die Schuld beglichen werden.
Der Mann kniete vor dem König nieder und flehte: *Bitte, Herr, ich will alles zurückzahlen. Hab etwas Geduld*. Da hatte der König Mitleid. Er erließ ihm alle seine Schulden.

Der Mann, der gerade noch davongekommen war, traf einen anderen, der ihm etwas Geld schuldete. Er packte ihn, würgte ihn und schrie: *Bezahle, was du mir schuldig bist – aber schnell.* Der andere kniete vor ihm nieder und flehte: *Bitte, Herr, ich will alles zurückzahlen. Hab etwas Geduld!* Aber der Mann hatte kein Mitleid und ließ ihn ins Gefängnis werfen. Davon erfuhr der König. Er ließ den Mann kommen, dem er so große Schulden erlassen hatte. *Wie kann man nur so unbarmherzig sein!,* warf er ihm vor. Und er ließ ihn ins Gefängnis werfen.«

Jesus beendete das Gleichnis: »Genauso wird euch mein himmlischer Vater behandeln, wenn ihr nicht von ganzem Herzen vergebt.«

(Matthaus 18,23-35)

Kurz erklärt

Im alten Wort »barmherzig« steckt das Wort: Herz. Barmherzig ist verwandt mit dem Wort »erbarmen«. Beide bedeuten: Ein Herz haben für jemand in Not. Großzügig und geduldig sein. Helfen. Schuld erlassen.

• berühren •

Schon so lange wollte Fridolin eine Katze haben. Seine Mutter war immer dagegen. Dabei haben hier im Dorf viele Leute Haustiere.

Als nun die Nachbarin in die Stadt zog, bat sie, Miezi im Dorf lassen zu dürfen. Da konnte Fridolins Mutter nicht Nein sagen. Jetzt lebt Miezi bei Fridolin und seiner Mutter. Und auf einmal haben die beiden nicht nur eine Katze, sondern drei – denn Miezi bekommt zum ersten Mal Junge: Zwei kleine Kätzchen bringt sie zur Welt.

»Sind die süß!« Fridolin kann sich gar nicht einkriegen: »Sind die putzig!« Er streckt schon die Hand aus, um die Kleinen anzufassen, da hält ihn seine Mutter zurück: »Nicht berühren! Dann denkt Miezi, du wolltest ihren Kindern was antun. Das setzt sie unter Stress.« »Ich will aber so gern!«, mault Frederik. Die Mutter legt ihre Hand auf seine Schulter: »In ein paar Tagen darfst du die Kleinen streicheln. Du kannst dir schon mal Namen ausdenken.«

Fridolin setzt sich sofort an den Tisch und schreibt eine Liste mit Namen. Bald hat er eine schöne Sammlung zusammengestellt: »Fix und Foxi; Hanni und Nanni; Jim Knopf und Lukas; Hänsel und Gretel.« Mama lobt ihn: »Aber noch wissen wir nicht, ob es Weibchen oder Männchen sind. Etwas Geduld brauchst du noch.« Nur mühsam kann sich Fridolin durchringen zu sagen: »Na gut.«

Die Bibel erzählt dazu Folgendes:

Die Leute brachten ihre Kinder zu Jesus. Er sollte sie berühren. Die Jünger aber wollten die Leute wegschicken. Als Jesus das mitbekam, fand er das gar nicht gut: »Lasst die Kinder doch zu mir kommen. Hindert sie nicht daran. Denn für Menschen wie sie ist das Reich Gottes! Wer das Reich Gottes nicht so offen annimmt wie ein Kind, wird nicht hineinkommen.«

Er nahm die Kinder auf seine Arme, legte ihnen die Hände auf den Kopf und segnete sie.

(Matthäus 19,13-15;
Markus 10,13-16;
Lukas 18,15-17)

•neidisch sein•

Das Haus von Oma Ingeborg hinter der Kirche ist umgeben von einem bunten, wuchernden Garten. Die Kinder von Niedernussbach spielen gern auf dem Rasen neben der Kirche. Auch an diesem Samstag im Juli ist Oma Ingeborg in ihrem Garten beschäftigt. Die Kinder kicken auf der Kirchenwiese. Aber dann vergeht ihnen der Spaß daran und sie setzen sich gelangweilt in den Schatten eines Baumes. Da ruft Oma Ingeborg über den Zaun: »Wer von euch will mir denn ein wenig helfen?« Sie sieht auf die Kirchturmuhr. »Jetzt ist es drei Uhr. Wer mir drei Stunden hilft, bekommt heute Abend drei Kugeln Eis!«

Rebekka, Melanie, Sara und Korbinian springen sofort auf. Die anderen Kinder haben keine Lust und bleiben sitzen. Oma Ingeborg gibt denen, die zu ihr in den Garten gekommen sind, Anweisungen: Himbeeren pflücken, Tomaten ernten, Unkraut jäten. Gegen vier Uhr schaut Oma Ingeborg noch einmal über den Zaun: »Na, möchte denn jetzt noch jemand von euch rüberkommen und helfen?« Claudia findet das Nichtstun blöd und geht hinüber. Bolle überredet auch Milan mitzukommen. Für diese drei findet Oma Ingeborg weitere Aufgaben: die alte Holzbank putzen, Wicken aus dem Zaun entfernen, Zweige einsammeln. Und auch gegen fünf Uhr stellt sich Oma Ingeborg noch einmal an den Zaun: »Tanja, Gustav, Oliver – was ist denn mit euch? Ihr tippt da auf euren Handys rum. Aber könnt ihr denn auch Moos zwischen den Steinplatten wegmachen?« Da gehen die letzten drei Kinder zu den anderen in den Garten und helfen.

Als die Kirchturmuhr sechsmal schlägt, klatscht Oma Ingeborg in die Hände: »So, nun kommt alle an den Tisch!« Vor Oma Ingeborg stehen drei große Packungen mit Eis in den Sorten Schokolade, Vanille und Maracuja. Alle freuen sich auf dieses

süße Festmahl. »Also«, sagt sie, »fangen wir mit Tanja, Gustav und Oliver an.« Das sind die drei, die als Letzte gekommen sind. Oma Ingeborg gibt jedem von ihnen von jeder Sorte eine Kugel Eis ins Schälchen. Auch Claudia, Bolle und Milan erhalten drei Kugeln. Schließlich sind die vier Kinder dran, die sich als Erste gemeldet haben. Die sind jetzt ziemlich verärgert: »Ich dachte, wir bekommen mehr Eis!«, protestiert Rebekka. »Ja«, stimmt ihr Melanie zu: »Wir haben doch drei Stunden gearbeitet und die anderen nur zwei oder sogar nur eine!« »Wir mussten eigentlich neun Kugeln bekommen«, findet Sara. Korbinian rührt sein Eis gar nicht erst an und verschränkt beleidigt die Arme: »Das ist doch ungerecht!«

»Aber, liebe Kinder«, spricht Oma Ingeborg sanft: »Abgemacht waren drei Kugeln Eis für drei Stunden Arbeit. Ich habe euch nicht betrogen. Seid ihr neidisch, weil ich großzügig bin und allen gleich viel gebe? Ich habe sogar die, die zuletzt gekommen sind, als Erste bedient. Das zählt doch gar nicht, wenn wir hier zusammensitzen und es uns gut gehen lassen wollen. Ich danke euch allen für eure Hilfe und habe euch alle gern.«

Die Bibel erzählt dazu Folgendes:

Jesus erzählte ein Gleichnis: »Den Himmel kann man mit dem Besitzer eines Weinbergs vergleichen, der Arbeiter brauchte. Morgens um sechs einigte er sich mit einigen auf den üblichen Tageslohn und schickte sie in seinen Weinberg. Um neun Uhr ging er noch einmal auf den Markt. Er fand Leute, die Arbeit suchten. *Ich werde euch angemessen bezahlen*, versprach er. Sie nahmen das Angebot an. Das Gleiche machte er noch einmal um zwölf Uhr und später um fünf am Nachmittag.

Am Abend wurden alle ausbezahlt: Zuerst die, die als Letzte gekommen waren. Sie bekamen den üblichen Tageslohn. Da dachten natürlich jene, die früher angefangen hatten zu arbeiten, sie würden mehr bekommen. Aber auch sie erhielten den üblichen Tageslohn. Da beschwerten sie sich: *Die haben nur eine Stunde gearbeitet, wir den ganzen Tag!* Da sagte der Besitzer des Weinbergs: *Was ist daran ungerecht? Wir hatten den üblichen Tageslohn vereinbart – und den hast du bekommen. Bist du neidisch, weil ich großzügig bin?*«

Und Jesus beendete das Gleichnis so: »Die Letzten werden die Ersten sein und die Ersten die Letzten.«

(Matthäus 20,1-16)

Kurz erklärt

Neidisch sein – das kennen alle: auf das Aussehen, den Besitz, das Können oder Wissen eines anderen. Es gibt einen Neid, der sagt: Das will ich auch! Dieser Neid kann anspornen, selbst etwas Großes zu erreichen. Ungesund ist der böse Neid, der anderen nichts gönnt und sich wünscht, sie würden verlieren, worauf man neidisch ist.

· schreien ·

»Gereon, schrei doch nicht immer so!«, tadelt die Mutti Gereon: »Ich bin ja nicht taub, aber ich werde es noch, wenn du immer so schreist.« Jetzt ist Gereon beleidigt und sagt kein Wort mehr. Er wartet mit seiner Mutter auf dem Bahnhof, um Tante Helga abzuholen. Es sind viele Menschen unterwegs, der Bahnhof gleicht einem Bienenschwarm. Am laufenden Band kommen Lautsprecherdurchsagen. Viele Züge fahren ein und aus. Mutti telefoniert mit Vati.

Gereon und seine Mutter warten am Bahnsteig 3. Da sollte der Zug mit Tante Helga eigentlich schon angekommen sein. Da bemerkt Mutti, dass dieser Zug heute ausnahmsweise auf Gleis 1 eingefahren ist. Die beiden müssen also zu einem anderen Bahnsteig laufen, Treppen hinunter und wieder hinauf: Sie halten Ausschau nach der Tante. Gereon sieht, wie Tante Helga vor dem Bahnhof auf ein Taxi zusteuert. Gereon schreit, so laut er kann: »Tante Helga!!!« Da dreht sie sich um und erkennt, wer da winkt. So treffen sich die drei doch noch. Tante Helga lobt ihn: »Was für ein Glück, dass du so eine kräftige Stimme hast.« Triumphierend guckt Gereon seine Mutti an.

Die Bibel erzählt dazu Folgendes:

Als Jesus mit seinen Jüngern die Stadt Jericho verließ, begleiteten sie viele Leute. Am Straßenrand saß ein Bettler. Der hieß Bartimäus und war blind. Als er hörte, dass Jesus vorbeigeht, rief er: »Jesus, bitte hilf mir!« Die Leute wollten ihm den Mund verbieten, aber er schrie umso lauter: »Jesus, bitte hilf mir!«

Jesus blieb stehen und ließ ihn rufen. Jetzt sagte man zu Bartimäus: »Steh auf, er ruft dich. Hab nur Mut!« Da warf Bartimäus seinen Mantel weg, sprang auf und lief auf Jesus zu. Jesus fragte ihn: »Was kann ich für dich tun?« Der blinde Mann antwortete: »Rabbi, ich möchte sehen können.« Jesus sprach zu ihm: »Geh nur. Dein Glaube hat dir geholfen.« Im gleichen Moment konnte Bartimäus sehen. Jetzt folgte er Jesus auf seinem Weg.

(Markus 10,46-52; Lukas 18,35-43)

•klettern•

Niederbirnbach heißt das Dorf, in dem Matteos Großeltern leben. Ein paar Tage verbringt er bei ihnen. Da gibt es so viel zu entdecken und zu beobachten. Beim Bauern zum Beispiel, der mit dem Traktor aufs Feld fährt. Manchmal darf Matteo mit. Andere haben Kühe im Stall, da schaut er zu, wie sie gemolken werden.

Oma und Opa haben einen großen Garten. Darin stehen große Birnbäume. Auf den höchsten Baum klettert Matteo gern. Die Oma hat immer Angst, dass er runterfällt. »Ich pass' doch auf, Oma«, beruhigt sie Matteo.

Einmal sitzt Matteo oben im Baum und schaut aufs weite Land hinaus. Opa geht durch den Garten und ruft Matteo. Matteo macht keinen Mucks, der Opa geht unter dem Baum her und bemerkt ihn nicht. Aber da kommt schon Oma und stellt sich unter den Baum: »Wusste ich's doch! Komm runter, du kleiner Lausebengel. Der Kuchen ist fertig.« Matteo klettert herunter und freut sich: »Opa hat mich nicht gesehen.« »Aber ich sehe dich«, sagt die Oma und hebt zum Spaß den Zeigefinger.

Die Bibel erzählt dazu Folgendes:

Jesus kam mit seinen Jüngern nach Jericho. Dort lebte Zachäus. Zachäus war sehr reich, denn er war der oberste Zöllner. Zachäus wollte Jesus sehen, aber er war klein und die Menge verdeckte ihm die Sicht. Er lief ein Stück voraus und kletterte auf einen Baum am Weg.

Als Jesus vorbeikam, sah er zu Zachäus hinauf und sagte: »Zachäus, komm schnell da runter, denn heute möchte ich bei dir zu Hause sein.« Zachäus stieg schnell vom Baum herunter und freute sich, dass Jesus sein Gast war.

Die Leute, die das mitbekamen, regten sich auf: »Das geht doch nicht! Jesus geht zu einem Sünder!«

Zachäus gab Jesus ein Versprechen: »Herr! Die Hälfte von allem, was ich habe, werde ich den Armen geben. Und falls ich jemand zu viel Geld abgenommen habe, werde ich ihm viermal so viel zurückgeben.« Jesus sagte zu Zachäus und allen, die dabei waren: »Heute ist in diesem Haus etwas geheilt. Auch Zachäus ist ein Sohn Abrahams. Wer verloren ist, den findet der Menschensohn und rettet ihn.«

(Lukas 19,1-10)

· stehlen ·

Mürrisch kickt Marwin eine leere Dose vor sich her. Der Heimweg von der Schule kommt ihm heute viel länger vor als sonst. Er ist schlecht gelaunt, weil seine Mutter nicht zu Hause ist; sie muss heute zum Arzt und wird erst am Nachmittag heimkommen. Endlich erreicht er seinen Wohnblock. Als er zur Haustür hineingeht, fällt ihm ein Päckchen auf, das oben auf den Briefkästen liegt; es hat nicht durch den Schlitz gepasst. Das Päckchen ist für die Nachbarin, Frau Konopka. *Die bekommt ein Päckchen und ich nicht*, ärgert sich Marwin. Und ohne groß zu überlegen, greift er sich die kleine Schachtel und lässt sie, schwups!, unter seiner Jacke verschwinden. Mit Herzklopfen rennt er in den dritten Stock und schließt die Wohnungstür auf.

In seinem Zimmer setzt er sich mit dem Päckchen aufs Bett. Er schüttelt es, dreht es um, schnuppert daran. Was mag wohl darin sein? Geld? Schokolade? Seife? Ein Buch oder Strümpfe? Eigentlich egal. *Die Konopka hat doch sowieso alles*, denkt er sich. Aber etwas hält ihn davon ab, die Schachtel zu öffnen. Er legt sie in seinen Kleiderschrank hinter die Jogginganzüge. Dann isst er in der Küche ein Wurstbrot und setzt sich vor den Computer. Und schon ist das Päckchen vergessen.

Zum Abendessen ist seine Mutter wieder da. Das Telefon klingelt. Oma Waltraud ist dran. Die Mutter reicht Marwin den Hörer. Die Oma erkundigt sich: »Hast du denn mein Päckchen schon bekommen? Ich habe dir was aus dem Urlaub mitgebracht!« »Ein Päckchen? Für mich? Nein, noch nicht.« »Ich habe es aber schon am Montag abgeschickt«, erklärt die Oma verwundert, »na, morgen kommt es bestimmt!« »Was ist denn drin?«, will Marwin wissen. Doch die Oma verrät nichts. Da wird Marwin bleich. Im selben Moment fällt ihm wieder ein, dass er ein fremdes Päckchen weggenommen hat. Wo ist Omas Päckchen geblieben? Hat das vielleicht auch jemand gestohlen?

Als Marwin abends im Bett liegt, geht ihm alles noch mal durch den Kopf: Wäre das eine Gemeinheit, wenn jemand sein Päckchen geklaut hätte! Seine Wangen glühen. Er beschließt, es gleich morgen früh, wenn er zur Schule geht, heimlich wieder auf die Briefkästen zu legen. Morgen, wenn hoffentlich sein Päckchen ankommt.

Die Bibel erzählt dazu Folgendes:

Jesus erzählte ein Gleichnis: »Wer nicht durch die Tür in den Schafstall kommt, sondern anderswo einsteigt – der ist ein Dieb und ein Räuber. Durch die Tür geht der gute Hirte der Schafe. Ihm wird die Tür aufgemacht. Die Schafe hören auf seine Stimme. Er ruft sie einzeln beim Namen und führt sie aus dem Stall heraus. Er geht vor den Schafen her, alle folgen ihm. Einem fremden Hirten werden die Schafe nicht folgen. Sie laufen vor ihm weg, weil sie seine Stimme nicht kennen.

Ich sage euch: Ich bin die Tür zu den Schafen. Alle, die vor mir kamen, waren nur Räuber und Diebe. Die Schafe haben nicht auf sie gehört. Ich bin die Tür. Wer durch diese Tür geht, der wird gerettet werden. Der Dieb kommt nur, um zu stehlen. Ich bin gekommen und bringe allen: Leben, Leben, Leben!

Ich bin der gute Hirte. Dem bezahlten Knecht gehören die Schafe nicht. Er läuft weg, wenn der Wolf kommt. Ihm liegt nichts an den Schafen. Ich bin der gute Hirt: Ich kenne meine Schafe und meine Schafe kennen mich. Ich gebe mein Leben für die Schafe.«

(Johannes 10,1-15)

·begrüßen·

»Wie lang dauert es noch?«, fragt Lara beim Mittagessen. Sie vermisst ihren großen Bruder Finn. Der ist gerade in Amerika zum Schüleraustausch. Sie sehen sich zwar einmal in der Woche am Computer. Aber das ist einfach nicht das Gleiche wie in echt.

»Nur noch zehn Tage, dann kommt Finn wieder«, antwortet ihre Mutter: »So viele Tage, wie du Finger an beiden Händen hast.« Lara zählt noch einmal ihre Finger, es sind zehn. Die Mutter fragt sie: »Wie wollen wir ihn begrüßen?« Lara versteht nicht sofort, was die Mutter meint. Sie erklärt: »Ja, willst du einfach *Guten Tag!* sagen, wenn er wieder da ist?« Lara lacht. Nein, sie will ein Schild basteln, auf dem *Herzlich willkommen* steht – und sie will sofort damit anfangen. Die Mutter schreibt ihr die Worte einmal vor, dann schreibt Lara sie auf einem Stück Pappe ab. Dazu malt sie Herzchen und Blumen.

Zehn Tage später wartet Lara mit ihrer Mutter am Flughafen. »Ankunft« steht über einer Tür, die automatisch auf- und zugeht. Lara hält ihr Herzlich-Willkommen-Schild hoch, ihr werden die Arme schwer. Das Flugzeug ist schon gelandet. Aber es dauert noch, bis

Finn seinen Koffer hat und endlich durch die Ankunft-Tür kommt. Als er seine Mutter und seine Schwester entdeckt, geht er in die Hocke und öffnet seine Arme weit. »Fiiiiiinn!«, ruft Lara und rennt ihm lachend entgegen, so schnell sie kann.

Die Bibel erzählt dazu Folgendes:

In der Nähe von Jerusalem sagte Jesus zu zwei Jüngern: »Geht in das nächste Dorf. Dort findet ihr das Fohlen einer Eselin. Auf ihm ist noch nie jemand geritten. Bringt das Tier zu mir. Wenn euch jemand fragt, warum ihr das tut, dann sagt: Der Herr braucht es. Dann wird man euch das Fohlen überlassen.«

Die Jünger brachten das Fohlen zu Jesus. Sie legten Kleider auf den Rücken des jungen Esels. Jesus setzte sich darauf. Dann ritt Jesus in die Stadt Jerusalem hinein. Die Jünger begleiteten ihn zu Fuß. Links und rechts am Weg standen viele Leute. Alle waren ganz aufgeregt. Sie legten ihre Kleider auf die Straße. Die Menschen freuten sich. Sie rissen Zweige von den Bäumen ab und winkten Jesus damit zu. Sie riefen: »Wir loben Gott! Er schickt uns einen, der in seinem Namen kommt. Hosianna!«

(Matthäus 21,1-11; Markus 11,1-11; Lukas 19,28-38; Johannes 12,12-14)

Kurz erklärt

»Hosianna« ist ein Wort aus der hebräischen Sprache und bedeutet übersetzt: »Hilf doch!« Die Leute drückten damit ihr Vertrauen aus: Jesus! Du kannst uns helfen, denn du kommst von Gott.

Mach mit

- Wie kann man einander begrüßen?
  Mit welchen Worten und welchen Zeichen?
- Wie macht man das in anderen Ländern?
- Und wie können wir Gott begrüßen?

• wütend sein •

Im Stadtpark sieht Emma ein Mädchen im Rollstuhl sitzen. Das Mädchen hat eine knallgelbe Mütze auf dem Kopf und schaut mehreren Jungs beim Spielen zu. Emma denkt sich: *Was für ein Glück, dass ich gehen kann!*

Da sieht sie die zwei älteren Jungen näherkommen. Der eine reißt dem Mädchen im Rollstuhl die Mütze vom Kopf und wirft sie dem anderen zu. Der wirft sie wieder zum anderen zurück. Der eine lacht böse: »Oh, wo ist denn deine Mütze hingeflogen?« Der andere ist genauso gemein: »Hat der Wind deine schöne Mütze weggefegt?«

Ohne zu überlegen, saust Emma los, schnappt sich die Mütze und brüllt die Jungen an: »Ihr habt ja nicht mehr alle Tassen im Schrank! Ihr seid ja sowas von gemein! Und haut ab! Aber dalli!« Jetzt sind auch Erwachsene aufmerksam geworden und fragen, was denn los sei. Die Jungen ziehen grollend ab. Das Mädchen im Rollstuhl findet Emma toll: »Du bist aber mutig. Und wunderbar wütend! Ich danke dir.«

Die Bibel erzählt dazu Folgendes:

Jesus kam in den Tempel – das Haus Gottes. Da waren Geldwechsler und machten ihre Geschäfte. Andere verkauften Tauben, Schafe oder Rinder. Jesus packte die Wut. Er stieß die Verkaufstische um, das Geld flog auf den Boden, die Tiere scheuchte er aus dem Tempel. Er rief den Händlern und Kunden aufgebracht zu: »Das ist hier das Haus Gottes! Das Haus meines Vaters. Ein Haus zum Beten! Aber ihr habt daraus eine Räuberhöhle gemacht. Hinaus mit euch!«

Da kamen viele Leute und wollten hören, was Jesus zu sagen hatte. Blinde und gelähmte Menschen baten Jesus, sie zu heilen. Den Hohepriestern und Bibellehrern gefiel das gar nicht. Sie überlegten, wie sie Jesus aus dem Weg räumen könnten.

(Matthäus 21,12-17; Markus 11,15-19; Lukas 19,45-46; Johannes 2,13-16)

Kurz erklärt

Hohepriester waren die höchsten Priester und Richter. Bibellehrer (auch Schriftgelehrte genannt) kannten die Bibel sehr gut und erklärten, was deren Geschichten und Anweisungen zu bedeuten haben. Sie wussten angeblich, wie man »richtig« glaubt. Immer wieder kam es zwischen Jesus und den Bibellehrern zum Streit, weil Jesus eine andere Meinung hatte als sie.

Blinde und gelähmte Menschen kamen zu Jesus, weil es Ärzte und Krankenhäuser damals noch nicht gab. So hoffte man auf Heilung von Wundertätern.

Mach mit

Was machst du, wenn du wütend bist? Kleiner Tipp: Besser ins Kissen boxen oder eine alte Zeitung zerreißen, als deine kleine Schwester oder die Katze zu ärgern.

· zuverlässig sein ·

Beim Mittagessen gibt Frau Kahl ihren beiden Töchtern Barbara und Cindy die Anweisung: »Kinder, ich habe heute Nachmittag Dienst, deswegen geht ihr Opa besuchen. Er freut sich so, wenn jemand kommt! Vor allem am Sonntag!« Barbara antwortet sofort: »Na klar gehe ich Opa besuchen. Mach' ich doch gern.« Cindy mault: »Was soll ich bei Opa? Der pennt ja ein, während ich neben ihm sitze. Und heute ist so ein tolles Wetter, da will ich raus, statt in ein muffiges Altenheimzimmer!« »Auch du wirst einmal alt!« Frau Kahl schaut ihre Tochter streng an.

Nach dem Essen muss Frau Kahl zur Arbeit. Barbara verschwindet in ihrem Zimmer, Cindy schaukelt auf dem Spielplatz vor dem Hochhaus, in dem sie lebt. Da kommen zwei ihrer Freundinnen: »Was geht ab?« Cindy klagt: »Ich soll meinen Opa besuchen. Das ist tooootal langweilig.« Die Freundinnen geben ihr recht. Aber dann meinen sie, der Opa würde sich bestimmt freuen. Cindy springt von der Schaukel herunter: »Jetzt fangt ihr auch noch an!« Dann stapft sie beleidigt in die Wohnung zurück. Da ist die Luft stickig; an einem so schönen Frühlingstag will niemand im Zimmer hocken. *Der Opa aber kommt nicht raus*, geht es Cindy jetzt durch den Kopf. *Komm, eine halbe Stunde!*, denkt sie sich, rennt nach unten, schnappt sich ihr Rad und radelt zum Seniorenheim. Der Opa strahlt übers ganze Gesicht, als Cindy ins Zimmer kommt. »War Barbara schon da?«, fragt Cindy. Der Großvater schüttelt den Kopf. Er bietet Cindy Plätzchen an und bittet das Mädchen: »Erzähl mir doch was. Was machst du in der Schule?« »Meine Lieblingsfächer sind Erdkunde und Sport«, erklärt Cindy und redet und redet auf einmal viel mehr, als sie eigentlich wollte.

Die halbe Stunde geht schnell herum, und tatsächlich fallen dem Opa auf einmal die Augen zu. Cindy schleicht aus dem Zimmer. Ihre Freundinnen sind immer noch auf dem Spielplatz, als sie heimkehrt. »Ich war da«, teilt sie kurz mit – die Freundinnen grinsen nur. Als Cindy am Abend in die Wohnung hinaufgeht, sitzt Barbara vor dem Fernseher. »Wie war's bei Opa?«, fragt Cindy ihre Schwester. Barbara löst ihren Blick nicht vom Bildschirm; da flimmert eine Musikshow. »Opa? Hab' ich vergessen.«

Die Bibel erzählt dazu Folgendes:

Jesus erzählte ein Gleichnis: »Ein Mann hatte zwei Söhne. Er ging zum ersten und sagte: Du arbeitest heute im Weinberg! Der Sohn sagte Ja – ging aber nicht hin. Der Mann ging auch zum zweiten Sohn und forderte ihn auf, im Weinberg zu arbeiten. Der Sohn sagte Nein – aber später tat es ihm leid und er ging doch.

Wer von den beiden hat den Willen des Vaters erfüllt? Seine Zuhörer sagten: der zweite! Da sagte Jesus: Glaubt mir, die Sünder kommen leichter in Gottes Reich als ihr!«

(Matthäus 21,28-31)

• spenden •

Phil ist am Samstagmorgen mit seinem Vater in der Stadt unterwegs. Durch die Einkaufsstraßen strömen viele Menschen. Um nicht verloren zu gehen, geht er an Vaters Hand. Phil hat noch 50 Cent in der Tasche und möchte sich davon Wassereis kaufen.

Sie kommen an einer Plakat-Ausstellung vorbei, auf der Eisbären zu sehen sind. Darüber steht: *Rettet die Eisbären*. Der Vater geht weiter, aber Phil bleibt stehen, weil er sich die Bilder anschauen möchte. »Schau mal, das ist Knut, der kleine Eisbär«, sagt Phil. Schon kommen zwei Jugendliche auf Phil und seinen Vater zu. Sie tragen T-Shirts, auf denen steht: *Rettet die Eisbären*. Die beiden erklären ihnen, wie gefährdet die Eisbären sind: Durch den Klimawandel schmilzt das Eis – und ohne Eis keine Eisbären. Das versteht Phil sofort.

Auf einem Tisch liegen Informationsheftchen, eines darf Phil mitnehmen. Da steht auch eine Spendendose. »Soll ich da was reintun?«, fragt Phil seinen Vater. Der antwortet: »Deine Entscheidung.« Phil überlegt: *50 Cent sind 5 Wassereis. Aber die Eisbären brauchen das Eis dringender als ich.* Er steckt die 50-Cent-Münze in die Spendendose. Die beiden Jugendlichen danken ihm voller Anerkennung.

Die Bibel erzählt dazu Folgendes:

Jesus saß im Tempel. Er beobachtete, wieviel Geld die Leute in den Spendenkasten warfen. Reiche Leute gaben viel Geld. Dann kam eine arme Witwe – sie warf nur zwei Kupfermünzen hinein.

Jesus rief seine Jünger zu sich und sagte: »So ist es: Die arme Witwe hat mehr Geld gespendet als alle anderen. Die anderen haben nur etwas von ihrem Überfluss gegeben. Aber diese Frau, die kaum genügend Geld zum Leben hat – sie hat alles gegeben, was sie besaß.«

(Markus 12,41-44; Lukas 21,1-4)

Mach mit

Auch wenig hilft viel: Du kannst von deinem Taschengeld etwas abgeben – Unterstützung brauchen so viele. Überlege dir gut, wofür du dein Geld gibst:

- **für Schiffe auf dem Mittelmeer, die Flüchtende retten?**
- **für Obdachlose in deiner Stadt?**
- **für Hungernde in Afrika?**
- **für Opfer von Krieg und Naturkatastrophen?**
- **für Aktionen gegen den Klimawandel?**

• beschuldigen •

Ein paar Jungs stehen auf dem Schulhof zusammen. »Ich habe mega lange für die Hausaufgaben gebraucht«, klagt Frederik. Die anderen stimmen ihm zu. Nur Luca sagt: »Ich war gestern nach der Schule bei meinem Vater. Ich habe die Hausaufgaben total vergessen.«

Im Unterricht nimmt die Lehrerin als Ersten ausgerechnet Luca dran. Der sagt: »Wie blöd, ich habe meine Hausaufgaben zu Hause vergessen. Das Heft liegt noch auf dem Küchentisch.« Die Lehrerin schaut ihn über ihre Brille hinweg an. Da ruft Kyrill: »Luca lügt. Draußen hat er erzählt, dass er gestern mit seinem Vater zusammen war. Deswegen hat er die Hausaufgaben gar nicht gemacht.«

Die Lehrerin fragt Luca: »Stimmt das?« Luca nickt. Die Lehrerin sagt: »Lügen ist doof, lass das sein!« Aber dann wendet sie sich an die ganze Schulklasse: »Wer von euch hat denn noch nie gelogen?« Da meldet sich kein Kind. Auch Kyrill nicht.

Da nimmt sie Frederik dran und der kann alle Aufgaben vorrechnen.

Die Bibel erzählt dazu Folgendes:

Jesus ging in den Tempel und erzählte den Menschen von Gott. Sie saßen um ihn herum und hörten aufmerksam zu. Da kamen die Lehrer der Religion zu ihm: Sie brachten eine Frau mit, die Ehebruch begangen hatte. Sie sagten: »Meister, diese Frau hat schwer gesündigt. Sie hat Ehebruch begangen. Nach unserem Gesetz steht darauf die Todesstrafe: Sie muss gesteinigt werden. Oder wie siehst du das?«

Jesus wusste: Die Lehrer der Religion wollten ihm damit eine Falle stellen. Würde er nämlich sagen: »Sie soll am Leben bleiben!« – dann könnten sie ihm vorwerfen, er hält sich nicht an das Gesetz. Jesus aber bückte sich und schrieb mit dem Finger in den Sand. Sie drängten ihn: »Nun sag etwas!« Da stand Jesus auf und sagte: »Wer von euch noch nie gesündigt hat, der kann ja den ersten Stein auf sie werfen.« Er bückte sich wieder und schrieb mit dem Finger in den Sand.

Einer nach dem anderen ging weg. Am Ende stand nur noch die Frau da, ganz allein. »Hat keiner dich verurteilt?«, fragte sie Jesus. »Keiner«, sagte sie. Jesus sprach: »Auch ich verurteile dich nicht. Aber sündige ab heute nicht mehr!«

(Johannes 8,1-11)

Gut gesagt

Schuld sind immer »die anderen«: die Menschen, die Regierenden, das Pech. Die Probleme scheinen immer von außen zu kommen. Und wir verbringen viel Zeit damit, anderen die Schuld an unserem Unglück zuzuweisen. Aber seine Zeit damit zu verbringen, andere zu beschuldigen, ist Zeitverschwendung.

Papst Franziskus

• einladen •

Muffins, Apfelkuchen und Schokoladentorte, Limo und Eis – das gibt ein Fest! Charlotte strahlt: Endlich ist sie neun! Gleich, um drei Uhr, werden ihre Freundinnen kommen. Und dann wird gefeiert! Aber es wird fünf nach drei. Zehn nach drei. Niemand schellt. »Die Klingel ist kaputt!«, protestiert Charlotte, öffnet selbst die Haustür und drückt auf den Klingelknopf. Alles funktioniert. Die Mutter schüttelt den Kopf: »Vielleicht haben sich alle vertan und denken, es würde erst um halb vier losgehen?« Aber um halb vier tut sich auch nichts. Charlotte wirft sich aufs Sofa im Wohnzimmer und flennt: »Keiner mag mich!«

Die Mutter ruft bei Colette an. Sie erreicht ihren Bruder: »Colette braucht eine neue Jeans, sie ist mit Mama in die Stadt gefahren.« »Dann hat sie den Kindergeburtstag wohl vergessen«, antwortet Charlottes Mutter. – Sie ruft bei Mia an. Die bedauert: »Es geht heute nicht. Wir räumen gerade mein Zimmer um.« Charlottes Mutter kann es gar nicht glauben. – Sie schickt Charlottes große Schwester Friederike dann zu Merle und Eva, die wohnen in der Nachbarschaft. Aber Merle übt für den Mathetest, und Eva hat sich leider schon mit einem anderen Mädchen verabredet. »Das darf nicht wahr sein!«, zürnt Charlottes Mutter. Auf einmal klopft sie heftig auf den Tisch: »So nicht, Mädels! Wir lassen uns doch nicht das Fest verderben!« Sie bittet Friederike: »Geh jetzt bitte auf den Spielplatz und hol' von dort Mädchen zu uns, egal, ob wir sie kennen oder nicht. Lade sie ein, mit uns Charlottes Geburtstag zu feiern!« Friederike schaut etwas ungläubig, dann steht sie auf und sagt: »Okay! Das Fest findet statt!«

Jetzt heult Charlotte noch lauter: »Die sind alle sooo gemein!« Da ist Friederike schon wieder da – und nicht allein. Sie hat vier Mädchen im Schlepptau, die zunächst noch ganz verlegen dreinschauen. Sie geben Charlotte brav die Hand, gratulieren zum Geburtstag und stellen sich vor: Da ist Parvati mit langen braunen Haaren. Asabi hinkt ein wenig. Hürrem trägt ein Kopftuch. Nikas Hose ist ziemlich zerrissen. »Greift zu!«, fordert Charlottes Mutter die kleine Festgesellschaft auf. Und beim Essen und Trinken verfliegt die Scheu, die Mädchen kichern und kauen. Sie spielen und malen, erzählen sich Geschichten und Witze, sie stellen sich Rätselaufgaben und essen den ganzen Kuchen auf.

Und als am Abend alle nach Hause gehen, ist Charlotte glücklich, vier neue Freundinnen gefunden zu haben. »Du, Mama«, findet sie, als sie müde ins Bett fällt: »Eigentlich war das der schönste Geburtstag meines Lebens. Und meine alten Freundinnen lade ich nie mehr ein!«

Die Bibel erzählt dazu Folgendes:

Ein Mann sagte zu Jesus: »Selig ist, wer in Gottes Reich mit am Tisch sitzen darf.« Jesus sagte zu ihm: »Ein Mann lud viele Leute zu einem Fest ein. Doch als es losgehen sollte, ließ sich einer nach dem anderen entschuldigen. Der eine musste einen Acker kaufen, der andere Ochsen, der dritte hatte gerade geheiratet. Da wurde der Mann sehr wütend. Er schickte seine Diener auf die Straße und befahl ihnen: *Bringt arme und behinderte Menschen herbei, blinde und lahme – ganz egal.*

Die Diener taten, was ihnen befohlen war. Doch es blieb noch Platz am Tisch. Da schickte sie der Mann noch einmal: *Drängt alle zu kommen, damit mein Haus voll wird. Aber eines sage ich euch: Von denen, die ich eigentlich eingeladen hatte, wird keiner am Fest teilnehmen!«*

(Matthäus 22,1-10; Lukas 14,15-24)

•lernen•

Bastian hat eine Brieffreundschaft mit Lintang, einem gleichaltrigen Jungen in Indonesien. Bastian lebt in Kassel, Lintang auf der Insel Java. Das Leben der beiden ist sehr unterschiedlich, deswegen gibt es immer viel zu erzählen. Agnes, eine Frau aus Indonesien, die in Deutschland lebt, hat diese Brieffreundschaft angeregt. Sie übersetzt Bastians Briefe ins Indonesische und Lintangs ins Deutsche. In seinem letzten Brief schreibt Lintang Folgendes:

»Lieber Bastian, für die Schule muss ich viel lernen. Manchmal habe ich aber keine Lust auf Mathe und Englisch. Ich möchte lieber schwimmen gehen oder faulenzen. Aber dann erinnere ich mich: Mein Großvater war noch Analphabet. Er ist nie zur Schule gegangen. Von klein auf musste er seinem Vater helfen, der war Fischer. Mein Vater durfte dann zur Schule gehen, das kostete Geld. Danach hat er eine Ausbildung gemacht. Ich soll einmal studieren. Dafür muss ich viel lernen. Dass ich lernen darf, ist wie ein Geschenk. Was sind deine Lieblingsfächer? Semoga baik baik! Lintang«

Was *semoga baik baik!* bedeutet, hat Bastian schon gelernt: *Hoffentlich geht's dir gut!*

Die Bibel erzählt dazu Folgendes:

Jesus sprach: »Vom Feigenbaum könnt ihr etwas lernen: Wenn seine Zweige saftig werden und grüne Blätter hervorkommen, dann steht der Sommer vor der Tür. Genauso sollt ihr erkennen, wann das Ende kommt. So ist es: Himmel und Erde werden vergehen. Aber meine Worte werden nicht vergehen. Doch niemand kennt den Tag und die Stunde, an dem alles vollendet wird: nicht die Engel, nicht einmal der Sohn Gottes – nur der Vater im Himmel.«

(Matthäus 24,32-36; Markus 13,28-32)

• verpassen •

Nur an diesem Sonntag kommt Tommy, der berühmte Sänger, nach Cottbus. Wegen strenger Sicherheitsvorschriften müssen alle um Punkt 16 Uhr ihre Plätze eingenommen haben. Wer zu spät kommt, hat Pech. Doreen hat erst einmal Glück, dass sie sechs Karten für das Konzert ergattern konnte. Sie gibt ihrer Freundesgruppe Anweisungen: »Treffpunkt am Sonntag um zwanzig nach zwei am Bahnhof Hoyerswerda. Abfahrt 14 Uhr 33. Umsteigen in Ruhland. Wir sind dann um 15 Uhr 38 in Cottbus und schaffen es noch pünktlich zum Konzert.

Am Sonntag sind alle pünktlich am Bahnhof und cool angezogen. Dann folgt ein ziemlicher Dämpfer. Die Lautsprecherstimme verkündet: »Der Zug hat zehn Minuten Verspätung.« »Das wird knapp«, sorgt sich Doreen. Kevin hat keine Lust, auf dem Bahnsteig zu warten. »Leute, ich hol mir noch schnell eine Currywurst. Wer kommt mit?« Rico und Sergej schließen sich an. Doreen will die drei zurückhalten: »Seid ihr verrückt? Der Zug kommt doch gleich. Bleibt hier!« Aber die Jungs meinen, das würde doch dicke reichen. Sie sind gerade drei Minuten weg, da kommt überraschend der Zug, der eigentlich erst später erwartet wurde. Doreen ruft schnell übers Handy bei Kevin an. Es geht nur die Mailbox ran. Dann versucht sie es bei Rico, auch ohne Erfolg.

»Was sollen wir machen?«, fragen Corinna und Punky aufgewühlt. »Sollen wir auch hierbleiben?« »Ich will Tommy nicht verpassen!« Doreen entscheidet, dass die drei Mädchen fahren. Schon hören sie die Ansage aus dem Lautsprecher: »Bitte einsteigen. Türen schließen selbsttätig. Vorsicht bei der Abfahrt.« Es macht rums, die Türen schieben sich automatisch zu, die Bahn ruckelt los. Die Jungs springen die Treppe hinauf, sehen aber nur noch die Rücklichter des letzten Waggons. Der Zug ist abgefahren.

Die Bibel erzählt dazu Folgendes:

Jesus erzählte ein Gleichnis: »Das Reich Gottes gleicht zehn Jungfrauen. Die gingen mit Öllampen dem Bräutigam entgegen. Fünf von ihnen waren dumm, fünf waren klug. Die dummen hatten zwar ihre Lampen dabei, aber kein Öl zum Nachfüllen. Die klugen hatten Öl auf Vorrat dabei. Als der Bräutigam lange nicht kam, schliefen alle vor Müdigkeit ein. Mitten in der Nacht hieß es auf einmal: *Der Bräutigam kommt! Wir gehen ihm entgegen!* Alle Jungfrauen zündeten ihre Lampen an. Doch die dummen hatten kein Öl mehr. Sie wollten von den klugen welches haben. Die aber sagten: *Dann reicht das Öl weder für euch noch für uns. Kauft euch welches.* Aber während die dummen noch einkaufen waren, kam der Bräutigam. Er nahm die klugen Jungfrauen mit in den Hochzeitssaal. Die Tür wurde abgeschlossen.

Später kamen auch die dummen Jungfrauen und riefen: *Herr, mach uns auf!* Aber der Bräutigam antwortete: *Ich kenne euch gar nicht!* Seid also aufmerksam. Ihr wisst weder den Tag noch die Stunde, wann der Herr kommt!«

(Matthäus 25,1-13)

• vermehren •

Herr Kramp, Klassenlehrer der 3b, hat Kontakt zu einer Schule in Ghana. Die ist sehr arm. Deswegen hat er eine Idee: »Beim Schulfest könnten wir Geld für diese Schule verdienen. Der Grundstock sind 100 Euro, die ich spende. Aber das Geld soll sich vermehren!« »Wie kann sich Geld vermehren?«, will Anastasia wissen. Herr Kramp holt zwanzig Fünf-Euro-Scheine aus seiner Geldbörse. »Jede und jeder von euch bekommt fünf Euro. Ihr lasst euch was einfallen, wie daraus beim Schulfest mehr Geld wird. Überlegt mal!« »Ich kapiere!«, platzt Kathi heraus. »Wenn ich Sprudel und Apfelsaft für zwei Euro kaufe, dann kann ich daraus zehn Gläser Apfelschorle mischen. Die verkaufe ich für 50 Cent pro Glas – dann habe ich am Ende fünf Euro verdient.« Herr Kramp korrigiert: »Fünf Euro sind dein Umsatz. Du musst aber die zwei Euro abziehen, die du erst einmal ausgeben musstest, um Sprudel und Saft zu kaufen.«

Jetzt haben alle Ideen. Ein paar tun sich zusammen, um Waffeln zu backen. Andere wollen einen Tanz aufführen und sich dafür Kostüme nähen lassen, wofür sie Stoff brauchen. Nach dem Tanz soll dann ein Hut herumgehen, in den das Publikum spenden kann. Wieder andere wollen Streichholzschachteln bunt bekleben; das ist ein schönes Geschenk. Herr Kramp notiert sich alle Namen und Ideen auf einer Liste. Nur Martin fällt nichts ein. »Jeder kann irgendwas!«, ermutigt ihn der Lehrer. Martin zieht die Schultern hoch. »Der kann super Nussecken backen!«, behauptet Oliver. Herr Kramp nickt Martin zu: »Stimmt das?« Martin senkt den Kopf. »Ich habe einmal zu meinem Geburtstag welche gebacken, gemeinsam mit meinem Papa.« »Martin: Nussecken«, schreibt Herr Kramp auf seine Liste. Dann bekommt jedes Kind einen Fünf-Euro-Schein in die Hand. »Nicht für euch, Kinder!«, erinnert sie Herr Kramp: »Macht was draus!«

Zum Schulfest kommen viele Besucher. Im Klassenraum der 3b geht es zu wie in einem Ameisenhaufen! Auf Plakaten steht: »Alle Einnahmen spenden wir einer Schule in Ghana.« Da greifen die Leute gerne zu. Auch der Tanz in der Aula kommt super an. Als das Fest vorbei ist, sind alle zufrieden. Dann wird das Geld gezählt. Manche haben aus den fünf Euro 30 gemacht. Andere immerhin 20, 15 oder 10. Der Letzte auf der Liste ist Martin. »Wie sind denn deine Nussecken weggegangen?«, fragt Herr Kramp. Martin senkt den Kopf: »So gut sind die nicht geworden …« Er holt aus einer Tragetasche eine volle Frischhaltedose mit Nussecken. »Du hast sie gar nicht verkauft?«, fragt Herr Kramp verwundert. Martin schüttelt den Kopf. Herr Kramp nimmt eine Nussecke aus der Dose und beißt hinein. Kauend sagt er: »Die sind doch wunderbar!«

Die Bibel erzählt dazu Folgendes:

Jesus erzählte ein Gleichnis: »Ein reicher Mann ging auf Reisen. Vorher vertraute er seinen Dienern sein Geld an: Dem ersten gab er 500 Silbermünzen, dem nächsten 200, einem anderen 100. Der Mann reist ab – und sofort begann derjenige, der 500 bekommen hatte, mit dem Geld Geschäfte zu machen. Er konnte es verdoppeln! Das gelang auch dem, der 200 erhalten hatte: Er machte 400 draus. Nur der mit den 100 grub ein Loch und versteckte die Silbermünzen.

Als der reiche Mann nach langer Zeit zurückkam, wollte er wissen, was aus seinem Geld geworden war. Der mit den 500 Silbermünzen brachte nun 1000. *Sehr gut, du bist ein tüchtiger Diener. Ich werde dir eine große Aufgabe übertragen*, wurde er gelobt. Das sagte er auch zu dem, der seine 200 Silbermünzen verdoppelt hatte. Zuletzt kam der, der das Geld vergraben hatte und sagte: *Ich weiß ja, wie streng du bist. Aus Furcht vor dir habe ich dein Geld versteckt. Hier hast du es zurück*. Der reiche Mann schimpfte ihn aus: *Du bist ja schrecklich faul! Auf der Bank hätte mein Geld wenigstens Zinsen gebracht. Nehmt ihm das Geld weg – gebt es dem, der 1000 Silbermünzen hat. Denn wer viel hat, bekommt noch mehr dazu. Und wer wenig hat, dem wird alles weggenommen.«*

(Matthäus 25,14-29; Lukas 19,11-27)

Kurz erklärt

Mit dem Gleichnis ermuntert Jesus auch uns: Mach was aus deinen Fähigkeiten und Talenten. Lass sie nicht verkümmern. Nutze die Möglichkeiten, die sich dir bieten. Ergreife die Chancen und vermehre, was du an Gaben mitbekommen hast.

Gut gesagt

Ich bin berufen, etwas zu tun oder zu sein, wofür kein anderer berufen ist. Ich habe einen Platz in Gottes Plan, auf Gottes Erde, den kein anderer hat. Ob ich reich bin oder arm, verachtet oder geehrt bei den Menschen, Gott kennt mich und ruft mich bei meinem Namen.

Das sagte der englische Kardinal John Henry Newman.

• etwas Gutes tun •

Mila hat einen Film über Kinder in Äthiopien gesehen. Der Film hieß »Merhawit will lernen«. Er handelt von einem Mädchen in Milas Alter: Merhawit würde gern zur Schule gehen und später einmal Lehrerin werden. Aber sie darf nicht. Ihre Familie ist zu arm. Oft gibt es nichts zu essen. Die Schule kostet Geld. Deswegen muss Merhawit arbeiten, zum Beispiel bei anderen Leuten putzen oder in einem Imbiss mit der Hand Teller und Gläser spülen.

Merhawit hat Mila keine Ruhe gelassen. Sie will dem Mädchen helfen. Aber wie? Ihre Mutter schlägt ihr vor: »Wir können ja zusammen Nusskekse backen. Dann verkaufst du die. Das Geld spenden wir dann nach Äthiopien.« Mila ist begeistert. Aber Nusskekse-Backen ist auch Arbeit: Die Zutaten müssen eingekauft werden. Dann wird alles nach Rezept zusammengerührt. Aus dem Teig formt man eine Rolle. Die Rolle wird in dünne Scheiben geschnitten. Die werden aufs Blech gelegt, dann gebacken, und anschließend müssen sie abkühlen. Damit sich der Aufwand lohnt, werden gleich mehrere Bleche nacheinander gemacht. Die Küche wieder aufzuräumen gehört auch dazu. Jeweils neun fertige Kekse kommen in ein durchsichtiges Tütchen, das mit einer Schleife zugebunden wird. Mila ist total erschöpft, aber vor ihr stehen 20 Tüten mit Keksen. Sie ist stolz.

Am nächsten Tag ist ihr Keksstand im Vorgarten geöffnet. Der erste Kunde kommt, Jupp, der alte Nachbar von gegenüber. »Die sehen ja wunderbar aus«, sagt Jupp, »da nehme ich eine Tüte!« Mila reicht sie ihm und sagt den Preis. Jupp bezahlt und fragt: »Möchtest du dir dein Taschengeld aufbessern?« Mila schüttelt den Kopf: »Nein, das Geld bekommt Merhawit. Das ist ein Mädchen in Äthi-

opien. Sie darf nicht zur Schule gehen, weil sie arbeiten muss.« Jupp ist überrascht: »Kennst du das Mädchen?« »Nein«, lacht Mila, »aber sie ist doch ein Mädchen wie ich.« Jupp nickt – und kauft noch eine zweite Tüte.

Die Bibel erzählt dazu Folgendes:

Jesus sagte: Am Ende wird der König der Welt über alle Menschen richten. Er wird sie in zwei Gruppen aufteilen.

Zu denen auf der rechten Seite wird er sagen: »Kommt zu mir! Ihr gehört zu mir.

Denn als ich hungrig war, habt ihr mir zu essen gegeben.

Als ich fremd war und keine Wohnung hatte, habt ihr mich aufgenommen.

Als ich nackt war, habt ihr mir Kleidung gegeben.

Als ich krank war, habt ihr mich besucht.«

Dann werden diese, die das Richtige getan haben, sagen: »Wann haben wir dich denn hungrig oder fremd oder nackt oder krank gesehen?« Darauf wird der König antworten: »Alles, was ihr für irgendeinen Menschen getan habt, das habt ihr auch für mich getan.«

Zu denen auf der linken Seite wird er sagen: »Geht weg von mir. Ich kenne euch nicht.

Denn als ich hungrig war, habt ihr mir nichts zu essen gegeben.

Als ich fremd war und keine Wohnung hatte, habt ihr mich nicht aufgenommen.

Als ich nackt war, habt ihr mir keine Kleidung gegeben.

Als ich krank war, habt ihr mich nicht besucht.«

Dann werden diese, die nicht das Richtige getan haben, sagen: »Wann haben wir dich denn hungrig oder fremd oder nackt oder krank gesehen?« Darauf wird der König antworten: »Alles, was ihr für irgendeinen Menschen nicht getan habt, das habt ihr auch für mich nicht getan.«

(Matthäus 25,31-46)

• Gemeinschaft erfahren •

Oma Ursula aß so gern Kartoffelpuffer mit Apfelkompott! Immer wenn sie ihre Enkelkinder Klara und Luzie besuchte, gab es Kartoffelpuffer mit Apfelkompott. Eigentlich gab es die nur, wenn Oma Ursula zu Besuch kam. Denn dieses Essen – frisch zubereitet – macht viel Arbeit.

Nun ist Oma Ursula vor drei Monaten gestorben. Seitdem gibt es heute zum ersten Mal wieder Kartoffelpuffer mit Apfelkompott. »Ich muss an Oma Ursula denken«, sagt Klara. Luzie fängt fast zu weinen an: »Ich auch!« Die Mutter sagt: »Das ist doch schön: Immer wenn wir Kartoffelpuffer mit Apfelkompott essen, erinnern wir uns an Oma Ursula. Dann ist es fast so, als würde sie hier bei uns am Tisch sitzen. Dann ist sie uns ganz nah.«

Luzie schnieft: »Ich will noch einen!« Klara sagt: »Ich auch!«

Die Bibel erzählt dazu Folgendes:

Zum Abendessen saß Jesus mit den zwölf Jüngern zusammen. Jesus nahm das Brot und dankte Gott dafür. Er brach es in Stücke und reichte jedem davon. Dazu sprach er: »Nehmt und esst das – das ist mein Leib, der für euch hingegeben wird. Tut auch ihr das, um euch an mich zu erinnern.«

Dann nahm er den Becher mit Wein, sprach das Dankgebet und sagte: »Das ist der neue Bund, den Gott, mit den Menschen schließt. Nehmt und trinkt daraus – das ist mein Blut, das für euch vergossen wird.« Und er fügte hinzu: »Ich werde hier keinen Wein mehr trinken, erst wieder im Reich Gottes.«

(Matthäus 26,26-29; Markus 14,22-25; Lukas 22,14-20)

Kurz erklärt

»Tut auch ihr das, um euch an mich zu erinnern« spricht Jesus, in der Kirche heißt es: »Tut dies zu meinem Gedächtnis.« Wenn Christinnen und Christen das Abendmahl (auch: Eucharistie) feiern, dann essen sie Brot und trinken Wein oder Traubensaft und erinnern sich an das, was Jesus mit seinen Jüngern am Abend vor seinem Tod getan hat. Dann erfahren sie Gemeinschaft mit Gott und Gemeinschaft untereinander.

Mach mit

Wie kann man am besten Gemeinschaft erfahren? Wenn man zusammen isst oder feiert, miteinander spielt und singt, wenn man gemeinsam eine Aufgabe bewältigt. Auch einander zu vertrauen schenkt Gemeinschaft.

Gedicht

Eine Gemeinschaft, zusammengeschweißt
durch Gottes Liebe, die Taufe, den Geist.
Keiner kann alles und niemand kann nichts,
alle sind wir doch die Strahlen des Lichts.
Der Leib Christi, Kommunion:
Brot des Lebens, Gottes Sohn.
Der Leib Christi, das sind wir:
Du und ich und alle hier.

dienen

Lindas kleine Schwester Luise ist krank. Sie hat Kopfweh und Bauchschmerzen und fühlt sich schwach. Luise liegt im Bett und ruft: »Ich hab' Durst!« Die Mutter schickt Linda los. Sie bringt Luise eine Tasse Tee mit einem Schuss Orangensaft, damit er nicht zu heiß ist. Wenig später ruft Luise: »Einen Apfel könnte ich vielleicht vertragen!« Die Mutter schneidet einen Apfel in Viertel, Linda bringt ihn ihrer Schwester. Dann verlangt Luise nach einer Wärmflasche. Und ihr ist langweilig, Linda soll ihr vorlesen.

Linda macht alles für Luise; doch als die mit ihren Wünschen nicht aufhört, beschwert sich Linda bei ihrer Mutter: »Mama, bin ich die Dienerin von Luise?« Die Mutter grinst: »Das fühlt sich für dich gerade so an, das verstehe ich gut. Aber so ist das im Leben: Wir helfen uns gegenseitig. Es kommt vielleicht der Tag, da bedient Luise dich.« Da sagt Linda mit schwacher Stimme: »O Mama, ich glaube, ich kriege schon Kopfweh und Bauchschmerzen.« Aber dabei zwinkert sie.

Die Bibel erzählt dazu Folgendes:

Nach dem Abendessen stand Jesus auf und legte sein gutes Obergewand ab. Er band sich eine Schürze um und goss Wasser in eine Schüssel. Dann fing er an, allen Jüngern die Füße zu waschen. Mit der Schürze trocknete er sie ab.

Als er zu Simon Petrus kam, sagte der: »Herr, das geht doch nicht: Du willst mir die Füße waschen?« »Du wirst es später einmal verstehen«, antwortete Jesus. Petrus wollte nicht: »Niemals sollst du mir die Füße waschen!« Jesus entgegnete: »Dann haben wir keine Gemeinschaft!« »Wenn das so ist«, gab Petrus klein bei, »dann wasche mir nicht nur die Füße, sondern auch die Hände und den Kopf.« »Das ist nicht nötig«, stellte Jesus fest.

Als er fertig war, sein Gewand wieder angezogen und sich hingesetzt hatte, fragte Jesus seine Jünger: »Habt ihr verstanden, was ich an euch getan habe? Ihr nennt mich Herr und Meister. Das bin ich auch. Wenn ich euch die Füße gewaschen habe, dann müsst ihr euch auch untereinander die Füße waschen. Ich habe euch ein Beispiel gegeben: Ihr sollt es so machen wie ich.«

(Johannes 13,1-19)

Wusstest du …?

Diener stehen der Königin zu Diensten. Zu einer Kellnerin oder einem Ober im Gasthaus sagt man auch Bedienung. Im katholischen Gottesdienst gibt es Messdienerinnen und Messdiener (Ministrant*innen). Auch im Wort »Minister*in« (Leute, die ein Land regieren), steckt das lateinische Wort für Diener. – Wir alle sollen einander dienen: da sein, sorgen, helfen.

Gebet

Mein Herze soll dir grünen
in stetem Lob und Preis
und deinem Namen dienen,
so gut es kann und weiß.

Paul Gerhardt hat das gedichtet, in seinem Adventslied »Wie soll ich dich empfangen«.

• verleugnen •

Till ist anders. Er spielt lieber mit Puppen statt mit Autos. Till zieht gern die Kleider seiner Schwester an. Seine Haare sind schulterlang, seine Lieblingsfarbe ist rosa. Samuel, seinem besten Freund, macht das nichts aus. Die beiden verstehen sich prima. Till ist eben Till.

Die beiden schlendern durch ihren Stadtteil. Till holt sich in einem Imbiss etwas zu essen. Samuel wartet draußen. Da sprechen ihn zwei Jugendliche an: »Was ist das denn für ein Typ, mit dem du da unterwegs bist? Ziemlich schräg, das Bübchen. Oder ist das gar kein Junge?« Dabei lachen sie gemein. Samuel würde gern ganz cool entgegnen: *Lasst Till in Ruhe und mich auch.* Aber er sagt: »Den kenne ich gar nicht«, und geht weg.

Er schreibt Till eine Nachricht aufs Handy: *Ich musste dringend nach Hause.* – Dabei schämt er sich sehr.

Die Bibel erzählt dazu Folgendes:

Jesus und die Apostel gingen zum Ölberg. Da sagte Jesus zu ihnen: »Ihr werdet mich alle verlassen und verleugnen.« Petrus protestierte: »Und selbst wenn es alle anderen tun – ich nie!« Aber Jesus sagte zu ihm: »Ich sage dir: Diese Nacht, noch ehe der Hahn kräht, wirst du mich dreimal verleugnen!« Petrus blieb dabei: »Selbst, wenn ich sterben müsste: Ich werde dich nie verleugnen!«

Jesus ging mit den Jüngern in einen Garten. »Wartet hier auf mich. Ich werde beten. Bleibt wach und betet auch ihr!« Er ging ein Stück weiter und flehte: »Gott, wenn es möglich ist, lass mich nicht sterben. Aber nicht, wie ich will, sondern wie du willst.« Als er zurück zu den Jüngern kam, schliefen sie. Er weckte sie auf: »Ihr solltet doch wach bleiben und beten!«

Da kam Judas mit Männern, die mit Knüppeln und Schwertern bewaffnet waren. Judas trat zu Jesus und küsste ihn zur Begrüßung. Dadurch wussten die anderen, wer Jesus war. Sie verhafteten ihn. Jesus sagte: »Ihr kommt zu mir, als wäre ich ein Verbrecher. Dabei saß ich jeden Tag im Tempel.« Alle Jünger liefen aus Angst davon.

Man führte Jesus vor den Hohepriester und den Hohen Rat. Petrus folgte ihm heimlich und wartete draußen im Hof ab, was passieren würde. Der Hohepriester suchte nach einem Grund, Jesus zum Tod zu verurteilen. Aber der hatte ja nichts Böses getan. Da fragte der Hohepriester Jesus: »Bist du der Sohn Gottes?« Jesus antwortete: »Du sagst es.« Da rief der Hohepriester: »Das ist Gotteslästerung!« Alle waren sich einig: *Jesus ist schuldig und muss dafür sterben.* Sie spuckten ihm ins Gesicht und schlugen ihn.

Draußen im Hof fragte eine Frau Petrus: »Gehörst du nicht auch zu diesem Jesus?« Aber Petrus meinte: »Keine Ahnung, wovon du redest.« Eine andere Frau sprach ihn an: »Du warst doch auch mit Jesus zusammen!« Petrus leugnete wieder und schwor: »Ich kenne den Mann gar nicht.« Noch einmal sprachen ihn Leute an: »Du warst bei Jesus, du sprichst wie er.« Petrus fluchte: »Aber nein! Der ist mir unbekannt!«

Da krähte ein Hahn. Petrus erinnerte sich, was Jesus gesagt hatte, und weinte bitterlich.

(Matthäus 26,30-75;
Markus 14,26-72;
Lukas 22,33-71;
Johannes 18,3-24)

• sterben •

Bobs Vater arbeitet bei einer Tankstelle. Als er heute von der Arbeit nach Hause kommt, berichtet er etwas Trauriges: »Der alte Larry ist heute nicht gekommen. Der kommt sonst jeden Tag. Kauft eine Zeitung und ein Bier. Da haben wir uns Sorgen gemacht. Mein Boss ist mittags mal zu ihm nach Hause gegangen, er wohnt ja gegenüber. Hat nicht aufgemacht. Die Vermieterin hat dann aufgeschlossen. Der alte Larry lag im Bett und sah aus, als würde er schlafen. Aber er war tot.«

Bob hört angespannt zu. Er kennt Larry auch; der hatte nur noch ein Auge, vom Krieg. Jetzt möchte Bob am liebsten weinen. Aber sein Vater sagt: »Junge, das war für Larry ein Sechser im Lotto. Der musste nicht ins Krankenhaus. Nicht an Apparate dran. Der hat nicht gelitten. Der ist gestern Abend ins Bett gegangen und friedlich eingeschlafen. So zu sterben – dieses Glück hat nicht jeder. Manche müssen verdammt viel leiden, wenn sie über den Jordan gehen.«

Bob versteht nicht, was Papa mit dem Jordan meint. Sein Vater holt aus dem Eisschrank zwei Portionen Walnusseis und lässt Ahornsirup drüber laufen. Eine schiebt er Bob zu: »Auf Larry! Und jetzt: Genieße das Leben!«

Die Bibel erzählt dazu Folgendes:

Man führte Jesus zu einem Ort, der Golgota genannt wird. Jesus wurde ans Kreuz geschlagen. Das Kreuz wurde aufgestellt. Über dem Kopf von Jesus war ein Schild angebracht. Darauf stand: *Jesus von Nazareth, König der Juden.*

Zusammen mit Jesus wurden zwei Räuber gekreuzigt. Man stellte ihre Kreuze links und rechts von ihm auf. Der eine fragte Jesus spöttisch: »Bist du der Messias? Dann tu doch was!« Der andere nahm Jesus in Schutz: »Wir beide erhalten die gerechte Strafe für das, was wir getan haben. Aber er hat nichts Böses getan.« Jesus sagte zu ihm: »Heute noch wirst du mit mir im Paradies sein.«

Viele Leute kamen vorbei. Sie machten sich lustig: »Anderen hat dieser Jesus doch geholfen – sich selbst kann er wohl nicht helfen?!« Man lachte ihn aus. Jesus aber betete: »Vater, vergib ihnen. Sie wissen ja nicht, was sie tun.«

Von Mittag an herrschte Dunkelheit im Land. Gegen drei Uhr am Nachmittag schrie Jesus: »Mein Gott, mein Gott, warum hast du mich verlassen?« Dann rief er: »Vater, ich gebe mich in deine Hände« – und war tot. Da riss der Vorhang im Tempel in der Mitte durch. Die Erde bebte. Der Hauptmann der Soldaten rief erschrocken: »Das war also doch Gottes Sohn!«

Um sicherzugehen, dass Jesus wirklich tot war, stach ihm ein Soldat mit der Lanze in die Seite. Es floss Blut und Wasser heraus. Am Abend nahm man Jesus vom Kreuz ab. Josef, ein reicher Mann aus Arimathäa, bat darum, Jesus bestatten zu dürfen. Es wurde ihm erlaubt. Man umwickelte Jesus mit Leinentüchern. Den Leichnam legte man in eine Felsenhöhle, ins Grab. Davor wurde ein großer Stein gewälzt. Soldaten bewachten das Grab.

(Matthäus 27,31-66; Markus 15,20-47; Lukas 23,26-55; Johannes 19,16-42)

• aufstehen •

Helenes Tante Kirsten hat eine seltsame Krankheit. Sie ist immer müde, dauernd erschöpft. Die letzte Woche war es besonders schlimm, da hat sie nur im Bett gelegen. Helenes Mama bringt ihr Essen ans Bett. Oft kommt Helene mit, dann freut sich Kirsten immer sehr.

An Ostern darf Helene mit in den Gottesdienst – am Morgen um sechs Uhr! So früh aufzustehen fällt ihr schwer. In der Kirche ist sie noch müde. Aber die Stimmung ist ganz feierlich: Draußen ist es dunkel, in der Kirche ist keine Lampe an. Es leuchten aber ganz viele Kerzen. Alle halten ein Lichtlein in der Hand. Dann hören sie, wie es damals war: *Jesus liegt nicht mehr im Grab, er ist auferstanden!*

Nach dem Gottesdienst gibt es ein Frühstück im Gemeindehaus. Da stehen bunt gefärbte Eier, Schokohasen und gebackene Osterlämmchen auf den Tischen. Von allem packt Helene etwas für Kirsten ein. Die gehen sie nämlich gleich wieder besuchen.

Als sie zu Kirsten in die Wohnung kommen, sitzt die Tante angezogen am Küchentisch. Helene läuft strahlend zu ihr: »Du bist ja auferstanden!« Da lächelt Kirsten: »Wirklich, so fühle ich mich.«

Die Bibel erzählt dazu Folgendes:

Am ersten Tag der Woche gingen in aller Frühe die Frauen zum Grab. Die Sonne ging gerade auf. Sie sahen: Der große Stein, der das Grab verschlossen hatte, lag nicht mehr vor dem Eingang. Sie gingen in das Grab hinein – aber nirgendwo lag der tote Jesus. Da kam ein Engel zu ihnen und sagte: »Habt keine Angst! Ihr sucht Jesus. Aber ihr findet einen Lebenden nicht bei den Toten. Er ist nicht hier – denn er ist auferstanden!«

Voller Angst und voller Freude liefen die Frauen zurück in die Stadt. Dort erzählten sie den Aposteln, was sie erlebt hatten. Die glaubten ihnen nicht. Doch Petrus rannte zum Grab und wollte selbst sehen, was los war. Er wunderte sich sehr.

(Matthäus 28,1-8; Markus 16,1-8; Lukas 24,1-12)

Kurz erklärt

»Aufstehen« – das tun wir morgens, wenn wir das Bett verlassen. Wer lange krank war und nur liegen konnte, kann wieder aufstehen, wenn es ihm besser geht. Wir stehen im Bus auf, wenn unsere Haltestelle kommt. Wir nutzen das Wort aber auch, wenn wir gegen etwas protestieren: Dann stehen wir auf gegen Unrecht oder für den Frieden. Dass Jesus nicht tot geblieben ist, sondern lebt, beschreiben wir mit dem Wort »auferstehen«. Da sind zwei Buchstaben mehr drin ... aber im Originaltext der Bibel auf Griechisch steht da das Wort für aufstehen.

Gut gesagt

Wenn wir uns legen, so ist er zugegen;
wenn wir aufstehen, so lässt er aufgehen
über uns seiner Barmherzigkeit Schein.

Paul Gerhardt

• bleiben •

Die Freundinnen Jolande und Shabnam treffen sich jeden Tag auf dem Spielplatz zwischen den Wohnblocks. Shabnam ist heute gar nicht in guter Stimmung. Sie spricht kaum und hat keine Lust zum Wippen oder Schaukeln. »Was ist denn los?«, will Jolande wissen.

Shabnam schaut nach unten auf den Sand, während sie spricht: »Du weißt doch, meine Eltern kommen aus dem Iran. Ich bin hier in Bremen geboren. Aber jetzt wollen die uns abschieben.« Jolande versteht nicht, was das bedeutet. Shabnam erklärt: »Wir verlieren das Recht, hier bleiben zu dürfen.« »Was soll das bedeuten?«, fragt Jolande fassungslos: »Ihr müsst alle zurück in den Iran? Du warst doch noch nie da!« Shabnam nickt still und weint.

Zu Hause berichtet Jolande empört: »Mama, Papa, stellt euch vor: Shabnam muss zurück in den Iran.« Jolandes Mutter ruft Shabnams Mutter an. Ein paar Tage später gehen sie gemeinsam zu einer Beratungsstelle für Menschen, die abgeschoben werden sollen. Dort will man prüfen, wie Shabnams Familie geholfen werden kann.

Als Jolande am Abend schon im Bett liegt, sagt sie zu ihren Eltern: »Ich wünsche mir so sehr, dass Shabnam bleiben kann. So sehr! Bitte, lieber Gott, mach' doch, dass Shabnam bleiben darf.«

Die Bibel erzählt dazu Folgendes:

Zwei Jünger waren unterwegs nach Emmaus, einem Dorf, elf Kilometer von Jerusalem entfernt. Sie sprachen über alles, was passiert war. Während sie miteinander redeten, kam Jesus hinzu und ging mit ihnen. Aber sie waren wie blind und erkannten ihn nicht. Jesus fragte sie: »Worüber redet ihr?« Einer der Jünger antwortete: »Weißt du das denn nicht? Das mit Jesus von Nazareth. Er war ein Prophet. Aber er wurde zum Tod verurteilt und ans Kreuz geschlagen. Wir hatten so sehr gehofft, dass er Israel befreien wird. Das ist jetzt drei Tage her. Dazu sorgten noch Frauen aus unserem Kreis für Aufregung: Sie waren morgens früh am Grab – aber sie fanden den Leichnam nicht. Ein Engel sei ihnen erschienen. Der habe zu ihnen gesagt: *Jesus lebt!* Einige von uns gingen dann zum Grab. Es war tatsächlich leer. Aber Jesus sahen sie nicht.«

Jesus sagte: »Ihr versteht ja gar nichts! Die Propheten haben es doch gewusst: *Der Sohn Gottes muss leiden, bevor er in Gottes Herrlichkeit eingeht.*« Dann erklärte er ihnen, was bei Moses und den Propheten über ihn geschrieben steht.

Mittlerweile waren sie in Emmaus angekommen. Jesus tat so, als wolle er weitergehen. Die Jünger baten ihn: »Bleibe bei uns, denn es wird schon Abend.« Da ging Jesus mit ihnen ins Haus. Beim Abendessen nahm Jesus Brot, lobte Gott dafür, brach es in Stücke und gab davon den beiden Jüngern. Da öffneten sich ihre Augen, die wie blind gewesen waren: Sie erkannten Jesus – doch auf einmal war er verschwunden.

Sie sagten zueinander: »Brannte nicht unser Herz, als er unterwegs mit uns redete?« Und gleich gingen sie wieder zurück nach Jerusalem zu den elf Jüngern. Die sagten zu ihnen: »Der Herr ist wirklich auferstanden und dem Simon erschienen.« Da erzählten auch die beiden Jünger ihr Erlebnis: Wie sie Jesus erkannt hatten, als er das Brot brach.

(Lukas 24,13-35)

glauben

Krümel heißt das Kaninchen von Petra und Pauline. Krümel ist das schönste Kaninchen, das man sich vorstellen kann: Es hat ein weißes und ein schwarzes Ohr. Petra und Pauline kümmern sich um das Tier. Das will nämlich nicht nur gestreichelt werden, sondern braucht auch frisches Futter und Wasser. Und der Stall muss regelmäßig saubergemacht werden.

Wer gestern nun vergessen hat, die Stalltür zu schließen – keiner weiß es. Aber Krümel ist weg. Überall haben die Mädchen gesucht. Im Garten. In der Garage. Bei den Nachbarn geklingelt und nachgefragt. Nun machen sie mit Papas Hilfe eine Vermisstenanzeige. Auf den Zetteln, die Papa ausdruckt, ist ein Foto von Krümel. Darüber steht: »Gesucht wird Krümel. Bitte melden!« Dann steht da noch die Telefonnummer der Familie. Petra und Pauline hängen die Zettel an Laternen auf.

Am nächsten Tag geht das Telefon. Eine Kinderstimme sagt: »Hier spricht Krümel« – dann hört man Lachen. Aufgelegt. »Wie gemein!«, finden Petra und Pauline. Sonst ruft niemand an. Nach einer Woche meint Papa: »Ihr Lieben, ich fürchte, unser Krümel findet nicht mehr heim.« Die Mädchen sind ganz furchtbar traurig.

Acht Tage nach Krümels Verschwinden ruft jemand an, Pauline geht ans Telefon: »Hier ist Frau Wandersleben. Ich meine, in meinem Garten sitzt ihr Hase.« »Wir suchen ein Kaninchen«, verbessert sie Pauline. Ihr Vater nimmt ihr den Hörer ab. Er fragt:

»Könnten Sie uns ein Foto machen? ... Ach so ... Wo wohnen sie denn? ... Gut, dann kommen wir gleich mal vorbei ... Aaah, das klingt doch gut.« Er legt auf und sagt: »Die Frau hat kein Handy, sie kann kein Bild machen.« Petra verschränkt die Arme: »Dann glaube ich auch nicht, dass es Krümel ist.« Pauline fragt: »Was klingt gut?« Der Vater zwinkert: »Die Frau sagte: Der Hase habe ein weißes und ein schwarzes Ohr! Ich habe ihre Adresse. Los, das wollen wir sehen.«

Die Bibel erzählt dazu Folgendes:

Nachdem Jesus gestorben war, schlossen sich die Jünger von Jesus ein. Sie hatten Angst. Da kam Jesus zu ihnen und sagte: »Friede sei mit euch!« Er zeigte den Jüngern die Wunden an seinen Händen und seiner Seite. Er sprach: »Ich wurde vom Vater zu euch gesandt. Nun sende ich euch in die Welt hinaus.« Er hauchte sie an und sprach: »Empfangt den Heiligen Geist.«

Als das geschah, war Thomas nicht dabei. Später sagten die anderen zu ihm: »Stell dir vor: Wir haben den Herrn gesehen.« Thomas entgegnete: »Das glaube ich erst, wenn ich seine Hände und seine Seite mit meinem Finger berührt habe!«

Eine Woche darauf waren die Jünger wieder versammelt. Diesmal war Thomas dabei. Die Türen waren verschlossen, doch Jesus kam wieder zu ihnen und sprach: »Friede sei mit euch!« Er forderte Thomas auf: »Lege deinen Finger in meine Hände und in meine Seite. Dann zweifle nicht, sondern glaube!« Thomas konnte nur sagen: »Mein Herr und mein Gott!« Jesus sprach: »Du glaubst, weil du mich jetzt gesehen hast. Selig sind aber die, die glauben, obwohl sie nicht gesehen haben.«

(Johannes 20,19-29)

·traurig sein·

Hendrik rührt sein Essen nicht an. »Seit wann magst du denn keine Bratkartoffeln mehr?«, fragt seine Mutter. Hendrik schiebt den Teller von sich: »Keinen Hunger.« »Dann eben nicht«, sagt die Mutter: »Jasmin wäre froh, wenn sie jetzt so was essen könnte.« Jasmin ist Hendriks große Schwester, die gerade eine Zahnoperation hinter sich hat. Sie leidet schon seit einigen Tagen unter Schmerzen und kann sich nur von Quark und Brei ernähren; ihr tut das Kauen so weh. Hendrik verschwindet in seinem Zimmer. Er sitzt am Schreibtisch, aber er macht nichts – guckt nur Löcher in die Luft.

Etwas später kommt seine Mutter zu ihm: »Hendrik, was ist denn los? Bist du traurig?« Hendrik hebt wortlos die Schultern. »Wer hat dir was getan?«, fragt die Mutter. Jetzt steigen Hendrik Tränen in die Augen. Mit stockender Stimme berichtet er: »Ich musste heute vorlesen, der Text war sauschwer. Die neue Lehrerin hat gesagt, da geht noch was. Das heißt ja wohl, dass es schlecht war.« Die Mutter kniet jetzt neben Hendrik und streichelt ihm über den Kopf und fragt: »Und? Hat sie recht?« Hendrik heult: »Ja, ich habe beschissen gelesen. Aber es übt ja keiner mit mir.« Die Mutter küsst Hendrik aufs Haar: »Warum sagst du mir das denn nicht?« Hendrik schluchzt: »Hier gibt es ja nur noch Jasmin, Jasmin, Jasmin! Die arme Jasmin … Ihr liebt sie viel mehr als mich.« Die Mutter drückt Hendriks Kopf vorsichtig an sich und flüstert: »Aber lieber Hendrik, das tut mir leid, dass du das denkst. Momentan hat Jasmin Probleme mit den Zähnen, deswegen bekommt sie viel Aufmerksamkeit. Aber das bedeutet doch nicht, dass wir dich weniger lieben! Papa und ich, wir lieben euch beide.« Hendrik umarmt jetzt die Mutter. Die sagt dann: »Komm, wir machen Bananenquark, und dann üben wir lesen.«

Die Bibel erzählt dazu Folgendes:

Nachdem sie gegessen hatten, fragte Jesus Simon Petrus: »Simon, sag mal: Liebst du mich mehr als die anderen?« Petrus antwortete: »Ja, Herr, das weißt du doch.« Jesus sagte zu ihm: »Dann pass gut auf meine Schafe auf.«

Zum zweiten Mal fragte Jesus Simon Petrus: »Simon, liebst du mich?« Petrus antwortete: »Ja, Herr, du weißt doch, dass ich dich liebe.« Jesus sagte zu ihm: »Dann pass gut auf meine Schafe auf.«

Zum dritten Mal fragte Jesus Simon Petrus: »Simon, liebst du mich?« Da wurde Petrus traurig. Er sagte: »Herr, du weißt alles: Du weißt auch, dass ich dich liebe!« Jesus sagte zu ihm: »Dann pass gut auf meine Schafe auf.«

(Johannes 21,15-17)

Gedicht

Manchmal bin ich traurig,
und manchmal bin ich froh;
mal reitet mich der Zorn,
und manchmal, einfach so,
da hab ich Langeweile, eine Weile.

Ich steh mir selbst im Wege,
auch das kommt vor, und dann
klappt alles super gut,
wie es nur klappen kann.
Oft trennt das Pech vom Glück nur ein Stück.

Mal geht's im Leben aufwärts,
und manchmal geht es nieder,
und sollte ich selbst fallen:
Gott hilft mir immer wieder
aufzustehn, Land zu sehn, loszugehn!

• ausgesendet werden •

In den ersten Tagen eines neuen Jahres gehen die Sternsinger durchs Dorf. Sternsinger sind Kinder, die sich als die Heiligen Drei Könige verkleiden. Im Dorf gibt es vier Sternsingergruppen. Sie bestehen jeweils aus Kaspar, Melchior, Balthasar und einem Kind, das einen Stern aus Goldpapier an einem Stock trägt. Die Gruppen werden von einem Erwachsenen begleitet und gehen von Haus zu Haus. An jeder Tür, die geöffnet wird, singen sie ein Lied und sagen ein Gedicht auf. Ein Kind schreibt mit Kreide den Segensspruch für das neue Jahr über die Haustür. Außerdem sammeln die Sternsinger Geld für Kinder in Not. Die Leute im Dorf freuen sich und schenken den Sternsingern Süßigkeiten.

Dieses Jahr ist Edda zum ersten Mal dabei. Sie ist König Balthasar. Eddas Tante hat ihr ein königliches Gewand geschneidert – schön weit, damit sie darunter eine warme Jacke tragen kann. Auf dem Kopf trägt sie keine Krone, sondern einen Turban. Sie sieht toll aus. Bevor es losgeht, wird Edda mit den anderen Sternsingern feierlich ausgesendet. Alle Sternsinger versammeln sich in der Kirche.

Dort hören sie die Geschichte von den drei Sterndeutern aus der Bibel. Die kamen zum Jesuskind nach Bethlehem und verneigten sich vor ihm. Der Pfarrer sagt den Kindern: »Ihr seid so wichtig für uns! Auch wenn es jetzt draußen kalt ist, auch wenn ihr lieber drinnen sitzen und spielen würdet: Ihr bringt unserem Dorf die gute Nachricht, dass Gott alle Menschen liebt! Gott schenke euch Freude und Kraft für eure Aufgabe.« Edda fühlt sich ganz wichtig. Draußen beginnt es zu schneien. Dann geht es endlich los: Die Sternsinger ziehen durchs Dorf.

Die Bibel erzählt dazu Folgendes:

Die elf Jünger gingen auf einen hohen Berg. Jesus hatte ihnen gesagt, wohin sie gehen sollten. Als sie Jesus sahen, knieten sie sich hin. Manche zweifelten allerdings, ob es wirklich Jesus war.

Jesus sagte zu ihnen: »Ich habe alle Macht im Himmel und auf der Erde. Euch sende ich zu allen Völkern. Erzählt allen Menschen die Frohe Botschaft. Tauft sie im Namen des Vaters und des Sohnes und des Heiligen Geistes. Sagt ihnen: Alle sollen sich an das halten, was ich euch gesagt habe. Ihr dürft euch sicher sein: Ich bin bei euch! Jeden Tag! Bis zum Ende der Welt.«

(Matthäus 28,16-20)

Kurz erklärt

Im Bibeltext ist von elf Jüngern die Rede: Nachdem Judas Jesus verraten hatte, nahm er sich das Leben. Später wählten die elf einen zwölften Apostel hinzu: Matthias.

Gedicht

Zwölf Apostel rasten nicht,
haben eine heilge Pflicht:
Jesu Worte weitersagen,
sie auf jeden Erdteil tragen,
gute Nachricht zu verkünden,
neue Wege dafür finden;
hinaus in alle Welt zu gehen,
für Christi Botschaft einzustehn.

Zwölf Apostel nicht allein
sollen Gottes Zeugen sein:
Alle Christen, ich und du,
gehörn zur Jüngerschar dazu.

•begeistert sein•

Die Zwillinge Oskar und Kurt kommen am Montag aus der Schule nach Hause und sind schlecht gelaunt. »Unseren Ausflug am Freitag machen wir in die Kinderoper. Das wird bestimmt total langweilig!«, sagt Oskar. Kurt stimmt ihm zu: »Oper klingt ja schon wie Opa.« Die Mutter gießt ihnen Apfelschorle ein: »Wart ihr denn schon mal in einer Oper?« Beide schütteln den Kopf. »Also, woher wollt ihr wissen, dass es langweilig wird?« Oskar erzählt: »Frau Berger hat gesagt, das ist wie Kino, aber in echt. Und mit Musik. Dann können wir doch lieber gleich ins Kino gehen.« Die Mutter meint, die Jungs sollten nicht so pessimistisch sein.

Am Freitag hört die Mutter ihre Söhne schon im Treppenhaus singen: *Rallalala, rallalala, Hunger ist der beste Koch!* »Mama, die Oper ist viiiiel größer als das Kino! Und die Musik, der Wahnsinn«, berichtet Kurt, aber Oskar fällt ihm ins Wort: »Flöten und Geigen und Trompeten«. »Und Pauken«, ergänzt Kurt. Oskar fällt ein Wort nicht ein: »Und so ein großes Teil mit Saiten, das hat einen ganz sanften Klang.« »Eine Harfe?«, schlägt die Mutter vor. »Genau!«

Und während sie Gemüsefrikadellen essen, erzählen sie begeistert und ausführlich vom Erlebnis der Kinderoper: Es wurde *Hänsel und Gretel* gespielt. Oskar beschließt: »Ich werde später mal Dirigent!« Kurt möchte Sänger werden. Und beide singen wieder die Zeile aus einer Arie, die ihnen am besten gefallen hat: *Rallalala, rallalala, Hunger ist der beste Koch!*

Die Bibel erzählt dazu Folgendes:

Der Pfingsttag war gekommen. Maria und die elf Apostel waren alle zusammen in einem Haus. Da kam plötzlich vom Himmel her ein Brausen, als ob es stürmen würde. Über ihren Köpfen erschien etwas wie Flammen. Alle wurden vom Heiligen Geist erfüllt und fingen an, in fremden Sprachen zu reden.

In Jerusalem lebten Juden aus allen Völkern. Als das Getöse losbrach, kamen die Leute zusammen und waren überrascht: Sie hörten die Apostel in ihren eigenen Sprachen sprechen! Sie waren sehr erstaunt: »Die Jünger von Jesus kommen doch aus Galiläa – woher können sie unsere Sprachen? Wir kommen doch aus Ägypten, Libyen oder Rom, aus Mesopotamien, Kreta oder Arabien! Und jetzt hören wir sie von Gottes großen Taten sprechen. Was hat das zu bedeuten?« Manche sagten: »Die sind wohl betrunken vom Wein!«

Da stellte sich Petrus hin und sprach: »Ihr Juden und alle Bewohner von Jerusalem. Wir sind nicht betrunken, es ist ja erst neun Uhr morgens. Heute wird wahr, was der Prophet Joël vorausgesagt hat: *In den letzten Tagen wird Gott über alle Menschen seinen Geist ausgießen.* Israeliten, hört zu: Jesus, den ihr ans Kreuz geschlagen und umgebracht habt – Jesus wurde vom Tod auferweckt! Dafür sind wir Zeugen! Als Jesus wieder bei Gott war, hat er von ihm den Heiligen Geist bekommen. Und heute hat er ihn über uns ausgegossen.«

Die Leute waren begeistert und fragten: »Was sollen wir tun?« Petrus antwortete: »Kehrt um zu Gott und lasst euch taufen! Dann werdet auch ihr den Heiligen Geist empfangen.« An diesem Tag wuchs die Gemeinschaft derjenigen, die an Jesus glauben, um 3.000 Menschen. Sie hielten sich an die Lehre der Apostel und feierten miteinander Gottesdienst. Sie teilten alles miteinander und lobten Gott. Täglich wurden es mehr, die sich ihnen anschlossen.

(Apostelgeschichte 2)

• verzeihen •

Die einen sagen *Fasching*, die anderen *Karneval*: Im kleinen Otzenrath wird das Fest groß gefeiert. Am Rosenmontag findet immer ein Umzug durchs Dorf statt. Auf einem Wagen steht das Kinderprinzenpaar. Kinderprinz ist dieses Jahr Kalle. Aber wer wird Prinzessin? Anna und Simone bewerben sich darum. Der Vorstand der Karnevalsgesellschaft wählt Simone zur Prinzessin.

Am Sonntag vor dem Umzug gibt es Aufregung in Otzerath. Am Vereinshaus, an der Bushaltestelle, am kleinen Lebensmittelgeschäft – überall hängen fotokopierte Zettel. Darauf ist in Druckbuchstaben zu lesen: ANNA IST DUMM UND HÄSSLICH!

Anna ist natürlich sehr geschockt. Wer macht denn so was? Anna verbreitet die Nachricht: *Das war Simone!* Der Vorstand der Karnevalsgesellschaft kommt zu einer Sondersitzung zusammen. Die beiden Mädchen müssen auch erscheinen. »Du warst das, ich habe sogar gesehen, wie du den Zettel an der Kirche aufgehängt hast!«, behauptet Anna. Simone zeigt ihr einen Vogel: »Du spinnst ja! Warum sollte ich das tun?« Anna schluchzt: »Weil du mich hasst!« Der Vorstand der Karnevalsgesellschaft berät ohne die Mädchen und entscheidet: Simone darf nicht Prinzessin sein, sondern Anna.

In dieser Nacht kann Simone nicht schlafen. Am Rosenmontag ist sie krank und liegt im Bett. Am Dienstag geht es ihr noch nicht viel besser. Auch am Aschermittwoch geht sie nicht zur Schule. Nachmittags bekommt sie Besuch ... von Anna! Sie kann Simone nicht anschauen, gesteht aber mit verweinten Augen: »Die Zettel habe ich selbst gemacht und aufgehängt. Ich war so neidisch auf dich.« Und diesmal ist das Schluchzen echt: »Es tut mir leid.« Simone hat einen dicken Kloß im Hals. Am liebsten würde sie Anna eine runterhauen. Aber dann hört sie sich selbst sagen: »Schon gut. Aber du musst es auch dem Vorstand sagen!« Anna nickt.

Die Bibel erzählt dazu Folgendes:

Als die Zahl der Christen immer mehr zunahm und die Gemeinde wuchs, sagten die Apostel: »Unsere Aufgabe ist es, Gottes Wort zu verkünden. Die Verteilung des Essens sollen andere übernehmen. Dafür brauchen wir sieben gute Männer.« Diese wurden dann ausgewählt. Einer dieser Männer war Stephanus. Er war ein begeisterter Anhänger Jesu. Aber er hatte Feinde. Sie logen, Stephanus habe schlecht über Gott geredet. Dafür wurde er angeklagt und musste sich vor dem Hohepriester verteidigen. Dort hielt er eine feurige Predigt über seinen Glauben an Jesus Christus. Das machte die Zuhörer wütend. Stephanus war erfüllt vom Heiligen Geist und sagte: »Ich sehe den Himmel offen – und ich sehe, wie Jesus rechts neben Gott steht!« Da stieß man ihn zur Stadt hinaus und steinigte ihn. Sterbend betete Stephanus: »Gott, nimm mich auf zu dir. Verzeihe denen hier ihre Schuld.«

Saulus hatte dieser Ermordung zugestimmt. Er versuchte, die Gemeinde der Christen zu vernichten: Er drang in ihre Häuser ein. Er ließ Frauen und Männer ins Gefängnis werfen.

(Apostelgeschichte 6,1-8,3)

• verstehen •

Edgar liebte die *Tim und Struppi*-Comic-Hefte seines Vaters schon, als er noch klein war und nicht lesen konnte. Er schaute sich die Bilder an und nahm so an den Abenteuern teil. Sein Vater hat alle Alben der Reihe: 25 Stück. Wenn Edgar mit dem letzten Heft durch war, fing er mit dem ersten wieder an.

Mittlerweile hat Edgar in der Schule lesen gelernt. Er liest jetzt, was die Comic-Figuren sagen. Ganz überrascht teilt er seinem Vater mit: »Papa, krass: Die Geschichten sind ganz anders, als ich immer gedacht habe. Nun verstehe ich sie viel besser.« Sein Vater sagt schmunzelnd: »Wer lesen kann, ist klar im Vorteil!«

Die Bibel erzählt dazu Folgendes:

Ein Engel Gottes sagte zum Apostel Philippus: »Geh auf die Straße, die von Jerusalem nach Gaza führt.« Philippus machte sich auf den Weg. Da kam ein Wagen die Straße entlanggefahren. Darin saß ein Mann: der Finanzminister der Königin von Äthiopien. Er war in Jerusalem gewesen und hatte dort zu Gott gebetet. Nun war er auf dem Heimweg. Er saß in seinem Wagen und las laut aus dem Buch des Propheten Jesaja vor. Der Heilige Geist sprach zu Philippus: »Folge diesem Wagen!« Philippus lief hin und hörte, wie der Äthiopier aus dem Buch des Propheten Jesaja las.

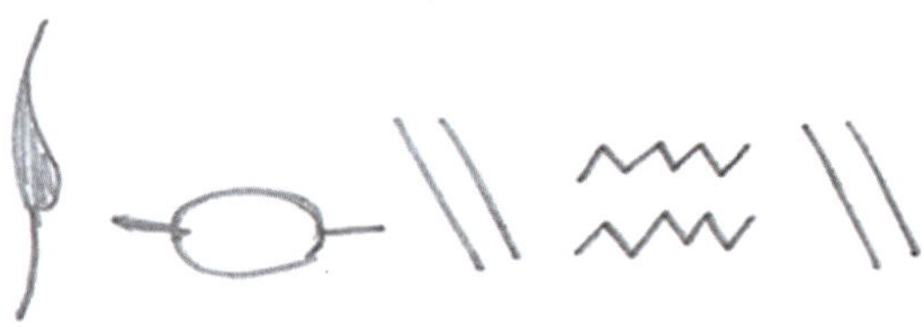

Philippus fragte den Mann aus Äthiopien: »Verstehst du, was du da liest?« Der Mann antwortete: »Wie soll ich das verstehen können? Niemand erklärt es mir.« Er lud Philippus ein, im Wagen mitzufahren. Die Bibelstelle, die der Äthiopier gerade las, war diese: *Er blieb stumm, wie ein Lamm, das geschlachtet wird.* Er fragte Philippus: »Von wem spricht der Prophet: von sich selbst oder von einem anderen?«

Da erklärt ihm Philippus, dass dieser Satz auf Jesus Christus passe. Er erzählte ihm die gute Nachricht von Jesus. Während sie fuhren, kamen sie an einem kleinen See vorbei. Der Finanzminister sagte zu Philippus: »Hier ist Wasser! Kann ich getauft werden?« Philippus antwortete: »Wenn du glaubst, wirst du gerettet werden.« Er ließ den Wagen anhalten. Beide stiegen in den See und Philippus taufte den Mann aus Äthiopien. Kaum waren sie wieder aus dem Wasser gestiegen, war Philippus vom Geist Gottes an einen anderen Ort gebracht worden. Der Finanzminister sah ihn nicht mehr, zog aber voller Freude weiter.

(Apostelgeschichte 8,26-40)

Wusstest du …?

Im Bereich Religion und Glaube gibt es viele spannende Sachen, sie zu verstehen ist sehr interessant. Alles aber dreht sich um Gott … Gott können wir allerdings nicht »verstehen«, und dennoch Gott nahe sein.

Gut gesagt

Nun darfst du in ihm leben und bist nie mehr allein,
darfst in ihm atmen, weben und immer bei ihm sein.
Den keiner je gesehen noch künftig sehen kann,
will dir zur Seite gehen und führt dich himmelan.

Jochen Klepper, deutscher Dichter

· stürzen ·

Jimmy liebt Milchreis mit Zimt und Zucker. Er denkt an seine Leibspeise, während er mit dem Rad über die Hauptstraße fährt. Heute ist viel Verkehr, man muss sich konzentrieren. Jimmys Helm baumelt am Lenker. Weil ihn gerade ein Bus überholt, fährt Jimmy dicht am Bordstein. Da hört er, wie jemand seinen Namen ruft. Vor Schreck reißt er den Lenker nach rechts und stürzt hart auf den Gehweg. Es helfen ihm Leute auf. Dabei ist seine große Schwester, sie hatte nach Jimmy gerufen. Sie schaut, was ihrem Bruder passiert ist. Seine rechte Seite hat was abbekommen: eine blutige Schramme am Arm, ein Loch am Knie und auch die Schulter tut ihm weh, aber am Kopf ist zum Glück alles heil geblieben. »Jimmy, du musst doch den Helm anziehen«, sagt sie streng, weil sie ganz aufgeregt ist. Dann streichelt sie ihm übers Gesicht. »Brüderchen, tut mir leid, dass ich dich so aus der Bahn geworfen hab. Komm, wir gehen nach Hause.« Sie verspricht ihm: »Du hast heute einen Wunsch frei.« Jimmy weiß sofort, was er will: »Milchreis mit Zimt und Zucker!«

Die Bibel erzählt dazu Folgendes:

Saulus bekämpfte immer noch die Jünger Jesu. In Damaskus wollte er die Anhänger Jesu gefangen nehmen und nach Jerusalem bringen lassen. Kurz vor der Stadt aber blendete ihn ein helles Licht. Er stürzte zu Boden und hörte eine Stimme: »Saul! Saul! Warum verfolgst du mich?« »Wer bist du, Herr?«, fragte Saulus. »Ich bin Jesus, den du verfolgst!«, antwortete die Stimme. »Steh auf und geh in die Stadt. Dort wird man dir sagen, was du tun sollst.«

Die Begleiter des Saulus standen sprachlos da. Sie hatten zwar die Stimme gehört, aber niemanden gesehen. Als Saulus wieder aufstand und die Augen öffnete, konnte er nicht mehr sehen. Da nahmen sie ihn an der Hand und führten ihn nach Damaskus. Drei Tage lang war er blind. Er aß nichts und trank nichts.

In Damaskus wohnte ein Jünger Jesu, der Hananias hieß. Ihn sprach Jesus in einer Vision an: »Hananias!« »Ja, Herr, hier bin ich«, erwiderte der. Der Herr forderte ihn auf: »Geh zur Geraden Straße in das Haus des Judas, und frag dort nach einem Saulus von Tarsus. Er betet gerade und hat in einer Vision einen Mann gesehen, der Hananias heißt. Dieser kommt zu ihm und legt ihm die Hände auf, damit er wieder sehen kann.«

»Aber, Herr«, wandte Hananias ein, »ich habe schon von so vielen gehört, wie grausam dieser Saulus die Christen in Jerusalem verfolgt. Auch hier in Damaskus will er alle gefangen nehmen, die an dich glauben.«

Doch der Herr sprach zu Hananias: »Geh nur! Ich habe diesen Mann auserwählt. Er soll mich bei allen Völkern und Herrschern der Erde, aber auch bei den Israeliten bekannt machen.«

(Apostelgeschichte 9,1-15)

• sich ändern •

Opa Heinz und Oma Renate wohnen im ersten Stock, im gleichen Haus wie Luzia und ihre Eltern. Jeden Tag geht Luzia nach der Kita zu Oma und Opa nach oben, setzt sich aufs Sofa zwischen die beiden und erzählt, was sie am Tag erlebt hat. Die Oma gibt ihr oft Paprika- oder Gurkenstückchen zum Knabbern, und der Opa manchmal, wenn die Oma es nicht sieht, Gummibärchen.

Opa und Oma hören sich immer alles aufmerksam an. Nur heute ist Opa irgendwie gelangweilt. Dabei berichtet Luzia, dass ihre Mäusegruppe aus der Kita die Kirche besichtigt hat. Luzia kennt die Kirche, denn mit Oma Renate geht sie manchmal am Sonntag dorthin zum Gottesdienst. Da darf Luzia dann Bilderbücher mit Geschichten aus der Bibel anschauen. Während der Woche machen die beiden manchmal in der Kirche ein Teelicht an.

Opa Heinz grummelt heute: »Die sollen die Kleinen in Ruhe lassen mit dem Quatsch!« Oma Renate guckt ihn streng an und sagt: »Sei still!« Da fällt Luzia ein, dass sie mal ihre Oma gefragt hat, warum der Opa eigentlich nie mitkommt. Die Oma hatte die richtigen Worte gesucht: »Der hat Krach mit dem lieben Gott.« Jetzt sagt Luzia »Tschüss, bis morgen« und wird wie immer von Oma und Opa ans Herz gedrückt.

Ein paar Tage später muss Opa dringend ins Krankenhaus. Sein Herz war kurz stehengeblieben und schlägt nicht so, wie es soll. Die Oma geht mit Luzia in die Kirche und sie zünden Teelichter an. »Es war richtig ernst«, erklärt die Oma: »Fast wäre Opa Heinz gestorben.«

Nach einer Woche ist er wieder zu Hause. Als Luzia nach der Kita Oma und Opa besuchen geht, sagt Opa Heinz zu ihr: »Am nächsten Sonntag komme ich mit in die Kirche.«

Die Bibel erzählt dazu Folgendes:

Hananias ging in das Haus, in dem Saulus war. Er legte ihm die Hände auf und sagte: »Bruder Saul! Jesus, der dir unterwegs erschienen ist, hat mich zu dir geschickt. Du sollst wieder sehen können und mit dem Heiligen Geist erfüllt werden!« Im gleichen Moment konnte Saulus wieder sehen. Saulus ließ sich sofort taufen. Danach aß er etwas.

Saulus blieb einige Tage in Damaskus. In den Synagogen verkündete er: *Jesus ist der Sohn Gottes.* Alle, die ihn hörten, konnten es nicht fassen: *Ist das nicht der Mann, der alle vernichten wollte, die an Jesus glauben?* Einigen gefiel nicht, was Saulus tat. Sie wollten ihn töten. Saulus hörte davon. Seine Gegner ließen die Stadttore bewachen. Aber seine Freunde ließen ihn nachts in einem Korb an der Stadtmauer hinab.

Saulus kam zurück nach Jerusalem und wollte sich den Jüngern Jesu anschließen. Aber alle hatten Angst vor ihm. Sie konnten nicht glauben, dass er sich geändert hatte und jetzt ein Jünger Jesu war. Barnabas nahm ihn aber doch mit zu den Aposteln. Er berichtete ihnen, wie Saulus auf dem Weg nach Damaskus Jesus begegnet war. Da wurde Saulus in die Gemeinde aufgenommen und ging bei den Aposteln ein und aus.

(Apostelgeschichte 9,17-28)

•reisen•

Morgen geht es ab in den Urlaub. Die Koffer sind gepackt. Eine Tasche mit Essen für die Reise steht auch schon bereit. Am Abend vor der Abfahrt kann Jennifer vor Aufregung kaum einschlafen. Ihr Vater sitzt bei ihr am Bett. »Papi«, fragt Jennifer etwas ängstlich, »wie kommen wir denn morgen zum Mond?« »Zum Mond?«, lacht ihr Vater. »Ja«, sagt Jennifer, »du hast doch gesagt, wir fahren zum Mondsee.« »Aber der Mondsee ist in Österreich, nicht auf dem Mond. Wir fahren sieben Stunden mit dem Zug.« Jennifers Augen gehen unruhig hin und her: »Kann ich denn die Leute in Österhasenreich überhaupt verstehen?« Ihr Vater muss grinsen: »Aber ja, die sprechen auch Deutsch, wie wir. Nur ein wenig anders.«

Immer noch ist Jennifer voller Furcht: »Und gibt es da auch was zu essen?« Ihr Vater schließt die Augen und sagt fast andächtig: »Wunderbare Sachen! Kaiserschmarrn zum Beispiel, Salzburger Nockerln, Germknödel, Palatschinken, ... hmmmmm!« »Ich mag aber keinen Schinken!«, protestiert Jennifer. Ihr Vater beruhigt sie: »Palatschinken sind süße Pfannkuchen, ohne Fleisch. Die werden dir garantiert schmecken, und wie! Jetzt aber: Licht aus. Das wird morgen ein langer Tag.«

Die Bibel erzählt dazu Folgendes:

Die Gemeinde von Antiochia feierte Gottesdienst. Da sprach der Heilige Geist zu allen: »Barnabas und Saulus sind zu einer besonderen Aufgabe auserwählt.« Alle fasteten und beteten. Sie legten den beiden die Hände zum Segen auf den Kopf.

Von nun an nannte sich Saulus Paulus. Er begann mit Barnabas seine erste Missionsreise: Zunächst kamen sie mit dem Schiff auf die Insel Zypern. In den jüdischen Synagogen verbreiteten sie die gute Nachricht von Jesus Christus. Sogar ein hoher Beamter der Römer wollte hören, was Paulus zu sagen hatte. Da versuchte ein Zauberer, ihn vom Glauben abzuhalten. Doch Paulus entgegnete ihm: »Du bist ein Betrüger. Du verdrehst die geraden Wege Gottes.« Daraufhin war der Mann eine Zeit lang blind.

Paulus und Barnabas reisten durch Kleinasien. In manchen Städten wurden ihren Predigten begeistert aufgenommen. Viele Menschen ließen sich taufen und wurden Christen. In anderen Orten aber verscheuchte man sie.

In Lystra trafen sie auf einen Mann, der immer schon gelähmt war. Aber er glaubte den Worten des Paulus. Da sagte Paulus zu dem Mann: »Steh auf! Stell dich auf deine Füße!« Der Mann sprang auf. Alle, die das sahen, waren hin und weg. Sie dachten: *Unsere griechischen Götter sind zu uns gekommen*. Sie nannten Barnabas Zeus und Paulus Hermes. Man brachte sogar Stiere und Kränze zu ihnen. Aber Paulus und Barnabas riefen: »Was macht ihr? Wir sind doch nur Menschen wie ihr. Wir bringen euch das Evangelium von Gott: Er hat den Himmel und die Erde gemacht.«

(Apostelgeschichte 13,1-14,18)

• entscheiden •

Mia ist mit ihrer Familie im Urlaub am Bodensee. Am Sonntagmittag sitzen alle im Gasthaus. Sie haben den letzten freien Tisch bekommen. Mia darf sich aus der großen Speisekarte etwas aussuchen. Was soll sie wählen? Sie schwankt zwischen vegetarischen Nuggets und Zucchini-Lasagne. Aber wofür soll sie sich entscheiden? »Ich nehme die Nuggets«, sagt sie und schlägt die Karte zu. Dann aber nimmt sie das sofort zurück: »Oder doch die Zucchini-Lasagne?« Ihr großer Bruder sagt: »Wenn der Kellner kommt, musst du dich entschieden haben.« »Ja, Zucchini-Lasagne ... obwohl die Nuggets wären auch gut ...«

Da tritt der Kellner an den Tisch. Alle wissen, was sie wollen, bis auf Mia: »Also, ich will ... ach ich kann mich nicht entscheiden.« »Mach voran«, drängt ihre Mutter. Der Kellner tippt mit dem Stift aufs Blöckchen. In diesem Augenblick kommt eine Kellnerin vorbei, sie hat zwei Teller mit Klößen in den Händen. »Das da«, sagt Mia und zeigt auf die Klöße. Der Kellner notiert: »Und einmal Semmelknödel mit Butterbröseln.«

Die Bibel erzählt dazu Folgendes:

Unter den Anhängern Jesu kam es zu heftigem Streit. Manche meinten: Wer als Heide ein Christ wird, muss wie die Juden alle Vorschriften der Tora einhalten. Paulus und Barnabas waren dagegen. Man beschloss: Über diese wichtige Frage sollen die Aposteln in Jerusalem entscheiden.

Dort trafen sich dann die Apostel und andere wichtige Leute, die Jesus folgten. Und wieder gab es heftigen Streit. Da stand Petrus auf und sprach: »Gott selbst hat schon längst entschieden: Auch die Heiden sollen zum Glauben an Jesus kommen. Gott kennt die Herzen der Menschen. Er gibt auch den Heiden seinen Heiligen Geist. Er macht also keine Unterschiede zwischen Juden und Heiden. Warum also sollten wir den Menschen, die gerade erst zum Glauben an Jesus gekommen sind, die schweren Vorschriften der Tora aufzwingen? Wir glauben doch, dass Gott uns durch seine Gnade rettet – also ohne Gegenleistung von uns.«

Da schwiegen alle. Dann hörten sie Paulus und Barnabas zu. Die beiden erzählten, wie viele Heiden durch sie an Jesus glaubten.

(Apostelgeschichte 15,1-12)

Kurz erklärt

Die ersten Christen waren alle Juden. Für sie waren alle anderen Leute »Heiden« – also Menschen mit dem falschen Glauben. In der Urkirche stritt man darüber: Muss ein Heide erst Jude werden, damit er Christ werden kann? Die Entscheidung fiel anders aus: Heiden können Jesus nachfolgen, Gott liebt sie wie alle anderen auch. »Gnade« bedeutet: ein Geschenk, auf das man keinen Anspruch hat.

• singen •

In der St. Marien-Gemeinde gibt es eine schöne Tradition: Jedes Jahr im Herbst besucht eine Gruppe aus der Kita den Seniorenclub. Die alten Frauen und Männer sitzen jeden Dienstag im Gemeindehaus zum Kaffeetrinken zusammen. Wenn dann Junge und Alte zusammen sind, dann singen sie.

Heute ist es wieder so weit. Erst singen die Kinder den Alten vor: »Wenn du fröhlich bist, dann klatsche in die Hand«, oder »Der Rabe sitzt im Apfelbaum«. Dann singen die Alten für die Kinder: »Kein schöner Land in dieser Zeit«, oder »Nun danket alle Gott«. Die Leiterin des Seniorenclubs fragt: »Gibt es denn auch ein Lied, dass wir alle gemeinsam können?« Da fällt einer Erzieherin tatsächlich eines ein: »Alle Jahre wieder«. Alle lachen, weil es erst Ende Oktober ist. Aber weil die kleine Amanda einfach anfängt zu singen, stimmen alle mit ein.

Die Bibel erzählt dazu Folgendes:

Paulus und sein Mitarbeiter Silas wurden in der Stadt Philippi beschuldigt: »Diese Männer bringen Unruhe in die Stadt. Ihre jüdischen Bräuche passen nicht zu uns Römern!« Zur Strafe wurden die beiden ausgezogen, geschlagen und ins Gefängnis geworfen. Dort befahl man dem Gefängniswärter, gut auf die beiden aufzupassen. Er sperrte sie in eine besonders gesicherte Zelle. Ihre Füße wurden gefesselt.

Um Mitternacht beteten Paulus und Silas. Sie sangen Loblieder für Gott. Die anderen Gefangenen hörten ihnen zu. Plötzlich gab es ein Erdbeben, das ganze Haus wackelte. Auf einmal sprangen alle Türen auf und alle Fesseln fielen ab. Der Gefängniswärter wachte auf, sah die offenen Türen und wollte sich mit seinem Schwert selbst umbringen. Er war überzeugt: *Alle Gefangenen sind geflohen!* Aber Paulus rief ihm zu: »Tu dir nichts an! Wir sind alle noch da.«

Da machte der Gefängniswärter Licht, kam angerannt und kniete sich vor Paulus und Silas auf den Boden. Dann führte er sie aus dem Gefängnis hinaus und fragte: »Was muss ich tun, um gerettet zu werden?« Sie antworteten: »Glaube an Jesus, dann wirst du gerettet werden, zusammen mit allen, die zu dir gehören.« Der Gefängniswärter nahm die beiden mit in sein eigenes Haus und kümmerte sich um ihre Wunden. Er und seine Familie ließen sich sofort taufen. Dann wurde der Tisch gedeckt und gefeiert.

(Apostelgeschichte 16,19-34)

Kurz erklärt

Philippi liegt im heutigen Griechenland. Es war die erste christliche Gemeinde auf europäischem Boden.

Mach mit

Singen macht Spaß. Singen tut gut. Es ist wichtig, immer ein paar Lieder auswendig zu können, die man gemeinsam oder auch allein singen kann. Frage mal deine Eltern und auch Oma und Opa – die können bestimmt ein paar Lieder (zumindest die erste Strophe) auswendig. Zum Beispiel: Großer Gott, wir loben dich …

bekennen

Maik, Ruby und Theo sind Nachbarskinder und treffen sich morgens auf dem Weg zur Schule. Maik erzählt: »Mein großer Bruder hat gesagt: Gott gibt es gar nicht! Das ist eine Erfindung der Menschen.« »Genau!«, ergänzt Ruby: »Mein Vater hat gesagt: Die Reichen haben Gott erfunden, um die Armen zu unterdrücken.« Maik weiß noch: »Und die Religionen machen nur Krieg und solche Sachen.«

Theo hört nur zu. Theo geht sonntags manchmal zum Kindergottesdienst in die Kirche. Abends im Bett betet er, das hat ihm seine Großmutter so beigebracht. Theo fällt nichts ein, was er zu den Behauptungen von Maik und Ruby sagen soll. Er weiß nur: Es ist ganz anders. Es kostet ihn etwas Überwindung, aber dann sagt er: »Also … ich glaube an Gott.« Maik und Ruby sehen ihn erstaunt an. Dann schlägt Ruby vor: »Kommt, wer als Erster an der Schule ist!« Und die drei rennen los.

Die Bibel erzählt dazu Folgendes:

Paulus kam in die große Stadt Athen. Dort ärgerte er sich über die vielen Bilder der griechischen Götter. Er wollte den Menschen von dem einen Gott erzählen – und von seinem Sohn Jesus Christus, der von den Toten auferstanden sei.

Er sprach in der Synagoge mit den Juden und auf dem Marktplatz oder auf der Straße mit denen, die er gerade traf. Paulus diskutierte mit den Philosophen der Griechen. Die einen meinten: »Er ist ein Schwätzer.« Die anderen fanden: »Er erzählt von einem fremden Gott« und wollten mehr hören. Die Leute in Athen waren nämlich immer interessiert an Neuigkeiten. Sie nahmen Paulus mit auf den Areopag.

Paulus stellte sich in die Mitte und hielt eine Rede: »Athener! Nach allem, was ich sehe, seid ihr sehr fromm. Denn ich fand auch einen Altar, auf dem geschrieben steht: *Für den unbekannten Gott*. Ihr verehrt ihn, ohne ihn zu kennen. Ich sage euch nun, wer das ist: Der eine Gott, der die Welt erschaffen hat. Der Herr über Himmel und Erde wohnt nicht in Tempeln. Er ist uns nicht fern, sondern ganz nah. Gott ist überall: Was wir auch tun, wir leben in ihm wie in der Luft, die wir atmen.«

Als Paulus zu Ende gesprochen hatte, machten sich einige Zuhörer über ihn lustig. Aber andere schlossen sich ihm an. Sie glaubten an den einen Gott und an Jesus Christus.

(Apostelgeschichte 17,16-34)

hoffen

Tatjanas Opa Harald ist sehr komisch geworden. Manchmal erkennt er Oma Hildegard nicht mehr und beschimpft sie: »Was machen Sie in meinem Haus? Raus hier!« Dann beruhigt er sich wieder. Er kann auch keine Bücher mehr lesen. Er hat sogar vergessen, wie man ein Marmeladenbrot schmiert. Für Oma Hildegard ist das sehr schwer. Sie muss sich um Opa Harald kümmern wie um ein kleines Kind.

Nun ist Opa Harald im Badezimmer gestürzt. Er muss ins Krankenhaus. Dort will er nicht mehr essen und trinken. Nach einigen Tagen ist Opa Harald eingeschlafen und nicht mehr aufgewacht.

Am Tag vor der Beerdigung sitzt Tatjana mit Hildegard auf dem Sofa. Tatjana hat ihrer Oma ein Bild gemalt: Da sitzt Opa Harald auf einer Wolke im Himmel und liest ein Buch. Die Oma lächelt. »Weißt du, ich bin zwar sehr traurig – aber ich bin auch froh, dass es der Opa jetzt geschafft hat. Sein Leben war nicht mehr so wie vorher. Es war sehr schwierig. Aber jetzt geht es ihm gut. Jetzt ist er bei Gott.«

Tatjana fragt: »Weißt du das?« Die Oma faltet die Hände: »Ich weiß es nicht, aber ich hoffe es. Ich hoffe es felsenfest. Am Ende wird alles gut, was hier auf der Erde nicht mehr gut war. Ja, darauf hoffe ich. Wir sind Gottes Kinder, auch wenn wir ganz alt sind.«

Die Bibel erzählt dazu Folgendes:

Paulus schreibt:

»In dieser Zeit müssen wir viel leiden. Aber das ist nichts gegen die Herrlichkeit, die uns erwartet. Gott nimmt uns in seine Herrlichkeit auf: Darauf wartet alles, was Gott geschaffen hat. Alles auf der Erde vergeht. Aber wir bleiben Gottes Kinder.

Das ganze Weltall seufzt wie eine Frau, die ein Kind bekommt. Aber wir haben Hoffnung! Hoffnung, die schon erfüllt ist, ist keine Hoffnung. Wie kann man auf etwas hoffen, das schon da ist? Wir wissen gar nicht, wie wir richtig beten können. Gottes Geist selbst betet für uns. Aber eines wissen wir sicher: Ganz gleich, was uns geschieht – Gott macht daraus das Beste für uns.

Wenn Gott für uns ist, wer kann dann gegen uns sein? Jesus selbst tritt für uns ein! Er liebt uns – was könnte uns von ihm trennen? Leiden oder Not? Verfolgung oder Hunger? Gefahr oder der Tod? Alles überwinden wir durch Jesus Christus.

Ich bin sicher: Weder Tod noch Leben, keine Engel und keine bösen Geister, nicht die Gegenwart und nicht die Zukunft oder sonst etwas können uns trennen von der Liebe Gottes. Sie wird uns durch Jesus Christus geschenkt.«

(Römer 8,18-39)

essen

Fiona und Enya besuchen ihre Großmutter in Dublin. Nach einem Spaziergang am Hafen lädt die Oma sie zum Essen ein: »Worauf habt ihr Appetit?« Fiona sagt: »Hauptsache, kein Fleisch!« Enya reagiert genervt: »Jetzt fängt das wieder an!« Fiona setzt nach: »Ich möchte eben nicht, dass Tiere leiden.« Enya giftet zurück: »Du meinst wohl, du bist was Besseres?« »Stopp!«, schaltet sich die Oma ein: »Ich wollte mit euch essen, nicht streiten. Ich kenne einen Laden, da gibt es die besten Pommes von ganz Irland. Dazu ein Dutzend verschiedener Soßen. Damit kann man wohl nichts falsch machen.«

Die Mädchen reden kein Wort miteinander. Im Restaurant bestellt die Großmutter drei Portionen. Die Soßen nimmt sich jede selbst. Die Großmutter sagt: »Fiona, Enya, nun kriegt euch wieder ein! Und seid dankbar. Ich kann mich noch an Zeiten erinnern, als das Essen hier in Irland knapp war. Wir sind nicht selten mit Hunger ins Bett gegangen.« Die Mädchen hören mit roten Wangen zu und kauen ihre Fritten. Fiona sagt: »Die sind echt gut, Grandma!« Enya steckt sich eine Pommes mit viel Estragon-Majo in den Mund und sagt: »Da fehlt einem gar kein Fleisch!«

Die Bibel erzählt dazu Folgendes:

Paulus sagt: »Streitet nicht über verschiedene Meinungen im Glauben! Die einen essen alles, die anderen kein Fleisch. Wer Fleisch ist, soll sich nicht über diejenigen lustig machen, die keines essen. Und wer kein Fleisch ist, soll nicht über diejenigen urteilen, die welches essen. Gott ist mit allen einverstanden!

Manche meinen, bestimmte Tage sind im Glauben besonders wichtig. Für andere sind alle Tage gleich. Alle dürfen ihre eigene Meinung haben. Hauptsache, alles geschieht zum Lob Gottes.«

(Römer 14,1-6)

Gedicht

Quark ess ich für mein Leben gern,
auch Pommes, Eis und Kuchen.
Doch gibt's auch Kinder, nah und fern,
die was zum Essen suchen.

Ihr Teller, der ist meistens leer,
sie haben Hunger und sind krank.
Drum gebe ich von meinem her
und sag für alles Dank!

· zusammengehören ·

Heute hat Amadous Fußballmannschaft ein besonderes Spiel. Um 10 Uhr ist Treffpunkt am Sportplatz in Hangelar. Dann geht es mit dem Bus nach Baumberg. Dort trifft das Team auf andere F-Junioren. »Seid pünktlich!«, wurde den Jungs eingeschärft, »wer nicht da ist, bleibt hier.« Die Trainer der beiden Mannschaften kennen sich und haben dieses Freundschaftsspiel arrangiert. Amadou ist ganz aufgeregt, er ist der Torwart und will keinen einzigen Ball reinlassen.

Nach dem Frühstück muss Amadous Mutter schnell zur Apotheke, denn seine Schwester Naledi hat starkes Bauchweh. Die Mutter wird bald wieder zu Hause sein. Doch dann kommt sie nicht zurück. Von seiner Wohnung bis zum Sportplatz braucht Amadou nur knapp 10 Minuten zu Fuß. Aber jetzt ist es schon 20 vor 10. Die Mutter ist noch nicht da. Er zieht sich schon mal die Schuhe an. Viertel vor. Dann 10 vor – er muss jetzt los, sonst kommt er zu spät. Nur, er kann doch nicht seine Schwester allein lassen.

Werden die ohne ihn losfahren? Das werden die ihm nie verzeihen! Die werden sich einen neuen Torwart suchen. Es ist 10 Uhr. Jetzt fährt seine Mannschaft ab. Er wird nie wieder Fußball spielen ... da endlich kommt die Mutter, er saust an ihr vorbei und rennt so schnell er kann.

Der Bus steht noch da. Amadou kommt keuchend an. Alle anderen sitzen schon drin. Ihn empfangen die Rufe der Spieler: »A-ma-dou! A-ma-dou!« Er will sich beim Trainer entschuldigen, bekommt aber kein Wort raus. Der sagt nur: »Komm rein.« Ganz außer Atem sagt Amadou: »Ich hatte Angst, ihr wärt schon weg!« Der Trainer schüttelt den Kopf: »Wir gehören doch zusammen. Wir brauchen dich. Wir sind ein Team.« Und alle Jungs grölen: »O lala, wir werden gewinnen, o lala, wir werden gewinnen!« Der Bus fährt ab.

Die Bibel erzählt dazu Folgendes:

Ein Körper besteht aus vielen einzelnen Teilen. Erst alle zusammen bilden sie den menschlichen Leib. Der Fuß kann ja nicht sagen: Weil ich keine Hand bin, gehöre ich nicht zum Leib. Das Ohr kann nicht sagen: Weil ich kein Auge bin, gehöre ich nicht zum Leib. Nein, sie gehören alle zu unserem Körper: Fuß, Hand, Ohr, Auge – und noch viel mehr. Viele einzelne Teile bilden den einen Leib. Alle brauchen einander. Alle sind wichtig. Wenn ein Körperteil leidet, leiden alle anderen mit.

Ihr seid der Leib Christi: Jede und jeder Einzelne ist ein Teil davon.

(1 Korinther 12)

Kurz erklärt

1 Korinther bzw. Erster Korintherbrief meint: Paulus hat diesen (und noch einen zweiten) Brief an die Christinnen und Christen in Korinth geschrieben. Das ist eine Stadt in Griechenland. Paulus hat auch noch viele andere Briefe geschrieben: an die Gemeinde in Rom, in Galatien, Ephesus, Philippi, Kolossä und Thessaloniki. Außerdem schrieb er Briefe an seine Mitarbeiter Timotheus, Titus und Philemon. Manches in diesen Briefen war nur für diese Zeit und bestimmte Situationen bestimmt. Anderes ist für uns heute noch wichtig. Deswegen lesen wir die Briefe des Paulus im Gottesdienst vor.

Mach mit

- **Woran merkst du, dass in unserem Körper alles miteinander verbunden ist?**
- **Und wie zeigen wir Menschen uns, dass wir miteinander verbunden sind?**

• lieben •

Franzi bekommt mit, wie ihre große Schwester Katrin mit Mama streitet. Katrin will zu einer Party gehen und bis zehn am Abend wegbleiben, Mama erlaubt es aber nicht. Katrin macht Mama schwere Vorwürfe: »Alle anderen dürfen da hin, nur ich nicht! Das ist so peinlich! Du willst also, dass ich keinen Spaß habe! Du willst, dass die sich über mich lustig machen, weil meine Mutter mich wie ein Baby behandelt! Du hast wohl Spaß daran, mich fertigzumachen« – »Katrin!«, fällt ihr Mama ins Wort: »Schluss jetzt! Du bist noch zu jung dafür!« Da brüllt Katrin sie an: »Ich hasse dich, du blöde Kuh!«, läuft in ihr Zimmer und knallt die Tür zu.

Franzi fühlt sich ganz schlecht. Aber was soll sie machen? Mama sitzt erschöpft vom Streit auf dem Sofa. Franzi setzt sich neben sie und sagt: »Mami, Katrin meint das nicht so. Sie ist nur traurig.« Mama nimmt Franzi in den Arm: »Das weiß ich doch. Weißt du, ich habe früher auch mit meiner Mutter gestritten. Und wenn Katrin mal Kinder hat, werden die auch mir ihr streiten. Das ist normal. Man streitet sich und dann verträgt man sich wieder.« Franzi sagt: »Aber Katrin hat doch was ganz Böses zu dir gesagt.« Mama beruhigt sie: »Schon vergessen. Ich werde Katrin immer lieben.«

Die Bibel erzählt dazu Folgendes:

Paulus schreibt:

»Wenn ich wie Engel sprechen könnte –
würde aber nicht lieben,
würde ich nur klingen wie eine lärmende Pauke.
Wenn ich wie Propheten reden könnte
und alle Geheimnisse wüsste
und sehr klug wäre;
wenn mein Glaube so groß wäre,
dass er Berge versetzen könnte –
aber ich würde nicht lieben,
ich wäre ohne Bedeutung.
Wenn ich alles, was ich habe, verschenken würde –
aber ich würde nicht lieben, hätte es keinen Wert.
Die Liebe hat viel Geduld.
Sie ist großzügig.
Sie regt sich nicht auf.
Sie muss nicht angeben.
Sie sucht nicht ihren Vorteil.
Sie lässt sich nicht ärgern.
Sie ist nicht nachtragend.
Die Liebe hört niemals auf.
Drei Dinge sind wichtig: Glaube, Hoffnung und Liebe.
Aber am wichtigsten ist die Liebe.

(1 Korinther 13,1-8.13)

Gedicht

Christen sind Menschen, die Jesus kennen,
die Gott ihren guten Vater nennen.
Sie wollen so leben, wie er es tat,
folgen wie Jesus dem göttlichen Rat:
Versuchen – ganz ohne Heiligenschein –
zu allen Menschen gut zu sein.

• wissen •

Costas erzählt seiner Oma Daphne: »Wir haben heute gelernt, warum Flugzeuge fliegen: Der Auftrieb muss größer sein als die Schwerkraft!« Oma stellt einen Teller Moussaka vor Costas, der sofort anfängt zu essen und weiterredet. Oma Daphne spricht still ein Tischgebet und sagt: »Was du alles weißt! Weißt du denn auch, wie die vier Evangelisten heißen?« Costas reagiert ein wenig verärgert: »Woher soll ich das denn wissen? Weißt du denn, was nach dem Tod kommt?« Die Oma macht die Augen weit auf: »Jetzt gibst du es mir aber zurück! Nein, das weiß ich nicht. Aber ich glaube, dass wir zu Gott kommen!« Costas grinst versöhnlich: »Und ich glaube nicht nur, ich weiß, dass du das beste Moussaka der Welt machst.« Oma Daphne lächelt glücklich.

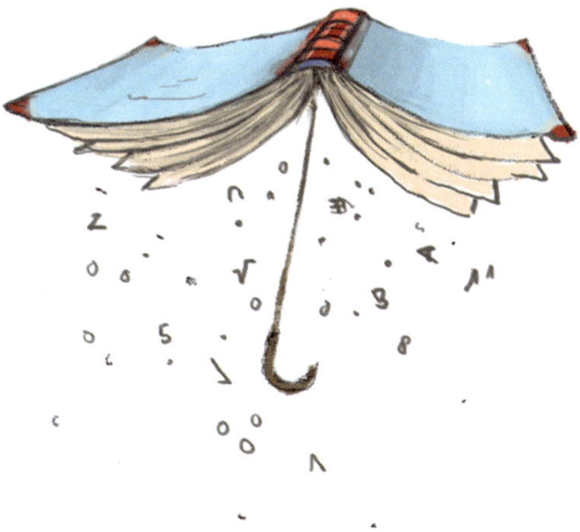

Die Bibel erzählt dazu Folgendes:

Wir wissen: Unser Dasein ist wie ein Leben im Zelt. Wenn wir einmal sterben, wird das Zelt abgebaut. Dann wohnen wir in einem ewigen Haus im Himmel. Manchmal fällt uns das Leben schwer.

Dann möchten wir raus aus dem Zelt und sehnen uns nach Gottes ewigem Haus.

Wir sind immer optimistisch, obwohl wir wissen: Solange wir in unserem Körper zu Hause sind, sind wir noch weit entfernt von Gottes ewigem Haus. Wir gehen unseren Lebensweg als Menschen, die glauben. Wir sehen Gott noch nicht. Aber uns trägt die Sehnsucht, einmal ganz bei Gott zu Hause zu sein.

(2 Korinther 5,1-8)

Wusstest du ...?

Vieles kann man wissen – manches kann man nur glauben. In der christlichen Religion sind Wissen und Glauben keine Gegner. Sie liegen (wie Paulus im 2. Korintherbrief zeigt) eng beieinander.

Gebet

Weiß ich den Weg auch nicht, du weißt ihn wohl;
das macht die Seele still und friedevoll.
Ist's doch umsonst, dass ich mich sorgend müh,
dass ängstlich schlägt mein Herz, sei's spät, sei's früh.

Vor über 100 Jahren hat das Hedwig von Redern gedichtet.

Gut gesagt

Wir stolzen Menschenkinder
sind eitel arme Sünder
und wissen gar nicht viel.
Wir spinnen Luftgespinste
und suchen viele Künste
und kommen weiter von dem Ziel.

So schreibt das Matthias Claudius in seinem Lied »Der Mond ist aufgegangen«.

·trösten·

Angelo ist untröstlich. Ja, er ist gestern Abend zu lange draußen gewesen, obwohl es kalt wurde. Ja, er hätte sich eine Jacke holen können. Aber dass er nun mit Fieber im Bett liegt, wo doch heute seine Klasse auf den Fernsehturm geht – das ist wirklich zu gemein. Er liegt im Bett und schluchzt.

»Selbst schuld«, sagt seine Mutter. »Stell dich nicht so an, wirst du eben später mal dahin kommen«, knurrt sein Vater. Dann setzt sich seine große Schwester an Angelos Bett. Sie legt ihre kühle Hand auf seine heiße Stirn und tröstet ihn: »Angelo, Brüderchen, das tut mir so leid für dich. Ich kann mir gut vorstellen, wie traurig du bist. Du hast dich die ganze Woche auf diesen Ausflug gefreut, und nun liegst du krank im Bett. Das ist wirklich richtig ...« Dann legt sie den Zeigefinger auf den Mund und flüstert: »Wir sollen ja keine schlimmen Wörter sagen.« Da schluchzt Angelo besonders. Seine Schwester sagt: »Manchmal ist das Leben einfach doof. Wie eine Woche Regen. Man weiß, irgendwann kommt die Sonne wieder raus. Aber man kann es nicht glauben. Nun werd' erst mal wieder gesund.«

Die Bibel erzählt dazu Folgendes:

Paulus schreibt: »Gelobt sei Gott, der Vater unseres Herrn Jesus Christus. Gott liebt und tröstet uns. Er tröstet uns in aller Not. Das gibt uns die Kraft, andere zu trösten, die Trost brauchen. Wie Jesus müssen wir auch leiden. Doch durch Jesus Christus werden wir getröstet. Meine Hoffnung für euch ist unerschütterlich: Ich bin sicher, ihr leidet nicht nur, sondern habt auch Trost von Gott.«

(2 Korinther 1,3-7)

• schlagen •

Mohrchen liegt immer noch still in seiner Ecke neben der Heizung, isst und trinkt nichts. Am Mittag ist das Kätzchen vom Balkon im ersten Stock heruntergefallen. Seither will sich das Tier von niemandem streicheln lassen. »Vielleicht müssen wir zum Tierarzt«, meint Gabi, die Erzieherin. Sie lebt gemeinsam mit Marko, Tina, Erich und Susi in einem Dorf im Saarland. Gabi ist nicht die Mutter. Die Kinder können nicht zu Hause leben, weil ihre Eltern aus verschiedenen Gründen nicht in der Lage sind, sich richtig um ihre Töchter und Söhne zu kümmern. Aber hier leben alle wie in einer Familie zusammen. Und heute soll diese Familie noch größer werden. Beim Abendessen stellt Gabi einen neuen Mitbewohner vor: »Das ist Christof!«

Christof wagt es kaum, die anderen anzusehen. Er setzt sich still auf den freien Platz. »Wie alt bist du denn?«, fragt Marko. Susi will wissen: »Wo kommst du her?« Christof bringt kein Wort heraus. Gabi sagt: »Lassen wir Christof erst einmal ankommen. Ach, du hast ja noch gar nichts zu trinken. Erich, bitte hole doch noch eine Tasse für Christof.« Erich steht murrend auf, geht an den Küchenschrank, da fliegt ihm die Tasse aus der Hand und landet klirrend auf dem Fußboden. Christof schreit auf, als hätte ihn jemand geschlagen. Er rutscht vom Stuhl unter den Tisch, kauert sich ein, kneift die Augen zusammen und hält sich die Ohren zu.

Erich legt den Kopf schief und lächelt: »Tut mir leid!« Jetzt gucken alle unter den Tisch. »Was macht der da?«, fragt Tina. Susi kaut unbekümmert weiter: »Ich kenne das von früher«, erklärt sie. »Wenn mein Vater betrunken war, hat er immer alles kurz und klein gehauen ... und nach mir geschlagen. Dann habe ich mich auch unter dem Tisch verkrochen.« Marko ballt die Faust: »Hey, wenn einer haut, dann musst du es ihm zurückgeben, aber kräftig!« Gabi zieht die Augenbraue hoch: »Na klar, und Ruhe ist erst, wenn wir uns alle gegenseitig umgebracht haben, oder was?!«

Erich kehrt die Scherben auf und kommt mit einer anderen Tasse zum Tisch zurück. »Taucht der noch mal auf?«, fragt er und verdreht die Augen. »Lass ihn!«, meint Gabi. Dann wandern alle Augen zu Mohrchen: Das Kätzchen erhebt sich miauend aus seinem Körbchen und tappt auf den Tisch zu. Tina will schon aufspringen und es streicheln, doch Gabi hält sie sanft zurück. Mohrchen geht unter den Tisch und schmiegt sich schnurrend an Christof. Der Junge öffnet zaghaft die Augen. Langsam löst er die Hände von den Ohren und berührt vorsichtig den Rücken der Katze. »Ich bin sieben«, sagt Christof leise. »Und ich komme aus Saarlouis.«

Die Bibel erzählt dazu Folgendes:

Paulus sagte: »Ihr könnt mich für verrückt halten – aber es ist wahr: Für Jesus Christus bin ich ins Gefängnis geworfen und ausgepeitscht worden. Mehr als einmal hatte ich den Tod vor Augen! Fünfmal habe ich 39 Schläge bekommen. Dreimal wurde ich mit Stöcken geschlagen. Einmal sogar gesteinigt. Dreimal ist mein Schiff untergegangen. Einmal trieb ich einen Tag und eine Nacht allein auf dem Meer. Auf meinen Reisen war ich vielen Gefahren ausgesetzt, zum Beispiel durch reißende Flüsse oder Räuber. In Städten, in der Wüste, auf dem Meer – überall war mein Leben bedroht. Ich war hungrig und habe gefroren. Glaubt mir, ich weiß, wie es ist, wenn jemand schwach ist. Der Vater unseres Herrn Jesus Christus weiß: Das alles ist wahr.
Ihn wollen wir loben in Ewigkeit.

(2 Korinther 11,23-27.29.31)

• Rat geben •

Am späten Abend kommt das ganze Dorf zusammen. Alle versammeln sich im Schein des Lagerfeuers. Auch Kenai darf dabei sein, obwohl er längst schlafen sollte.

»Was ist denn los?«, fragt Kenai seinen Vater. Der erklärt: »Unser Häuptling Liwanu wird gleich zu allen sprechen. Wahrscheinlich zum letzten Mal.« Liwanu heißt übersetzt: brummender Bär. Aber heute ist seine Stimme freundlich. Er spricht langsam und lässt immer wieder Pausen zwischen den Sätzen:

»Es braucht nicht viele Worte, um die Wahrheit zu sagen.

Höre auf den Wind, er flüstert. Höre auf die Stille, sie spricht. Höre auf dein Herz, es ist voller Weisheit.

Du musst die Dinge mit dem Auge in deinem Herzen ansehen, nicht mit dem Auge in deinem Kopf.

Warum sollte man mit Gewalt rauben, was man in Güte durch Freundschaft und Liebe erhalten kann?

Urteile nicht über einen Menschen, ehe du nicht eine Meile in seinen Mokassins gegangen bist.

Dein Herz soll im Einklang mit den Herzen der Erde schlagen.

Du sollst fühlen, dass du ein Teil des Ganzen bist, das dich umgibt.

Gehe aufrecht wie die Bäume. Lebe dein Leben so stark wie die Berge. Sei sanft wie der Frühlingswind.

Bewahre die Wärme der Sonne im Herzen, und der große Geist wird immer mit dir sein.

Das Leben ist nicht vom Tod getrennt. Es sieht nur so aus.«

Als der Häuptling fertig ist, bringt man ihn zurück in sein Haus. »Ich habe nicht alles verstanden«, flüstert Kenai, »also, wie Liwanu das meint.« Sein Vater antwortet: »Das macht nichts. Du wirst es noch verstehen. Später einmal.«

Am nächsten Morgen heißt es: Häuptling Liwanu ist nun beim Großen Geist.

Die Bibel erzählt dazu Folgendes:

Schwestern und Brüder!
Wir ermahnen euch:
Führt kein schlechtes Leben.
Macht den Ängstlichen Mut.
Seid sanft zu den Schwachen.
Habt mit allen Geduld.
Wenn einer böse zu euch war – seid nicht böse zurück.
Bemüht euch, gut zu sein.
Seid immer fröhlich.
Hört nicht auf zu beten.
Dankt Gott für alles, ja, das gefällt Gott.
Lasst Gottes Geist freien Lauf.
Hört zu, wenn einer prophetisch redet.
Prüft alles – und was gut ist, das behaltet.
Meidet alles, was böse ist.
Von Gott kommt Frieden. Er hilft euch, so zu leben, wie es ihm gefällt. Gott behüte euren Geist, eure Seele und euren Leib. Dann werdet ihr ganz heil sein, wenn unser Herr Jesus Christus kommt. Gott wird das vollbringen. Denn Gott ist treu.

(1 Thessalonicher 5,14-24)

• knien •

Jeden Samstag begleitet Swetlana ihre Oma zum Friedhof. Dann stellt die Oma frische Blumen auf Opas Grab, schneidet den Strauch darauf zurecht und putzt den Grabstein. Swetlana holt mit einer kleinen Gießkanne Wasser zum Blumengießen. Wenn die Arbeit getan ist, darf Swetlana das rote Öl-Licht in die Grablampe stellen. Oma zündet es an.

Bei diesen Friedhofsbesuchen erzählt die Oma immer von Opa. Dass er ein schöner, großer Mann war und immer so lustig. Er brachte Oma jeden Freitag frische Blumen mit nach Hause. »Jetzt bringe ich ihm welche«, sagt Oma und guckt ganz traurig. Oma hat ihren Mann sehr geliebt.

Bevor sie wieder gehen, stehen beide Hand in Hand still vor dem Grab. Swetlana kniet sich auf den Grabstein, faltet die Hände und betet: »Lieber Gott, mach bitte, dass es Opa gut bei dir geht. Und der Oma soll es auch gut gehen. Amen.« Dann steht sie wieder auf und blinzelt die Oma an: »Oma, was sagt der große Stift zum kleinen Stift? Wachs-mal-Stift!« Da müssen beide lachen.

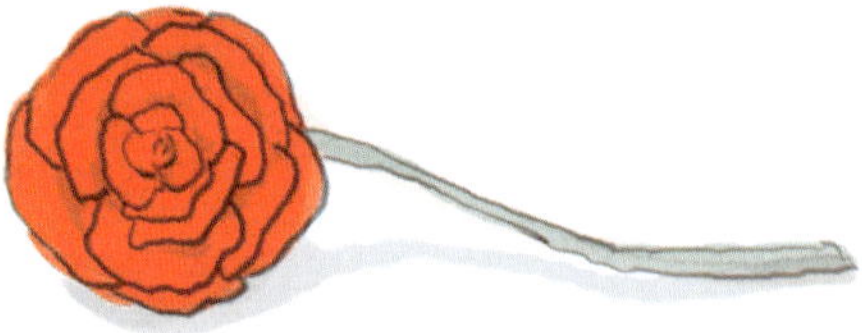

Die Bibel erzählt dazu Folgendes:

Jesus Christus war Gott gleich.
Aber er bildete sich nichts darauf ein, wie Gott zu sein.
Im Gegenteil: Er wurde ein Diener für alle.
Er war in allem uns Menschen gleich.
Jesus Christus war Gott gehorsam –
bis zu seinem Tod am Kreuz.
Darum hat ihn Gott zu sich genommen.
Gott gab ihm einen Namen,
der größer ist als alle anderen Namen.
Ob jemand im Himmel, auf der Erde oder im Totenreich ist:
Vor Jesus werden alle einmal niederknien.
Jeder Mund wird bekennen:
»Jesus Christus ist der Herr!«
Damit ehren wir Gott, unseren Vater.
(Philipper 2,6-11)

Kurz erklärt

Dieser Bibeltext ist wahrscheinlich ein sehr altes Loblied, das Paulus in seinem Brief an die Christen in Philippi zitiert. Man sagt dazu auch Christus-Hymnus. Er preist Jesus Christus als wahren Gott. Eines Tages werden das alle Menschen erkennen und vor ihm niederknien.

Wusstest du ...?

Wer sich hinkniet, macht sich kleiner als er ist. Das Hinknien ist ein Zeichen der Ergebung und Demut. Christen, aber auch Muslime, Hindus und Buddhisten knien sich zur Andacht nieder.

• eins sein •

Kwassi klatscht in die Hände: Endlich geht das Fest los! Mehr als eine Woche lang haben sie Yams geerntet, alle im Dorf haben mitgeholfen. Yamsknollen ähneln der Kartoffel. Es ist mühsam, sie aus der Erde zu ziehen. Wer nicht aufs Feld gehen konnte, hat zu Hause für die Arbeiter Essen gekocht: Hirsebrei oder Mais.

Zum Yamsfest nach der Ernte kommen alle zusammen: Junge und Alte, Arme und Reiche, Leute, die immer schon in diesem Dorf in Ghana zu Hause sind, und solche, die schon lange in Europa leben, aber eigens heimgekommen sind.

Kwassi versucht, mit den Yamsknollen zu jonglieren, doch sie fallen immer wieder auf den Boden. Dann wird seine Aufmerksamkeit ganz von den Trommlern eingenommen. Er hört sie herankommen. Sofort füllt sich der Dorfplatz, alle sind da. In der Mitte der Häuptling. Alle bewegen sich im Rhythmus der Trommeln.

Dann bringt der Häuptling den Ahnen ein Opfer. Ahnen sind die verstorbenen Mitglieder des Stammes. Sie sind unsichtbar immer da. Man bittet sie um Segen.

Und dann wird gefeiert: gegessen und getrunken, getrommelt und getanzt, gesungen und gelacht. Heute sind alle eins, sogar Lebende und Verstorbene! Kwassi darf in dieser Nacht aufbleiben, solange er will.

Die Bibel erzählt dazu Folgendes:

Der Glaube macht euch zu Kindern Gottes. Wer auf Jesus getauft ist, hat Christus wie ein Kleidungsstück angezogen. Daher gibt es unter den Christen nicht mehr Juden und Griechen, Sklaven und Freie, Männer und Frauen: Durch Christus Jesus sind alle eins geworden.

(Galater 3,26-28)

· handeln ·

Das Gemeindefest steht unter dem Motto: »Gut, dass wir einander haben«. Im Gottesdienst singt der Kinderchor vor, die Gemeinde klatscht anschließend laut Beifall.

Regina singt im Kinderchor mit. Nach dem Gottesdienst sind die älteren Kinderchorkinder für eine Stunde zum Abräumdienst eingeteilt: Sie sollen schmutziges Geschirr einsammeln und in die Küche bringen. Aber nun ist Marcel verschwunden. Eben war er noch da. Weil Regina ihn nicht finden kann, bittet sie Gundel, für ihn einzuspringen: »Hilfst du mir? Marcel hat sich in Luft aufgelöst!«

Aber Gundel winkt ab: »Keine Lust. Ich will zum Schminktisch und lass mich in eine Leopardin verwandeln.«

»Sehr christlich«, zischt ihr Regina hinterher. Sie lässt sich aber nicht ihre gute Laune verderben, schnappt sich ein Tablett und singt: »Gut, dass wir einander haben.«

Die Bibel erzählt dazu Folgendes:

Liebe Schwestern und Brüder, was bringt es, wenn einer sagt: »Ich glaube an Gott« – aber er handelt nicht danach? Ist denn der Glaube das Wichtigste? Wenn ein Bruder oder eine Schwester nichts zum Anziehen und zum Essen hat – dann bringt es doch nichts zu sagen: »Gehe in Gottes Frieden!« Man muss doch handeln und praktisch helfen! Ein Glaube ohne Taten ist tot.

(Jakobus 2,14-17)

• sehen •

Herr Lübbe, der Religionslehrer, schreibt das Thema der Stunde an die Tafel: »Wie stelle ich mir Gott vor?« Als Einstieg gibt er den Kindern eine Aufgabe: »Malt ein Bild von Gott!« Die meisten grübeln nicht lange herum, sondern malen drauflos: einen Mann mit langem Bart. Oft hat dieser Mann keine Füße, aber große Hände. Mal sieht er aus wie ein Bischof; mal wie ein König mit einer Krone auf dem Kopf. Ein Mädchen malt hinter dem Kopf gelbe Strahlen, andere Kinder malen das nach. Auf einem Bild sieht der Mann grimmig aus, mit gebleckten Zähnen und einem dritten Auge auf der Stirn; auf einem anderen lacht der rote Mund von Ohr zu Ohr.

Nur ein Junge sitzt still da: Burkhard hält den Kopf zwischen den aufgestützten Händen. Das Blatt vor ihm ist leer. Herr Lübbe fragt ihn, ob ihm denn gar nichts einfallen würde. Er überlege noch, antwortet Burkhard. Die ersten Kinder sind fertig. Ihre Gemälde werden an der Wand aufgehängt: lauter Männer, mal sitzend auf einem Thron, mal schwebend auf einer Wolke.

Als das letzte Kind sein Blatt abgegeben hat, ist Burkhards Blatt immer noch weiß. Nun schauen auf einmal alle zu ihm hin. Er steht seelenruhig auf, nimmt sein weißes Blatt und überreicht es Herrn Lübbe, damit er es in der Reihe aufhängt. Viele lachen, der Lehrer nicht. »Ihr lacht«, sagt Herr Lübbe freundlich und schiebt gleich eine Frage nach: »Wer von euch hat Gott denn schon mal gesehen?« Ein paar Jungen rufen: »Ich! Ich!«; doch als sie aufgefordert werden, davon zu erzählen, kichern sie nur und können nichts sagen.

Im Gespräch wird dann deutlich, dass alle ihre eigenen Vorstellungen von Gott haben: Die meisten meinen, Gott sei ein alter Mann, groß und stark. Der Lehrer erklärt, dass alles seien eben Bilder, wie wir uns Gott vorstellen – aber nicht Gott selbst! Man spricht oft auch in Vergleichen von ihm: Gott ist wie ein guter Vater, wie eine liebende Mutter oder wie ein treuer Freund. Aber immer gehöre das *wie* dazu. Herr Lübbe geht zum weißen Blatt und zeigt darauf: »Wie Gott aussieht, das wissen wir nicht. Deswegen ist das gar nicht verkehrt, was Burkhard hier gemacht hat: Er hat den Platz einfach leer gelassen. Wichtiger ist zu spüren, wie Gott für mich ist, welche Rolle er in meinem Leben spielt, ob ich ihm vertraue.«

Zum Schluss bilden die Kinder einen Kreis, nehmen sich an der Hand und beten in freien Worten. »Gott, für mich bist du wie mein Zuhause«, sagt ein Mädchen; ein anderes: »Für mich bist du wie ein Held, der mich beschützt.« »Ich glaube, du bist ein großer Architekt, der das Weltall gemacht hat«, betet ein Junge. Und auch Burkhard spricht jetzt: »Gott, für mich bist du ein Geheimnis.«

Die Bibel erzählt dazu Folgendes:

Meine Freunde! Weil Gott uns liebt, müssen auch wir einander lieben. Kein Mensch hat jemals Gott gesehen. Aber wenn wir einander lieben, dann wohnt Gott in uns.

(1 Johannes 4,11-12)

· sich öffnen ·

Mama und Papa haben sich getrennt. Die beiden haben so viel miteinander gestritten, das war schlimm. Eines Tages hat Papa einen Koffer gepackt und war weg. Er kam nicht wieder. Aber Ella darf ihren Papa regelmäßig besuchen: jeden Donnerstag nach der Schule. Jedes zweite Wochenende übernachtet sie auch bei ihm.

Ella war so traurig. Sie hat angefangen, an ihren Fingernägeln zu kauen. Aber jetzt, nach fast zwei Jahren, hat sie sich daran gewöhnt, dass ihre Eltern nicht mehr zusammenleben. Doch jetzt ist schon wieder etwas passiert! Das passt Ella überhaupt nicht: Bei Papa lebt eine neue Frau.

Die ist immer sehr freundlich zu Ella. Aber Ella spricht kein Wort mit ihr. Die Geschenke dieser Frau rührt sie nicht an. Ella tut so, als sei diese Frau gar nicht da.

Für ein Wochenende holt Papa Ella ab und bringt sie zu seiner Wohnung. Er sagt: »Ich muss noch mal kurz weg.« Ella jammert: »Ich will nicht allein bleiben.« Papa antwortet: »Du bist nicht allein, Steffi ist da.«

Ella und Steffi sitzen sich am Küchentisch gegenüber und schweigen. Ella hat die Arme verschränkt. Dann steht Steffi auf, schüttet Mehl in eine Schüssel, gibt etwas Wasser, eine Prise Salz und ein Tütchen Trockenhefe dazu. Sie spricht, während sie arbeitet: »Ich will dir deinen Papa nicht wegnehmen. Er wird immer und ewig dein Papa bleiben. Er liebt dich. Aber mich liebt er auch. Nur anders. Man kann mehr als einen Menschen liebhaben. Du kannst das sicherlich auch.«

Ella schmollt noch ein wenig, fragt aber: »Was machst du da?« »Hefeteig, für Pizza«, sagt Steffi, »magst du mir beim Kneten helfen?« »Okay«, sagt Ella und schiebt sich die Ärmel hoch.

Die Bibel erzählt dazu Folgendes:

Gott, der Amen heißt – Gott, mit dem alles angefangen hat – Gott spricht:

> »Ich kenne dich. Ich weiß, was du tust. Du bist weder kalt noch heiß. Es wäre besser, du wärst kalt oder heiß. Du bist aber lau, weder heiß noch kalt. Deswegen will ich dich aus meinem Mund ausspucken.
> Du behauptest von dir: *Ich bin reich, mir fehlt nichts.* Ach, du weißt gar nicht, wie arm du bist, wie blind, wie nackt. Wen ich liebe, den ermahne ich: Nimm mich ernst und kehre um zu mir. Ich stehe vor deiner Tür und klopfe an. Wenn du meine Stimme hörst und die Tür öffnest, dann werde ich hereinkommen und wir feiern zusammen.
> Wer Ohren hat, der höre gut zu!«
> (Offenbarung 3,14-22)

•Ziele haben•

Andrij, seine drei jüngeren Geschwister, seine Mutter und seine Großmutter leben in Augsburg. Aber zu Hause ist die Familie eigentlich in einer kleinen Stadt in der Ukraine. Von dort mussten sie fliehen, weil Krieg herrscht. Der Vater ist noch in der Heimat und kämpft als Soldat.

Jeden Tag schaut die Familie im Fernsehen, was in der Ukraine passiert. Ihre Stadt wurde mehrmals beschossen. Ihr Haus ist kaputt. Die Schule auch. Sogar die Kirche ist zerstört. Immer wieder fällt der Strom aus. In der Ukraine leiden die Menschen.

In Augsburg sitzt Andrij mit seiner Familie bedrückt vor dem Fernseher. Immerhin, der Vater lebt. Er ruft an, so oft es geht. Aber der Vater und seine Familie haben sich seit Monaten nicht mehr gesehen. Die Mutter macht den Fernseher aus.

»Irgendwann wird wieder Frieden sein«, sagt die Großmutter. »Ja«, stimmt ihr Andrij zu: »Dann fahren wir nach Hause. Wir bauen unser Haus wieder auf. Alles wird schöner als vorher! Und wir sehen Papa wieder! Wir feiern ein Fest! Großmutter, du machst uns deinen wunderbaren Hefezopf!« Allen ist das Herz schwer. Die Großmutter sagt: »Amen. So wird es sein.«

Die Bibel erzählt dazu Folgendes:

Johannes sagte:

Dann sah ich einen neuen Himmel und eine neue Erde. Der erste Himmel und die erste Erde sind vergangen. Auch das Meer ist nicht mehr. Vom Himmel rief eine laute Stimme: *Gott wird unter ihnen wohnen. Er wird jede Träne von ihren Augen abwischen. Es wird keinen Tod mehr geben. Niemand wird mehr traurig sein, niemand wird mehr leiden.*

Dann sah ich die heilige Stadt, Jerusalem. Sie glänzte wie ein kostbarer Edelstein. Die Stadt war von einer Mauer umgeben. Die Mauer hatte zwölf Tore. Darauf saßen zwölf Engel. Die Tore waren wie Perlen, die Straßen aus Gold. Einen Tempel sah ich nicht in der Stadt – denn Gott wohnte überall. Es gab einen Thron für Gott und das Lamm. Dort entspringt ein großer Fluss: das Wasser des Lebens.

Und er sagte zu mir: Ich bin der Erste und der Letzte, der Anfang und das Ende. Ja, ich komme bald. Amen.

(Offenbarung 21-22)

Kurz erklärt

Ein Mann mit Namen Johannes hat das letzte Buch der Bibel geschrieben, die »Offenbarung«. Dieser Johannes war ein Prophet. Er beschreibt, was er – in der Wirklichkeit und im Traum – gesehen und von Gott gehört hat. Die Stadt Jerusalem spielt darin eine besondere Rolle: An ihr zeigt sich, wie es einmal sein wird, wenn Raum und Zeit ein Ende haben werden.

Mach mit

Hast auch du eine Idee, ein Ziel, einen Traum von einer besseren Welt?

Bibelstellenregister

Altes Testament

1 Mose 1,1-2,3	anfangen
1 Mose 2,4-9	atmen
1 Mose 3,1-22	etwas Falsches tun
1 Mose 4,1-16	töten
1 Mose 6,5-9,17	retten
1 Mose 11,1-9	angeben
1 Mose 13,1-12	streiten
1 Mose 15,1-5	zählen
1 Mose 16	weglaufen
1 Mose 18,1-15	lügen
1 Mose 18,16-33	verhandeln
1 Mose 22,1-19	auf die Probe stellen
1 Mose 25,19-34	schwören
1 Mose 27,1-45	betrügen
1 Mose 28,10-22	versprechen
1 Mose 32,14-32	kämpfen
1 Mose 37,1-35	hassen
1 Mose 37-41	träumen
1 Mose 41,14-52	erfolgreich sein
1 Mose 41,53-43,15	beschuldigt werden
1 Mose 43,16-44,34	einstehen
1 Mose 45	weinen
1 Mose 46-50	versöhnen
2 Mose 1	befehlen

2 Mose 2,1-25	verstecken
2 Mose 3,1-15	einen Namen haben
2 Mose 7-15	fliehen
2 Mose 16,1-17,7	meckern
2 Mose 20,1-21	an Regeln halten
2 Mose 32	umstimmen
4 Mose 6,22-27	segnen
4 Mose 21,4-9	ansehen
4. Mose 22-24	wie blind sein
5 Mose 30,15-20	wählen
Richter 13,1-5.24; 14,6; 16,4-31	Kraft haben
Rut 1,1-19	folgen
1 Samuel 3	hören
1 Samuel 17,1-55	gewinnen
2 Samuel 16,5-14	beschimpfen
1 Könige 3,1-28	urteilen
1 Könige 6-8	wohnen
1 Könige 16,29-17,16	versorgen
1 Könige 18,20-19,13	(über)eifrig sein
1 Könige 21,1-21	ärgern
2 Könige 5,1-19	enttäuscht sein
Hiob 1,1-3.26.19.25+26; 38,4	verzweifelt sein
Kohelet/Prediger 3,1-8	Zeit haben
Hoheslied 2,8-13; 8,6-7	verliebt sein
Psalm 1	gelingen
Psalm 23	geborgen sein
Psalm 84	sehnen
Psalm 126	lachen
Psalm 139	gesehen werden
Sprüche 31,1+2.8+9	eine Stimme geben
Micha 4,1-4; Jesaja 2,1-5	vereinen

Jesaja 6,1-8	antworten
Jesaja 9,1-6	sich freuen
Jesaja 52,14-53,11	leiden
Jesaja 55,1.3.6-11	wirken
Jeremia 1,4-9	reden
Jeremia 51,15-19	staunen
Ezechiel 37,1-14	lebendig sein
Micha 4,1-4	vereinen
Jona 1-4	trotzen
Daniel 3	preisen
Daniel 5	lesen
Daniel 6	Wunder erleben
Sacharja 8,1-8	spielen

Neues Testament

Matthäus 2,1-23	schenken
Matthäus 3,1-6;11	ändern
Matthäus 3,13-17	taufen
Matthäus 4,1-11	standhalten
Matthäus 5,1-12	selig sein
Matthäus 6,9-13	beten
Matthäus 8,5-13	verdienen
Matthäus 8,23-27	still sein
Matthäus 9,1-8	gehen
Matthäus 13,1-9	Frucht bringen
Matthäus 13, 44-46	entdecken
Matthäus 14,13-21	satt werden
Matthäus 14,22-33	vertrauen
Matthäus 17,1-9	Angst haben
Matthäus 18,1-5	wichtig sein
Matthäus 18,12-14	verlieren
Matthäus 18,23-35	barmherzig sein
Matthäus 19,13-15	berühren
Matthäus 20,1-16	neidisch sein
Matthäus 20,29-34	schreien
Matthäus 21,1-11	begrüßen
Matthäus 21,12-17	wütend sein
Matthäus 21,28-31	zuverlässig sein
Matthäus 22,1-10	einladen
Matthäus 24,32-36	lernen
Matthäus 25,1-13	verpassen
Matthäus 25,14-29	vermehren
Matthäus 25,31-46	etwas Gutes tun

Matthäus 26,26-29	Gemeinschaft erfahren
Matthäus 26,30-75	verleugnen
Matthäus 27,31-66	sterben
Matthäus 28,1-8	aufstehen
Matthäus 28,16-20	ausgesendet werden
Markus 1,1-8	ändern
Markus 1,9-11	taufen
Markus 1,12-13	standhalten
Markus 2,1-12	gehen
Markus 4,1-8	Frucht bringen
Markus 4,26-29	schlafen
Markus 4,30-32	wachsen
Markus 4,35-41	still sein
Markus 5,1-12	klettern
Markus 6,30-44	satt werden
Markus 6,45-52	vertrauen
Markus 9,2-10	Angst haben
Markus 9,33-37	wichtig sein
Markus 10,13-16	berühren
Markus 10,46-52	schreien
Markus 11,1-11	begrüßen
Markus 11,15-19	wütend sein
Markus 12,41-44	spenden
Markus 13,28-32	lernen
Markus 14,22-25	Gemeinschaft
Markus 14,26-72	verleugnen
Markus 15,20-47	aufstehen
Markus 16,1-8	aufstehen
Lukas 1,5-25	zweifeln
Lukas 1,26-38	fragen
Lukas 1,39-45	hüpfen

Lukas 1,46-55	loben
Lukas 1,57-79	widersprechen
Lukas 2,1-20	geboren werden
Lukas 2,21-40	warten
Lukas 2,41-52	suchen
Lukas 3,1-19	ändern
Lukas 3,21-22	taufen
Lukas 4,1-13	standhalten
Lukas 5,17-26	gehen
Lukas 6,20-26	selig sein
Lukas 7,1-10	verdienen
Lukas 8,4-8	Frucht bringen
Lukas 8, 22-25	still sein
Lukas 9,10-17	satt werden
Lukas 9,28-36	Angst haben
Lukas 9,46-48	wichtig sein
Lukas 10,25-37	Mitleid haben
Lukas 10,38-42	beschäftigen
Lukas 11,1-4	beten
Lukas 14,15-24	einladen
Lukas 15,3-7	verlieren
Lukas 15,11-32	umkehren
Lukas 17,11-18	danken
Lukas 18,9-14	überheblich sein
Lukas 18,15-17	berühren
Lukas 18,35-43	schreien
Lukas 19,1-10	klettern
Lukas 19,11-27	vermehren
Lukas 19,28-38	begrüßen
Lukas 19,45-47	wütend sein
Lukas 21,1-4	spenden
Lukas 22,14-20	Gemeinschaft
Lukas 22,24-30	wichtig sein

Lukas 22,33-71	verleugnen
Lukas 23,26-51	sterben
Lukas 24,1-12	aufstehen
Lukas 24,13-35	bleiben
Johannes 1,1-17	aufnehmen
Johannes 1,19-34	ändern
Johannes 1-32-34	taufen
Johannes 2,1-1	feiern
Johannes 2,13-23	wütend sein
Johannes 4,6-26	trinken
Johannes 4,46-53	verdienen
Johannes 6,15-21	vertrauen
Johannes 8,1-11	beschuldigen
Johannes 10,1-15	stehlen
Johannes 12,12,-14	begrüßen
Johannes 13, 1-19	dienen
Johannes 18,2-24	verleugnen
Johannes 19,16-42	sterben
Johannes 20,19-23	glauben
Johannes 21,15-17	traurig sein
Apostelgeschichte 2	begeistert sein
Apostelgeschichte 6,1-8-3	verzeihen
Apostelgeschichte 8,26-40	verstehen
Apostelgeschichte 9,1-15	stürzen
Apostelgeschichte 9,17-28	sich ändern
Apostelgeschichte 13,1-14,18	reisen
Apostelgeschichte 15,1-12	entscheiden
Apostelgeschichte 16,19-34	singen
Apostelgeschichte 17,16-34	bekennen
Römer 8,18-39	hoffen
Römer 14,1-7	essen

1 Korinther 12	zusammengehören
1 Korinther 13	lieben
2 Korinther 5,1-8	wissen
2 Korinther 1,3-7	trösten
2 Korinther 11,23-27.29.31	schlagen
1 Thessalonicher 5,14-24	Rat geben
Galater 3,26-28	eins sein
Philipper 2,6-11	knien
Jakobus 2,14-17	handeln
1Johannes 4,11-12	sehen
Offenbarung 3,14-22	sich öffnen
Offenbarung 21-22	Ziele haben

Stichwortregister

Der Autor dankt Herbert Stangl für seine intensive Begleitung beim Entstehen der Geschichten und Texte.

MIX
Papier | Fördert gute Waldnutzung
FSC® C084279

Penguin Random House Verlagsgruppe FSC® N001967

1. Auflage

Umschlagmotiv und Innenillustrationen: © Karin Lindermann
Die Illustrationen zu diesem Werk wurden vermittelt durch
Paula Peretti Literarische Agentur, Köln.
Druck und Bindung: Print Consult, München
ISBN 978-3-579-07474-0
www.gtvh.de